# 遣唐使と正倉院

# 遣唐使と正倉院

東 野 治 之

岩 波 書 店

# 目　次

## 第三部　唐文化の受容と選択

# 挿図目次

# 外来文化と日本
## ――序にかえて――

日本人は、昔から外来のものの模倣がうまく、外国のものを巧みに応用したり、日本化する能力にも秀でていたといわれています。一口でいうなら、外来文化の受容を得意とする国民だったといえましょう。

事実、日本の歴史は、外来文化の受容の歴史だといっても言い過ぎではないくらいです。中でも近代以前に、とくに大きな比重を占めたのが、中国をはじめとする東洋の文化です。

日本人は東洋の文化をどのようにとり入れたのか、そこにはどんな特色がみられるのか、といったことを主に古代に例をとりながら考えてみるのが、ここでの課題です。

日本と外国との交流史をみてゆくと、すぐに気のつく特色は、人の面での交流が少ない点です。こういうと、古代には朝鮮からの移住者がたくさんあったではないか、と思われる方もあるでしょう。もちろん平安時代初めごろまでの歴史を考える場合、そうした移住民やその子孫の存在を忘れるわけにいきません。渡ってきた人々を、関東地方などに集団で定着させ、村里や郡を作ったりもしていますから、特別な知識人や技術者の他に、多くの一般人も渡ってきていたことは確かです。しかし移住者は、朝鮮半島で新羅の統一が完成する七世紀末、日本でいえば飛鳥時代の終わりごろから、めだって少なくなります。

また見逃してならないのは、移住民の多くが朝鮮の人たちだったということです。当時一番の先進国だった中国やそれ以外からの来日者となると、記録は大変少なくなります。記録が残らなかったというより、もともと来日者が少なかったと考えた方がいいでしょう。この傾向は、唐の文化が一世を風靡した奈良時代でも変わりません。

ここに面白いできごとがあります。それは遣唐使を通じて、唐から儒教・漢文学の師を日本に呼ぼうとした事件です（本書「唐の文人蕭穎士の招請」参照）。この企てのことは日本側に記録がありませんが、中国側に残っています。呼ばれた人は蕭穎士《しょうえいし》といい、唐の最盛期、玄宗皇帝の時代を中心に活躍した学者でした。とくに歴史学に優れていたとされていますが、当時の学者の通例で文学者としても聞こえた人です。この人の伝記は、唐代の歴史を叙述した『新唐書』に出ており、そこには、来朝した倭国の使いが蕭穎士を日本に招いて師としたい、と願ったとあります。もう一つの歴史書『旧唐書』では、招いた使節が新羅の使いになっていますが、蕭穎士の弟子にあたる劉太真という人が書いた、師の就職赴任を祝う文によると、はっきり「東倭の人」がやってきて、正式に皇帝に願い出たとしてあります。「倭」は唐でも、日本を指して使われており、招いたのが日本の遣唐使だったことは間違いありません。『旧唐書』にしろ『新唐書』にしろ、唐が滅んでから編集された史書ですから、これは同時代の劉太真が述べているところを正しいとすべきでしょう。

劉太真の文は、この事件が七五三年（唐天宝十二載）に起こったことを示唆している点でも貴重なものです。この年、唐にいた遣唐使といえば、前年に日本を発った藤原清河を大使とする一行です。この遣唐使は、唐の高僧鑑真を日本に連れてきた使いとして知られていますが、中国から仏教の戒律の師を招くという他に、儒教・文学の師を招くという使命も帯びていたわけです。この遣唐使が、はじめて藤原氏出身の貴族を大使に起用し、副使を二人も置いて、いずれもすでに入唐の経験がある吉備真備・大伴古麻呂をこれにあてていたのも、こうした使命と無関係ではなかったと思われます。

蕭穎士は、のちの科挙にあたる官吏登用試験にも通り、玄宗のアカデミーである集賢院にも職を奉じたことのある人でしたが、このころは時の有力者ににらまれて失業中でした。日本の使節は、おそらくそこを見込んで蕭穎士の招請をはかったのでしょう。しかし彼は、知人の進言もあって、これを断ります。

中国の伝統的な考え方では、中国こそ文化の中心、中華であり、それ以外は野蛮人の住む夷狄の世界です。正統的な学問を身につけた蕭穎士にしてみれば、いくら当時の政界に容れられないとはいえ、好んで夷狄の国に行く気持ちは起きなかったでしょう。仏法を広める使命に燃えていた鑑真などとは、そこが決定的に違うところだったはずです。

ところでこの事件は、われわれにいろいろなことを考えさせてくれます。

まず奈良時代が、よく言われるように、唐の文化の受けいれに大変積極的だった時代であることを、改めて知ることができます。唐の文化にあこがれた当時の人々にとって、科挙に及第したような知識人から、直接儒教や文学について教えを受けたいという希望は、強いものがあったと思われます。

しかしそれよりもむしろ注意されるのは、あれほど外国との接触が盛んだったにもかかわらず、古代にはこれ一度しか、こうした企てがみあたらないことです。しかもこの企てすら実現することなく、それがあったことさえ忘れられていました。

この状態を中国周辺の他の地域とくらべると、違いは歴然としています。たとえば隣国朝鮮では、百済が六世紀半ばに『詩経』を教授する毛詩博士を、南朝の梁から招きました。中国の西方、いわゆる西域では、高昌国がすでに六世紀初めに、儒教の教典や史書を講義する人の派遣を北朝の北魏に請い、国子助教(国立大学の助教授)だった人を招くのに成功しています。これに対して日本の場合、中国から来日する人は限られていたといわなければなりません。しかしだからといって、古代の学問や文学の水準が極端に低かったわけではありません。それなりのずれはあっても、移住民やその子孫、それに隋・唐、新羅などへの留学生たちが、そのギャップを埋めようと努めてきたからです。ただ外国の思想や文学を、こういう形で受容していると、どうしても歪みが生じます。思想や文学を生みだし生かしているのは、その時代、その地域の生活や社会のはずですが、人同士の交流が稀薄なところでは、それらと生活・社会との結びつきは断ち切られたり、弱くなったりせざるをえないからです。ところがこういう特色は、古代の学問や文学の分野に限らず、日本の近代以前を通じて広くみうけられます。まず外国から来日した人ということでは、比較的多いのが鑑真のような僧侶ですが、これも宋・元の交替期とか、明末の動乱期に集まる傾向があります。儒学の方面では、やはり明末に日本に亡命した朱舜水などが、わずかに目立つ程度です。

ただ目を商人や海賊・一般人にまで広げれば、もう少し数は多くなります。平安時代の大宰府には、かなりの宋商人が居留していましたし、戦国時代、五島列島や平戸を根拠地に活躍した中国人の倭寇、王直も有名です。豊臣秀吉の朝鮮出兵では、多くの一般朝鮮人が日本に連れてこられ、江戸時代前期の長崎では、わかっている人口の内、約一割が朝鮮の人々やその子孫で占められていました。しかしこのような外国人の数は何といっても全体からみれば少なく、しかも九州を中心とする西日本にかたよっていて、歴史の主役にはなりませんでした。

来日した外国人が少なかっただけでなく、日本人の海外移住も少なかったことは、あわせて注意されるべきでしょう。

遣唐使の時代は、日本史上、中国へ渡った人の多かったことでは特筆される時代で、一回につき五～六百人の人々が唐の地に足を踏み入れました（もっともこのうち都まで上れたのは一割に達しません）。かりに七〇％の人が無事帰還したとしても、奈良時代七〇年余りの間に、延べ二千人近い人が入唐の経験をもったことになります。当時の人口が五百万人前後とすれば、この人数はばかになりません。

しかしその中に唐に留った人が、どれだけあったでしょうか。心ならずも帰れなくなった阿倍仲麻呂のような留学生、留学僧などを入れても、決して多かったとはいえません。さらに遣唐使のような外交使節以外のルートで、大陸に渡る人はほとんどなかったようです。

ところが同じころの朝鮮の人々は、盛んに唐に進出し、長江以北の東シナ海沿岸には、その居留地も作られていました。またこれより先、高句麗が唐に滅ぼされた七世紀後半以後、唐に移った高句麗遺民も多く、タラスの戦（七五一年）でサラセン軍を相手に戦った将軍高仙芝のように、唐朝に仕官して活躍した人もあります。西域やインド・アラビア・東南アジアの人々が唐にたくさんやってきて、居住、任官していたことは有名です。

日本人の海外移住としてよく知られているのは、戦国時代から江戸時代前期にかけての、主に東南アジアへの進出でしょう。ベトナム、タイ、カンボジャ、フィリピンなどには、日本人が自治権をもつ日本町が形成されていました。しかし江戸初期にフィリピン在住の日本人を観察したスペイン人は、日本人が定住性に乏しく、すぐ本国に帰りたがる傾向があること、外地でも本国の風俗習慣を固く守っていることを書きとどめています。もちろん例外もあるでしょうが、これではたとえ鎖国政策がとられなかったとしても、はたして日本人が、たとえば華僑のようにしたたかに活動を続けたかどうか、相当疑問といわなければなりません。しかも、時代を問わず、海外に活躍した人の多くが、商人や浪人などで、知識人や貴族、皇族が極めて少なかったことも見逃せないでしょう。

こうしてみると、輸入される文物を介して外国の文化をとり入れるという特色は、日本の歴史全体を貫いているといえます。そしてそれは、外国との正式な国交のあるなしにもあまり関係がなかったということになります。

以上、人の交流の少なさという点を中心に考えてきたわけですが、とり入れた内容の面で目につくのは、受け入れ方が選択的だという点です。日本人は中国を手本として仰ぎ、中国のものなら何でも尊重したように考えられがちですが、詳しくみてゆくと、中国文化の中で重要な位置を占めるものでも、日本に受容されていないものがあるのに気付きます。

古代で例をとるなら、道教の場合がまさにそれです。中国南北朝時代に発展した道教は、儒教・仏教とならんで、長らく中国の人々に大きな影響力をもってきました。儒教や仏教の中にも、いろいろな形で道教の考え方が入りこんでいます。日本は、この道教をまとまった形でうけいれることを、ついにしませんでした。

ここで断っておかなければならないのは、道教には広い意味でいう場合と、狭い意味でいう場合の二つがあることです。道教はもともと中国の民間信仰や呪術を基盤として発達したものですから、そうした信仰や呪術をさして広く道教ということも珍しくありません。これに対して狭い意味での道教というのは、老子を教祖と仰ぎ、種々の経典を備えた一つの体系的な宗教をさします。この場合、仏教の寺に当たるものは観、僧に当たるものは道士、尼に当たるものは女冠といわれました。ふつう広い意味での道教を民間道教、狭い意味での道教を教団道教と呼んでいます。

日本に早くから民間道教が入っていたことはまちがいありません。たとえば日本の神・天皇・皇子などの名には、ミコトを付けるのが普通ですが、『日本書紀』ではミコトに「尊」という字を宛てています。この「尊」は道教の神に付けられる称号をとりいれたものと考えられます。また日本の君主を天皇という、その「天皇」も、道教の神格の一つです。これに対して教団道教のほうは、日本に根付きませんでした。さきに道教を「まとまった形」でうけいれなかったといったのは、この意味です。

もっとも最近では、道教の経典が古代の日本に多数輸入され、かなり広く読まれていたと考える研究者も出てきています。しかし、そこまで考えるのは疑問があります。日本には、仏教や儒教の本について、古い写本がたくさん伝わっていますが、純粋に道教の経典といえるものは今のところ見あたりません。また平安時代前期に、そのころ存在した仏書以外の書籍を書き上げた『日本国見在書目録』をみても、道教経典はわずかで、中国の同じような目録にくらべ、雲泥の差があります。日本に輸入された純粋の道教経典は、種類も少なく、写されて広まることもあまりなかったとみうけられます(本書「上代文学と敦煌文献」参照)。

それだけでなく、日本への道教の輸入を意識的に避けようとした痕跡も残っています。さきにとりあげた七五二年の遣唐使が鑑真を日本に招こうとして、玄宗皇帝にその許可を願いでたときのことです。熱心な道教信者だった玄宗はこれを快く思わず、日本の君主はまえまえから「道士の法」を崇めていないから、まず道士を連れてゆけと命じました。その対応に苦慮した遣唐使は、結局鑑真招請のことを表面上とりさげ、道士を連れてゆかないかわりに、遣唐使の中から四人を唐に残して、道士として修行させることにしました。これは鑑真の伝記『唐大和上東征伝』に出てくる事実です。使節は道教が本国で容れられないのを承知していて、その場をとりつくろったものとみえます。このとき滞留させられた四人の人たちについても、その後消息が知れず、道士として活躍したような人は見当たりません。

時期は少しさかのぼりますが、七三三年(天平五)の遣唐使についても、中国側の記録にこんな事実が伝えられています。遣唐副使中臣名代らは、本国に帰って道教を広めたいので、『老子』と天尊像(道教の神像)を持ち帰りたいと願い出たというのです。この願いはもちろん許可されています。この少し前に玄宗自身注釈を施した『老子』が完成していますから、名代らはこれを下賜されるよう願ったのでしょう。ところが七三六年に帰還した名代らの消息の中には、このことが全く出てきません。『老子』や天尊像が持ち帰られたことはまちがいないでしょうが、日本ではそれが完全に黙殺されてしまったわけです。おそらく名代の出願は、唐の朝廷の意を迎えるためのもので、はじめから本気で布教する意志などなかったのでしょう。こういうやりとりからも、日本側が道教に認識がなかったわけでなく、むしろ意識して教団道教を拒否していたようすが、はっきりと浮かびあがってきます。

日本がこれほど道教を拒んだのはなぜでしょうか。確かなことはまだ言えませんが、まず考えられるのは、日本に大きな影響を与えた百済に、教団道教が受容されていなかった事実です。このことは中国の史書にも特筆されています。日本の知識人の態度を決める上に、この点が作用したことは、当然考えられていいでしょう。またもう一つ注意されるのは、道教の教祖とされた老子が、唐代には唐の帝室の祖先ともされていた点です。老子の姓も李、唐室も李姓だったというのが、そのようにこじつけられた理由ですが、この結果、道教は唐の国教的地位を得ることになりました。日本からすれば、このような性質をもつ道教を信奉することは、唐の祖先崇拝を日本に持ち込むことと受けとられたのではないでしょうか。日本が示した拒否反応の背後には、案外こんな理由がひそんでいるのではないかと考えられます。

さて、こうした日本の態度にくらべ、他の周辺諸国の対応は、やはり違っています。さきの百済の場合は特別ですが、概して道教の受け入れにはあまり熱心でなかった朝鮮でも、高句麗は、唐の初め、高祖のときに唐から派遣された道士を迎え、国王以下喜んで『老子』の講義を聞いたということがあります。新羅では、七三八年に来た唐の使節が『老子』をもたらしています。これも完成してまもない玄宗注の『老子』と思われます。両国とも、おつきあい程度にせよ、道教を受けいれないわけにはいかなかったのでしょう。

また中国の西辺、敦煌からは、唐代に写された道教経典が多数発見されています。これは儒教や仏教とともに、道教信仰も広く西方に広まっていた具体的あらわれです。一般に敦煌や西域から発見される書籍の種類は、日本の古代に行われていた書籍と共通することが多いのですが、道教の書籍については、事情が全く異なっているのです。

これまで日本の東洋文化に対する接し方を、人の交流の少なさ、文化の選択的な摂取という二つの特色を中心に見てきました。この二つは別々のものではなく、互いに関連のあることがらです。

さきにも書いたように、人の交流の少なさは、文化を社会や生活から切り離した形で受けいれることを可能にしました。そこに遅れや歪みが生じたことは当然ですが、一方こうした受容の形に利点があったことも確かです。それは一定の距離を置いて、高度な先進文化を見ることができた点です。優秀な文化によって、すっかり征服されることも避けることができました。つまり受容しにくい部分は切り捨てる、あるいは変形してとりいれる、すなわち選択するということができたわけです。

しかも高度な文化に圧倒されてしまわないということは、反面、前にとりいれた文化が堆積してゆくことを意味します。古代でいえば、四世紀から七世紀にかけて盛んに渡来した朝鮮からの文化が、これに当たるでしょう。事実日本では、いち早く唐の流行がとりいれられる一方、古く朝鮮経由で伝わった中国文化も、大きな影響力を持ち続けました。いまわれわれが使っている仮名の中にも、朝鮮を経て入ってきた中国の古い漢字音が残っています。

たとえば平仮名「ぬ」、片仮名「ヌ」の源は、漢字の「奴」ですが、これをnuと発音するのは呉音による読みです。呉音というのは、中国の南北朝時代、江南で行われていた発音がもとで、それが主に朝鮮を経て日本に入ったものとされています。「奴」を唐代の標準的な発音で読めばdoに近く、こちらが漢音に他なりません。呉音は漢音が入ってきた奈良時代以後も広く行われ、平安時代の初め、七九二年(延暦一一)とその翌年、漢音の習得を義務づける命令が、儒教界や仏教界に出されねばならないほどでした。

このように古いものが精算されず、積み重なってゆくのも、もとはといえば、文化の波及が直接的でなかったからといえましょう。こうして堆積した古い文化が、単に前代の遺物となってしまわず、次の新しい文物を受けいれる素地となったことも重要です。古代には、受容した文筆の技術を変形して、日本独自の仮名という筆記手段が完成されたわけですが、さきの例からもわかるように、そこには朝鮮経由の文筆技術が、基礎として存在していました。

こうして考えてくると、最後にどうしても日本の置かれている地理的条件が問題になってきます。日本が、先進文化の発達した大陸と地続きでなかったことが、文化の受容の仕方をよほど大きく規定したといっていいでしょう。しかもただ地続きでなかったというだけでなく、日本の背後には大洋が広がり、そこに交流する相手や文化が全くなかった点も見落としてはなりません。近代以前の日本は、いわば心おきなく文化の享受者となることができたわけです。

さきほど述べたような日本人の外国文化に対する対応の形は、こうした歴史的環境に根ざしています。生活や社会と分離した外国の文化は、技術・応用の面が強調されがちになりますが、逆にそのような受容に終始する限り、外国の文化と自国の社会との深刻な摩擦は、おこりにくくなります。模倣にすぐれ、応用に巧み、という特色も、ここから培われたといってさしつかえないでしょう。

しかし深刻な摩擦が稀だったということは、外国の文化の最も重要な部分と真剣に対決することなく過ぎてきたことを意味します。これは東洋文化の場合だけでなく、キリスト教を排除して行われた、鎖国下の西欧文化の受容にも、そのままあてはまります。

こうした文化の受容のあり方を、一概によかったとか悪かったとか決めつけることは正しくないでしょう。ただ明治以後の歴史や、これからの日本と外国との関係を考える上に、こういう歴史を念頭においておくことは是非とも必要なように思われます。

# 第一部　遣唐使の諸問題

# 遣唐使の朝貢年期

## 一　はじめに

唐朝と日本との通交が、いかなる形式のもとに行われたかについては、従来から日唐関係を論ずる中で、しばしば問題とされてきた。この点に関する研究者の見解は、大きく二つにわけることができよう。一つは、(イ)日本が唐に対し対等の方針を維持したとする見方であり、(1) もう一つは、(ロ)名実ともに日本が唐に臣属する形であったとする見方である。(2) その論点は多岐にわたるが、中核をなすのは国書の存否問題であろう。

多くの場合、(イ)の立場をとる論者は、日本の遣唐使が国書を携行しなかったとする。その結果、日本を臣下とみなす唐に対して、消極的ながら対等の関係を維持できたというのである。なおこの立場に立つ論者の中には、対等方針に基づく国書を携えて行ったとする人もある。(3)

これに対して、(ロ)の立場をとる論者は、唐を中心とする国際秩序の中にあって、唐に臣属する意志をあらわすことなく、唐と通交することは不可能であったとして、日本から臣下たることを明示する形式の国書が携行されていたと考える。

しかしながらこれらの説は、いずれも明確な裏付けを有していない。かつては遣唐使が国書を携行しなかった根拠として、『性霊集』巻五にのせる空海の「為二大使一与二福州観察使一書」がとりあげられたことがあったが、この史料が(イ)説を裏付けるものでないことは、西嶋定生氏[4]や湯浅幸孫氏[5]の指摘された通りであろう。逆に中国側史料には、遣唐使が上表したとする記載がしばしばみえ、遣唐使が臣属の意を明確にする国書を持参した証ともうけとれる。[6]しかしその実例は伝わらず、中国側の認識を表わすに過ぎない不安が残るのも事実であろう。[7]

日本が唐に対して、どのような外交態度をとっていたかという問題は、日唐関係を考える上に最も基本的なことがらである。ここでは従来の研究に言及されていない一史料を紹介し、これまでの諸研究とは異なる角度から、この問題を考えてみたい。

## 二 維蠲の書状

遣唐使時代の末期、日本の天台宗の僧侶から唐に対し、天台教学上の疑問を質すことが行われた。その質問と唐僧の回答は、今日「唐決」という形で七篇伝えられている。延暦の遣唐使によって唐にもたらされたものが最も古い。[8]その「唐決」の一つ、延暦寺円澄の疑問に対する唐天台山国清寺の僧、維蠲[9]の答には、維蠲がその回答を日本に与えるに際して、台州刺史に許可を請うた書状と、刺史のこれに報ずる書状、ならびに刺史の発給した公憑が載せられている。開成五年（八四〇、承和七）六月ないし八月のものである。これらの史料は、いずれも日唐の文化交流史上、貴重な意味を持つが、中でも維蠲と台州刺史の書状は、当面の問題にとって、他に見られない事実を提供しているので、次に原文と読み下し文をあわせ掲げる。原文は『唐決集』（正保三年刊本）[10]によるが、句読は新たに付した。また往々誤字とみられるものがあるので、それについては右傍に括弧付きで注記した。

〔維蠲書状〕(11)

六月一日、天台山僧維蠲謹献書於
郎中使君閤下。維蠲言。去歳不稔、人無聊生。皇帝憂勤、択賢救疾。朝端選於衆、得郎中以恤之。伏惟
郎中、天仁神智、沢潤台野。新張千里之幬、再活百霊之命。風雨応祈、稼穡鮮茂。凡在品物、罔不悦服。南岳高僧思大師、生日本為王、天台教法、大行彼国。是以、内外経籍、一法於唐、約二十年一来朝貢。貞元中、僧最澄来、会僧道邃為講義。陸使君給判印、帰国大闡玄風。去年僧円載奉　本国命、送　太后納袈裟、供養　大師影、
聖徳太子法華経疏、鎮天台蔵、賷衆疑義五十科来問、抄写所欠経論。禅林寺僧広脩答一本、已蒙　前使李端公判印竟。維蠲答一本并付経論疏義三十本。伏乞
郎中賜以判印。光浮日宮、丕冒遐裔、恩流永劫、道徳日新。煩黷　聴覧、不任悚懼。僧維蠲謹言。

（六月一日、天台山の僧、維蠲《ゆいけん》、謹んで書を郎中使君閤下に献ず。維蠲言す。去歳稔らず、人、聊生すること無し。皇帝憂い勤め、賢を択んで疾を救わしむ。朝端衆より選びて、郎中を得て以て之を恤《あわれ》ましむ。伏して惟《おもんみ》れば、郎中は天仁神智あり、沢、台野を潤す。新に千里の幬《とばり》を張り、再び百霊の命を活かしむ。風雨祈りに応じ、稼穡鮮《あらた》に茂《さかん》なり。凡て品物に在りて、悦服せざるはなし。南岳の高僧、思大師、日本に生れて王と為り、天台の教法、大いに彼の国に行わる。是を以て、内外の経籍、一に唐に法《なら》い、二十年一来の朝貢を約す。貞元中、僧最澄来たり、僧道邃の講義を為すに会う。陸使君、判印を給し、国に帰りて大いに玄風を闡《あきら》かにせり。去年、僧円載、本国の命を奉って、太后の納袈裟を送り、大師の影に供養し、聖徳太子の法華経の疏、天台の蔵に鎮《やす》んじ、衆の疑義五十科を賷して来たり問い、欠くる所の経論を抄写せり。禅林寺の僧、広脩の答うる一本、已に前使李端公の判印を蒙むること竟《おわ》んぬ。維蠲の答うる一本、并せて経論の疏義三十本を付す。伏して乞うらくは、郎中、賜う

に判印を以てせられんことを。光、日宮に浮び、丕《おお》いに遐裔を冒《おお》い、恩、永劫に流れ、道徳日に新たならむ。煩しく聴覧を黷《けが》し、悚懼に任《た》えず。僧維蠲謹んで言す）

［台州刺史書状］(12)

開士維蠲、弘伝天台　智顗大師教。教跡貫微妙門、了最上乗旨。繞諸経諸論之秘密、得先仏後仏之定慧。非天与玄機、神授朗智、雖白首枯心、不能了達。今維蠲上人者、伝此教已十余年、決疑義如泉流、導幽枢若氷釈。聴者受者、甚聞韶之甘、利根鈍根、同一雨之潤。豁円載之来叩、答（ママ）彼土之遥仰。両地空斎、一朝玲瓏。仁智相逢、一何盛也。煙波万里、掬玄珠而還、雲山巋然、揺風期之念。又二十載、何其夐耶。邁、佩竹符於名岳之下、聆高僧之嘉話。洗浙煩慮、如挹霊泉。深慙謏才。不称所請。開成五年八月十三日、朝議郎使持節台州刺吏（史）上柱国賜緋魚袋滕（滕）邁白。

（開士維蠲、弘く天台智顗大師の教えを伝う。教跡、微妙の門を貫き、最上乗の旨を了す。諸経諸論の秘密を繞《めぐ》り、先仏・後仏の定慧を得たり。天の玄機を与え、神の朗智を授くるに非ざれば、白首枯心と雖も、了達する能わず。今、維蠲上人は、此教を伝うること已に十余年、疑義を決すること泉の流るる如く、幽枢を導くこと氷の釈くるが若し。聴者、受者、韶を聞くの甘みを甚《たのし》だしうし、利根、鈍根、一雨の潤いを同じくす。円載の来叩に豁《ひら》き、彼の土の遥仰に答う。両地の空斎、一朝にして玲瓏たり。仁智の相逢う、一に何ぞ盛んなるや。煙波万里、玄珠を掬して還り、雲山巋然として、風期の念を揺《うご》かす。また二十載、何ぞ其れ夐《はるか》なるや。邁、竹符を名岳の下に佩び、高僧の嘉話を聆《き》く。煩慮を洗浙すること、霊泉を挹《く》むが如し。深く謏才《しょうさい》を慙《おそ》る。請う所に称《かな》わず。開成五年八月十三日、朝議郎・使持節・台州刺史・上柱国・賜緋魚袋・滕邁(13)白す）

〔台州刺史公憑〕(14)

円載闍梨、是東国至人、洞西竺妙理。梯山航海、以月繋時、渉百余万道途之勤、歴三六（大カ）千世界之遠。経文翻於貝葉、郷路出於扶桑。破後学之昏迷、為空門之標表。遍礼白足、淹留赤城。遊巡既周、巾錫将返、懇求印信、以為公憑。行業衆知、須允其請。邁曰（白カ）。

付㆓日本国㆒経論目

大悲経三巻　新訳般若心経一巻

唐梵対書仏頂一巻　仁王経疏一巻

金剛経疏一巻　菩薩戒疏二巻

念経儀法一巻　随自意三昧一巻

四十二字門一巻　小止観一巻

華厳義海二巻　華厳還源観一巻

華厳十玄門一巻　注法界観一巻

注止観偈一巻　止観科節一巻

止観科文一巻　六妙門一巻

釈氏血脈譜一巻　修禅法行一巻

還源集三巻　仏窟集一巻

大師口決一巻　陳宣帝書一本

円式論一本　　　義要一巻
中道因縁論一巻　　形神不滅諭（論カ）一巻
法王詔一本　　　心王賦一本
答日本国問一巻
（円載闍梨は、是れ東国の至人、西竺の妙理に洞《あきら》かなり。山に梯し海を航《わた》り、月を以て時に繫《か》け、百余万の道途の勤《くるし》みを渉り、三大千世界の遠きを歴たり。経文を貝葉より翻し、郷路、扶桑より出《い》ず。後学の昏迷を破り、空門の標表となる。遍く白足を礼し、赤城に淹留せり。遊巡既に周く、巾錫まさに返さんとし、懇に印信を求め、以て公憑と為さんとす。行業は衆の知るところ、すべからく其の請を允《ゆる》すべし。邁白す）

（下略）

まず維蠲の書状であるが、そこでは日本に決答を与え経疏を送付するについて、日本との友好関係が述べられている。その中には既往の研究で言及されていない注目すべきことがらが少なくない(15)。順にみてゆくと、まず南岳の思大師が、日本に生まれかわって王となったというのは、いうまでもなく聖徳太子慧思後身説につながる記述である(16)。

「二十年一来」の朝貢については、この個所を「約二十年、一たび来たりて朝貢す」と読むことも一案としてありえないことはない。しかしこの書状の文体が極めて整った四六文であることからすると、やや平俗に過ぎ弛緩した行文である感を免れない。このような文意ならば、むしろ「一たび」は冗文であって、「以約廿年、来至朝貢」などとあるべきところであろう(17)。また遣唐使の現実の派遣間隔も、後述のように一定しておらず、そこから予備知識なしに「二十年」という概数を導くことも容易ではないはずである。従ってここはやはり「二十年一来の朝貢を約す」と読まねばならないが、その意味については後で詳述する。

最澄についての記事は独自の価値をもたないが、円載が「太后」の納(衲)袈裟を送って「大師(天台大師智顗)」の肖像に供養したとあるのは、『入唐求法巡礼行記』開成四年二月二十七日条や『元亨釈書』巻二の円澄伝の記事を補うものである。この「太后」とは、『元亨釈書』にいう「淳和大后」、即ち淳和天皇の皇后であった正子内親王をさすとみるべきであろう。[18] 淳和太后の母、橘嘉智子の崩伝(『文徳実録』嘉祥三年五月壬午条)には、

后嘗多造二宝幡及繍文袈裟一、窮二尽妙巧一。左右不レ知二其意一。後遣二沙門恵蕚泛レ海入唐一、以二繍文袈裟一、奉レ施二定聖者・僧伽和上・康僧等一、以二宝幡及鏡奩之具一、施二入五台山寺一。

とあって、嘉智子が幡や袈裟を入唐僧恵蕚《えがく》に託して唐にもたらしていることが知られる。[19] 恵蕚・円載・円仁らは、同じ承和の遣唐使で入唐しているが、嘉智子・正子母子は、この時同時に袈裟を託したのではなかったか。

次に聖徳太子の『法華経疏』(法華義疏)が天台山に送られたことも、他にはみえない。太子の『法華義疏』と『勝鬘経義疏』は、これより先、七七二年(宝亀三、唐大暦七)に揚州竜興寺にもたらされていることは周知の事実であるが、[20] 円載により、ややおくれて天台山にも入ったことが判明する。なお広脩の決答に判印を与えた李端公とは、開成二年(八三七)に台州刺史になったという李文挙[21]のことであろう。

さてここで問題にしたいのは、さきに保留した、日唐間に二十年一貢の約があったという点である。年期を定めて臣下に朝貢させることは、中国に古くから存在した。即ち『礼記』(王制)に、

諸侯之於天子也、比年一小聘、三年一大聘、五年一朝

(諸侯の天子に於けるや、比年に一たび小聘し、三年に一たび大聘し、五年に一たび朝す)

とあり、また『春秋左氏伝』(昭公十三年)に、

明王之制、使諸侯歳聘以志業、間朝以講礼、再朝而会以示威、再会而盟以顕昭明

（明王の制、諸侯をして歳ごとに聘して以て業を志《しる》し、間に朝して以て礼を講《なら》い、再朝にして会して以て威を示し、再会して盟《ちか》いて以て昭明を顕かにせしむ）

とあって、その杜預注に、

三年而一朝、正班爵之義、率長幼之序

（三年にして一たび朝し、班爵の義を正し、長幼の序に率う）

六年而一会、以訓上下之則、制財用之節

（六年にして一たび会し、以て上下の則を訓《おし》え、財用の節を制す）

十二年而一盟、所以昭信義也、凡八聘四朝再会、王一巡守盟于方岳之下

（十二年にして一たび盟う。信義を昭かにする所以なり。凡そ八聘し四朝し再会し、王、一たび巡守して方岳の下に盟う）

などとある。また『春秋左氏伝』（昭公三年）に、晋の文公・襄公が覇王となった時のことを述べて、

昔文襄之覇也、其務不煩諸侯、令諸侯三歳而聘、五歳而朝、有事而会、不協而盟（下略）

（昔、文・襄の覇たるや、其の務めて諸侯を煩わさず、諸侯をして三歳にして聘し、五歳にして朝し、事あれば会し、協わざれば盟わしむ）

というのは、前記のような原則が簡素化され、諸侯の負担を軽減したことを記したものである。[22]「二十年一来の朝貢を約す」とは、かかる年期制が日唐間に設けられていたことを指すと考えられる。もしこれが事実であれば、日唐関係の性格を考察するに当たって、重視されなければならないことは多言を要しないであろう。

管見の限り、このような年期制の存在を直接裏付けるような史料は他に見出せない。従って、にわかにこれを信じることには慎重であらねばならないが、孤証とはいえ私はこれを無視すべきではあるまいと考える。その理由の第一は、この維蠲の書状が、前記のような目的のもとに台州刺史に提出された公的な書状であることである。直接遣唐使に関係したかかる書状にとりあげられるからには、それが唐朝の官吏にも共通の認識として存在したとみなければなるまい。さもなければ、このようなことに言及すること自体、無意味であろう。

事実、この維蠲の申請を受けとった台州刺史滕邁は、許可の回答の中で、「また二十載、何ぞ其れ敻《はるか》なるや」と述べている。これは維蠲のいう「二十年一来の朝貢」をふまえたものに相違なく、「二十年に一度とはいえ、どうして遠いさきのことであろうか」の意と解せられる。台州刺史も年期制の存在を認めていたことになろう。一般に唐朝の刺史は中央より派遣される官であり、滕邁もまた某司の郎中や吉州刺史を歴任した人物であった(23)。かかる認識は、決して中央より隔絶した特異なものでなかったというべきである。

維蠲の書状が信頼するに足る理由の第二は、維蠲が朝貢年期の存在をあげるにあたって、前述した慧思後身説をはじめ、日本関係の伝承や事実を正確にふまえて言及していることである。これは彼の日本認識が、さほど浅薄なものでなかったことを示しており、これらと一連の文脈中に表われる朝貢年期の記事も、相応の信憑性を有するとみなければならない。歴史的条件は異なるが、渤海に対し十二年一貢の年期が提示されたり(『類聚三代格』天長元年〔八二四〕六月二十日太政官符、『類聚国史』巻一九四、天長三年三月朔条)、後世日明間に十年一貢の年期が設けられたことをみれば、古代における二十年の年期は不自然とはいえまい(24)。

ところで、日本が唐に対し、対等外交の方針を堅持していたという見地に立てば、たとえ「二十年一来の朝貢」とはあっても、「朝貢」はあくまで唐側の見方を示すに過ぎず、日本が「朝貢」を約したとはいえない、という考え方

**表**　八世紀の遣唐使

| 任　命 | 出　発 | 派遣間隔 | 備　考 |
|---|---|---|---|
| 701(大宝1) | 702(大宝2，長安2) | | |
| 716(霊亀2) | 717(養老1，開元5) | 15年 | |
| 732(天平4) | 733(天平5，開元21) | 16年 | |
| 746(天平18) | 停　止 | | |
| 750(天平勝宝2) | 752(天平勝宝4，天宝11) | 19年 | |
| 759(天平宝字3) | 759(天平宝字3，乾元2) | | 迎入唐大使使 |
| 761(天平宝字5) | 762(天平宝字6)再任・停止 | | 送唐客使 |
| 775(宝亀6) | 777(宝亀8，大暦12) | 25年 | |
| 778(宝亀9) | 779(宝亀10，大暦14) | | 送唐客使 |
| 801(延暦20) | 804(延暦23，貞元20) | 27年 | |

(注)　派遣間隔の計算には，迎入唐大使使・送唐客使を含まない.

もあろう。しかし年期を設定すること自体、朝貢を前提としており、日本側が年期の設定を受け入れていたとみられる以上、このような考え方はなりたたない。即ち前引の『礼記』や『春秋左氏伝』の記事にもある通り、臣下は一定の間隔で君主に朝聘すべきものとされていた。これを相手国の事情に則し、現実的に定めたものが年期制に他ならないからである。(25)

このように考えてくると、九世紀前半において、日唐間に二十年一貢の約があったことは、ほぼ間違いない事実と判断される。維躅の書き方からすれば、これは日本側から申請した年期であったかもしれない。

## 三　朝貢年期制の成立

ではこのような年期制は、いつ設定されたものであろうか。その推定の手掛りになるのは、遣唐使の派遣間隔であろう。遣唐使の派遣回数は時代によって変動があるものの、八世紀以降、ほぼ一定の傾向がみられるようになる(上表参照)。天平宝字年間を中心に、藤原清河を迎える専使が派遣されたり、またこれに関連する派遣計画もたてられたりしているが、これらの事例や唐使送還の使節を特例として除外すれば、派遣はおおむね十数年から二十五年に一回となろう。平均すればほぼ二十年に一度である。これは二十年一貢の約を反映したものではあるまいか。設定された年期が必ずしも厳格に守られる性質のものでないことは、日渤関係における年期制の例からしても明らかである。[26]この間隔は、年期制を背景にしたものとみて何ら不自然ではないであろう。このように考えると、二十年一貢の制は、早くとも七〇二年の遣唐使以降に設けられたということになる。

これに関連して注意されるのは、『延喜式』大蔵省、賜蕃客例条の成立年代である。この条には、周知の通り大唐皇への賜物規定が含まれているが、この賜物が実質的には遣唐使の持参する朝貢物であった。そのことは『冊府元亀』巻九七一（外臣部、朝貢四）の記事によって証明される。[27]式条が「大唐皇帝」の称を使わず、また「賜」という語を用いているのは、日本を中華とする理念から出たことであろう。しかもこれまたかつて論じた通り、同じ『冊府元亀』の記事によって、この式条と同じ規定が、七三四年（天平六、唐開元二二）ごろには定められて実行されていたことが知られる。[28]このような朝貢品の規定は、年期の設定と直接に関係する性質のものではないが、貢物規定が定められる背景には、当然恒常的な朝貢が意識されていたとみてよい。朝貢年期制の成立が、こうした規定の制定に影響を与えたことは充分に考えられるであろう。その点からいっても、年期制の制定は少なくとも七三四年以前であったと推測できる。

以上の通り、日唐の間に二十年一貢の約があったということは、とりもなおさず遣唐使の性格が、名実ともに朝貢使であったことを示す。このような認識にたつとき、八世紀以降の遣唐使に関するいくつかのことがらが、極めて自然に理解できることは注目されてよかろう。

まず第一は、いわゆる国書の問題である。中国史料には、しばしば遣唐使による上表の事実が記されている。上表文は臣下が君主に捧げる文書であるが、従来の研究では、これを唐側の意識で書かれた表現とみなす見解も根強い。しかしながら上表以外の書式による文書は、特別の理由がない限り回却されるとみるのが妥当であって、日本と新羅・渤海の間でこれがしばしば問題となったことは周知の通りである[29]。時代は下るが『宋史』日本伝にも、日本の使が上表文を持たないために却けられた、次のような例がある。

天聖四年(一〇二六)十二月、明州言、日本国太宰府、遣レ人貢二方物一、而不レ持二本国表一。詔卻レ之。

唐代について、正史などにこのような紛議が一切現れないのは、前記のような解釈に疑問をいだかせる。むしろ日本が朝貢国として、上表文形式の国書を送っていたとみれば、かかる疑問は全て解消するはずである。

第二には、遣唐使に対する唐からの官職授与の問題がある。入唐した日本の使節が、唐の官職を受けている例は少なくない[30]。また官職の授与を直接示す史料の他に、『続日本紀』養老三年(七一九)正月己亥条には、帰国した遣唐使が唐から授けられた朝服を着したという記事がある。こうした服は、唐の官品に相当するものとみられるから、いずれも官職授与の傍証とできよう[31]。これらを通観すると、少なくとも七〇二年以降、遣唐使人に官職を授けることの珍しくなかったことが知られる。史料に残らない例を想定すれば、七〇二年以後の使節は、任官が常例になっていたかとさえ疑われる。何らの係争もなく、こうした任官が実行されている事実は、日本が唐に朝貢していたとするとき、最も理解しやすい。唐朝が朝貢国の王族・臣下に授官する例は、しばしばみられる[32]。

日本の朝貢が前提とされているということでは、寛平六年(八九四)の遣唐使任命に一役を買った「不朝之問[33]」が想起される。この時の遣唐使は、結果的には派遣されなかったわけであるが、一旦派遣が決定されるに至る過程で、唐の温州刺史朱褒による、日本は何故朝貢しないのか、という「不朝之問」が、一定の役割を果したとみられている[34]。この朝貢要請が、唐の中央政府の指令でなされた保証はないが、たとえ対外貿易に深い利害関係をもつ在地勢力の専断にもせよ、このような働きかけがなされ、また日本の朝廷がこれを考慮した返牒を発している事実は、朝貢年期の設定されていたことを考えに入れると極めて自然に諒解できる。

以上に述べた三つのことがらは、逆に年期制の存在を支証するといってもよいであろう。ただ朝貢の事実を肯定した場合、従来の所説との関連で次のような疑問が提起されるかも知れない。即ち日本は、新羅・渤海に朝貢を要求する態度を堅持しており、その均衡上、唐に公然と臣属することはありえないのではないか、という疑問である。これは一見妥当な疑問のようであるが、必ずしも正しいとはいえないであろう。日本が自国を中華に擬したことは確かであるが、唐に対する現実の立場がどのようなものであったかは、日本がいかにとり繕おうとも、唐と密接な外交関係をもっていた新羅や渤海には、既に自明のことであったはずである。日本の新羅・渤海に対する姿勢は、過去の対朝鮮関係を踏まえた別個の論理によっているとすべきであろう。

ところで、かかる朝貢年期制が、いかなる事情のもとで定められるようになったのかも、興味深い問題である。しかしこの点については、様々な政治史的、外交史的解釈をいれる余地があるから、憶測にわたることを避けて、ここでは触れないでおく。ただ日本側としては、朝貢を標榜した場合、菅原道真が述べているように、唐の国内において「難阻飢寒之悲」[35]はなく、唐側の手厚い保護のもとに行動できるという利点がある。また朝貢使ならば、国禁の品の輸出をはじめ、種々の優遇措置が与えられることも期待できたであろう。一般的にいえば、このような条件が背景にあったことは認めてよいと考えられる。

いずれにしても二十年一貢制の成立は、結果として八世紀以降の遣唐使を、外交・軍事の課題に対応する使節というよりも、文化使節的性格の濃いものにしたということができよう。

（1） 木宮泰彦『日華文化交流史』(冨山房、一九五五年)、森克己『遣唐使』(至文堂、一九五五年)、西嶋定生『日本歴史の国際環境』(東京大学出版会、一九八五年)、八木充「古代東アジアと日唐関係」(山口大学文学会志三九巻、一九八八年)。

(2) 湯浅幸孫「遣唐使考弁二則」(日本歴史四六四号、一九八七年)、森公章「古代日本における対唐観の研究」(弘前大学国史研究八四号、一九八八年)、奥田尚「八世紀の日本から唐への国書」(追手門学院大学東洋文化学科年報六号、一九九一年)。

(3) 西嶋定生「遣唐使と国書」(茂在寅男ほか『遣唐使研究と史料』東海大学出版会、一九八七年)、八木充注(1)論文など。

(4) 西嶋定生注(3)論文。

(5) 湯浅幸孫注(2)論文。

(6) 同右。

(7) 森公章注(2)論文。

(8) 「唐決」の内容については、仲尾俊博『日本初期天台の研究』(永田文昌堂、一九七三年)参照。

(9) 維蠲については、小野勝年『入唐求法巡礼行記の研究』㈠(鈴木学術財団、一九六四年)三八八頁、同『入唐求法行歴の研究』㊤(法蔵館、一九八二年)一〇九頁参照。

(10) 活字翻刻本としては、『大日本続蔵経』第一輯第二編第五套(支那撰述天台宗著述部)、『天台霞標』初編巻三(『大日本仏教全書』一二五冊)、『日本大蔵経』(天台宗顕教章疏㈡)などがある。なお伊藤松『鄰交徴書』(一九七五年、国書刊行会影印)二篇巻一にも、『唐決集』によって維蠲と台州刺史の書状を引いている。

(11) 『天台霞標』『日本大蔵経』は、冒頭に「乞二判印一牒」と題し、末尾に「開成五年八月十三日天台僧維蠲謹献郎中使君閣下」の文があるが、いずれも後補とみられるので採らない。

(12) 前注の二書は、冒頭に「台州刺史書」(『日本大蔵経』は「史」を「吏」に誤る)と題するが、後補とみられるので採らない。

(13) 刊本の「膝邁」は「滕邁」の誤り。郁賢皓『唐刺史考』㈣(中華書局・江蘇古籍出版社、一九八七年)によれば、『赤城志』に台州刺史として滕邁がみえ、開成四年に任ぜられていることが知られる。後任の顔従覧との交替は、開成五年中のことであったようである。

なお『本朝高僧伝』巻七の江州叡山沙門円載伝には、維蠲の書状と滕邁の公憑によった文があるが、同書の宝永四年刊本、『大日本仏教全書』本とも、正しく「滕邁」に作る。

(14) 注(11)の二書は、冒頭に「漆台州公憑」と題し、末尾に「開成五年　月日朝議郎使持節台州刺史上柱国賜緋魚袋漆邁給」

の文を付すが、後補とみられるので採らない。

(15) 管見では辻善之助氏が、円載の経歴を略述された中で部分的にふれておられる。同氏『日本仏教史』㈠三四九頁（岩波書店、一九四四年）参照。ただ出典をあげられず考証もないところをみると、『本朝高僧伝』巻七の円載伝によられたのであろう。

(16) 聖徳太子慧思後身説については、飯田瑞穂「聖徳太子慧思禅師後身説の成立について」（森克己博士還暦記念会『対外関係と社会経済』塙書房、一九六八年）参照。この伝説が天台山に流布していたことは、円仁に対する天台山禅林寺の僧敬文の談から推定できる。『入唐求法巡礼行記』開成四年閏正月十九日条参照。

(17) 『漢書』巻二八下、地理志、燕地の条の「以㆓歳時㆒来献見」などの表現が想起される。

(18) 小野勝年『入唐求法巡礼行記の研究』㈠（注9前掲、四四二頁）や佐伯有清『円仁』（吉川弘文館、一九八九年、一〇二頁）が、「淳和大后」を橘嘉智子とするのは誤りであろう。なお淳和大（太）后については、大江篤「淳和太后正子内親王と淳和院」（大隅和雄・西口順子編『シリーズ女性と仏教』(1)、平凡社、一九八九年）参照。

(19) 恵蕚の生涯については、橋本進吉「慧蕚和尚年譜」（『伝記・典籍研究』岩波書店、一九七二年）参照。ただ橋本氏は、この入唐の年次を決定されてはいない。

(20) 本書「日唐間における渤海の中継貿易」参照。

(21) 郁賢皓注(13)前掲書参照。

(22) 舒明二年（六三〇年、唐貞観四）の遣唐使に対し、太宗が歳貢を免じたというのは、年数を限った措置ではないが、負担軽減の近い例といえよう。『旧唐書』東夷伝（倭国）参照。

(23) 郁賢皓注(13)前掲書参照。

(24) 小葉田淳『中世日支通交貿易史の研究』（刀江書院、一九四一年）参照。

(25) 『入唐求法巡礼行記』にみえる在唐中の遣唐使の場合を除けば、日本史料で遣唐使を朝貢史と位置づけた例はほとんど管見に入らないが、『住吉大社神代記』中の「長柄船瀬本記」には、「右船瀬泊、欲遣唐貢調使調物積船舫造泊」（右の船瀬の泊は、遣唐貢調使の調物を積む船舫の泊を造むと）とある。

(26) 沼田頼輔『日満の古代国交』（明治書院、一九三三年）一〇四頁、一三五頁など参照。

(27) 本書「遣唐使の文化的役割」。

(28) 同右。

(29) 山田英雄「日・唐・羅・渤間の国書について」(『日本古代史攷』岩波書店、一九八七年)参照。

(30) 森公章注(2)論文。

(31) 平野卓治「律令位階制と「諸蕃」」(林陸朗先生還暦記念会『日本古代の政治と制度』群書類従完成会、一九八五年)。

(32) 大庭脩「高階遠成が唐からもらった辞令」(『親魏倭王』学生社、一九七一年)参照。

(33) 菅原道真「請ﾚ令ﾆ諸公卿議ﾆ定遣唐使進止ｲ状」(『菅家文草』巻九)。

(34) 増村宏『遣唐使の研究』(同朋舎、一九八八年)四三一頁、四八六頁、五五四頁。

(35) 注(33)に同じ。

# 遣唐使の文化的役割

## 一　はじめに

唐文化を輸入する上で、遣唐使を中心とする日唐交渉が果たした役割は計り知れないものがある。文物の輸入という点を主とすれば、新羅の中継貿易もゆるがせにはできないが[1]、やはり日唐の直接交渉がもった意味は遥かにそれを凌いだとみられる。なによりもこの時期には両国間に、文物の交流のみならず人の移動が広範に存在した。それは入唐という形をとった一方的なものではあったが、すでに奈良時代半ばともなると、遭難者を除いてもおそらく数百人の人々が唐土の見聞を有したと推測される。おおむね唐物の愛好というような、文化全体とは切り離された文物受容のみに終始したそれ以後の日中交渉とは、当然異なった意義が見出されるはずである。しかしながら奈良時代については、文物の輸入、人の交流といういずれの面に関しても、案外に乏しい事実しか知られていない。文物交流の問題は当代の美術工芸品における舶載品の量などとも直接関係してくるし、入唐者の唐土での動向は、唐文化受容の広さや深さをうかがう上に興味深い。史料の少なさによるとはいえ、これらについて知りうることがらが限られているのは遺憾なことといえよう。

しかし、新しい事実を発掘することが不可能かといえば、必ずしもそうとは思われない。従来の研究は国内史料を除くと、ほとんど松下見林の『異称日本伝』に頼って進められてきた観がある。独自に日本・中国の史料を渉猟すれば、日唐交渉についてなお知見を加えることも可能であろう。本章では早く杉本直治郎氏によって紹介されながらあまり利用されていない『冊府元亀』の記事を中心に、奈良時代における日唐の文化交流の問題を考えてみることとした。

## 二 養老の遣唐使

奈良時代の遣唐使の中で、とりわけ大きな文化史的意義を担ったのは、僧玄昉と吉備真備の加わった養老元年（七一七）度の遣唐使であろう。天平七年（七三五）に帰朝した玄昉は、多数の経典と仏像などをもたらした。(2) 仏像が日本の奈良朝美術に与えた影響は詳かにしないが、経典の方は唐訳のものを多く含み、新来のテキストとして教学的に大きな役割を果たした。その具体的な意義がどのようなものであったかは、石田茂作氏や井上薫氏の研究(3)に詳述されているので、ここでは省略に従う。玄昉が仏教方面における最新知識の移入に尽力した人物とすれば、漢籍を中心とする中国文化の輸入に努めたのが吉備真備であった。

『続日本紀』天平七年四月辛亥条には、真備帰朝後の献物として左のような品をあげている（便宜通し番号を付した）。

1 『唐礼』一百三十巻
2 『太衍暦経』一巻
3 『太衍暦立成』十二巻
4 測影鉄尺（影を測る鉄尺）一枚

5　銅律管（銅の律管）一部
6　鉄如方響写律管声（鉄の方響の如くにして律管の声を写せる）十二条
7　『楽書要録』十巻
8　絃纏《つるまきの》漆《ぬりの》角弓一張
9　馬上飲水漆角弓一張
10　露面漆四節角弓（面を露わし四節を漆《ぬ》れる角弓）一張
11　射甲箭（甲《よろい》を射る箭）二十隻
12　平射箭十隻

1は儀礼を定めた『永徽礼』、2～4は暦書と天文観測具、5～7は楽器と楽書、8～12は弓箭である。2～4を広義の礼に関わるものとすれば、これらは中国でいわゆる六芸のうち、礼・楽・射の三部門に対応することとなる。6は楽器調律の基本となる装置であるが、正倉院宝物中の方響[4]とされているものから形態が想像できよう。真備の将来品がこれらにとどまらなかったことは、『日本国見在書目録』（正史家、東観漢記の条）に「而件漢記、吉備大臣所将来也、其目録注云」（而して件の漢記は、吉備大臣の将来する所なり。其の目録に注して云わく）云々とあることからも明らかである。彼の身につけて帰った知識は、『続日本紀』の薨伝に「該ね衆芸に渉る」とある通り、中国文化全般に及んだとみてよい。太田晶二郎氏が、真備の役割を仏教における玄昉に対比して説かれたのは蓋し卓見であろう[5]。

真備の在唐中の事蹟としては、四門学（唐の学校）への入学のことがある。杉本直治郎氏は『旧唐書』日本伝にみえる左の記事を、真備の事蹟を伝えたものと推定された[6]。従うべき説であろう。

因請二儒士授一レ経。詔二四門助教趙玄黙一、就二鴻臚寺一教レ之。乃遺二玄黙闊幅布一、以為二束修之礼一。

しかし玄昉にせよ真備にせよ、二十年に近い在唐生活を送ったにしては、従来一般に知られていることがらは決して多くはない。その欠をわずかでも満たしてくれるのが、『冊府元亀』外臣部、褒異の項にみえる左の記事である。

十月丁卯、日本国遣レ使朝貢。戊辰、勅、日本国遠在二海外一、遣レ使来朝。既渉二滄波一、兼献二邦物一。其使真人英問等、宜下以二今月十六日一、於二中書一宴集上。乙酉、鴻臚寺奏、日本国使、請下謁二孔子廟堂一、礼中拝寺観上。従レ之。仍令二州県金吾相知一、検校搦捉、示レ之以二整応一、須レ作二市買一。非二違レ禁入一レ蕃者、亦容レ之。（巻九七四）

『冊府元亀』は、北宋の王欽若らによって編まれた類書（百科事典）であるが、その中には往々実録などに基づく独自の記事を含む。これもその一つで、かつて杉本直治郎氏は、この記事の前半をもとに阿倍仲麻呂の入唐年代を確定されたことがあった。[7] その後遣唐使を論じた論考には、あまりこの記事のことは言及されていないようであるが、これは遣唐使の入唐年代をうかがう史料であるにとどまらず、遣唐使の彼地での活動を知る珍しい記事といってよい。ここではそのような視点から、もう一度この記事をみなおすこととする。

さて、ここにみえる日本使節が、養老元年（七一七、開元五）三月、難波を発した多治比県守の一行であること、「真人英問」はその県守であり、「英問」はアガタモリの音訳であること、既に杉本氏の論ぜられた通りであろう。[8] 即ちこの遣唐使の一行に、下道真備や玄昉、阿倍仲麻呂、大倭小東人（のちの大和長岡）らが含まれていたわけである。[9] ここで注意されるのは、その後段にみえる鴻臚寺の奏言と、それに伴う措置である。即ち鴻臚寺の奏により、日本国使の希望する孔子廟・寺院・道観などの参拝が許可されたが、それに対応して州・県や京内守衛の金吾衛に使節一行を統制させることが命ぜられ、またもし使節が物を購入しようとする場合は、蕃国に対して輸出禁止とされている品[10]を除いて許可する旨が指示されている。このような申請と許可は、真備や玄昉の在唐中の行動や彼らの帯びていた使命を別の面からうかびあがらせてくれる。

まず寺観その他の参観については、『七大寺巡礼私記』(興福寺条)に引く左のような玄昉の『五台山記』の記事が示唆深い。

抑玄昉僧正与二慶寛一相共度レ唐。唐開元十三年四月、発二向五台山一。先遇二文殊化現之老人一、次見二菩薩応現之瑞鳥一。次昇二東台一焼香、暗拝二菩薩一之時、五色雲靉靆、山林生レ光、地為二瑠璃一、金縄界レ道、坦然如レ掌、無二複(復カ)山谷一。東方見二白師一。頂尾紺色、背上負二金蓮花座一。文殊菩薩坐二其上一、放二眉間白毫一(光脱カ)照二曜天地一、師子毛端亦放二金色光一。菩薩身長二丈許。又有二無数億菩薩一、前後囲繞、其身光如二明鏡一。其山四面五百里内、道俗士女、咸覩二仏光一、歎レ未二曾有一云々。見二僧正五台山記一。

この内容自体は奇瑞霊験譚の域を出ず、森克己氏などがいわれるように、この記事から簡単に玄昉が五台山を訪れた(11)といえるかどうかは心許ない。五台山は文殊菩薩の霊場として有名であり、文殊にまつわる霊験譚も唐高宗朝にできた『古清涼伝』(『大正新脩大蔵経』51所収)にはしばしばみえるから、そうした話の影響ともみられよう。しかし玄昉の周辺を改めてながめてみると、この話を全くの捏造ともいえない要素がでてくる。一体五台山は、インドの仏陀波利が化現の文殊に命ぜられて『仏頂尊勝陀羅尼経』を中国にもたらす機縁となった場所であり、その関係から秘密教の一中心地ともなっていた。のちに不空三蔵が五台山の興隆に力をつくしたのもそのためである(12)。ところが玄昉の帰朝後の動静をみると、法相宗の教学に加え、そうした古密教との深いかかわりが看取できる。たとえば藤原広嗣の乱後、天平十三年(七四一)七月に、玄昉は『千手千眼陀羅尼経』一千巻の書写を発願しており(13)、また自身の発願ではないが、これより先天平十一年五月には、勅により玄昉の病いのために、『仏頂尊勝陀羅尼経』一千巻が書写された(14)。この両経とも秘密部のものであることはいうまでもない。これらは後者も含め玄昉の信仰に由来するものとみるべきであろう。とくに『仏頂尊勝陀羅尼経』が五台山にゆかり深い経典であることも注意される。玄昉が帰朝後まもなく、天平九年十二月に皇太夫人宮子の病を療した事実は著名であるが、[15]そこにやはり呪術などとの関係が想定されはしまいかと思う。既に注意されている通り、五台山の歴史や信仰を記した『古清涼伝』は、天平十二年にはじめて東大寺写経所の文書に現れ、この前後にわかに秘密部経論の書写が増えることとあわせ、玄昉や婆羅門僧正の帰朝・来日（ともに天平七年）に結びつけて理解されている。[16]婆羅門僧正との関係ばかりでなく、確かに玄昉の影響も軽視できないといわなければならない。このようにみてくると、玄昉が五台山に至ったという伝えも無下に却けることができない。『五台山記』にみえる開元十三年（七二五、神亀二年）四月という日付も入唐中のこととして符合する。少なくともこの時に玄昉が五台山へ参じたことは認めて差支えなかろう。

玄昉が五台山にまで足をのばしたことは、前引の寺院参拝許可条件に州県への指示が含まれていることとよく対応している。開元十三年といえば既に多治比県守らは帰国してしまった後で、この参拝がどれほどの規模で行われたのかは詳かにしない。玄昉を中心とする個人的規模での行動だったかも知れない。しかし日本使節が行なった前記の申請は、必ずしも狭義の使節を対象としたものではなく、留学生、留学僧らの長期滞在を前提にする申請であった可能性も充分考えられる。玄昉の五台山巡拝も、この一環として理解すべきであろう。唐国内での外国人の旅行が甚だ不自由なものであったことは円仁の『入唐求法巡礼行記』からもうかがわれ、円仁も天台山への巡礼許可を遣唐使節を通じて申請していることが[17]思いおこされる。

このように唐朝政府の指示が州県にも達せられ、玄昉の行動が五台山にも及んでいることをみると、前記鴻臚寺奏言にみえる孔子廟堂も、都所在のものではなく、曲阜のそれであったとも考えられよう。『続日本紀』にみえる真備の薨伝によると、神護景雲二年（七六八）、真備が右大臣、従二位を拝したことを記したあとに、「是より先、大学の釈奠、其の儀未だ備わらず。大臣礼典に依り稽《かんが》え、器物始て修まり、礼容観る可し」とある。これは『続日本紀』天平二十年八月癸卯条の釈奠の服器及び儀式を改定したとあることに主として対応するとみられているが、(18)そこに単なる礼典の記事だけでなく、真備の実地の見聞が与って力あったことは想像に難くない。玄昉による「諸仏像」の将来も、唐の寺院の実際に対する深い理解の上にたってなされたことであったといえる。こうした参観は、おそらくどの使節も多かれ少なかれ経験したところであった。従来からよく知られている例では、膳大丘が天平勝宝四年(七五二)に入唐して国子監を参観した話がある(『続日本紀』神護景雲二年七月辛丑条)。(19)しかし養老の遣唐使の場合は、特に中国の記録に参観許可のことが残り、参観の範囲も上京・帰国の途次や京内にとどまらなかった。玄昉・真備を中心とする留学僧、留学生達にとって、そうした施設の検分が大きな使命の一つであったと考えられないこともない。

同様なことは物品の購入の面についてもいえるであろう。いま同じような措置のとられた例として管見に入ったものをあげると、『冊府元亀』(巻九七一、外臣部、朝貢四)にみえる左の記事がある。

開元元年十二月、靺鞨王子来朝奏曰、臣請、就レ市交易、入レ寺礼拝。許之。

これは渤海王子の申請に対し、許可が与えられた例である。開元四年には、奚(突厥の一種族)の使節に対しても同様な措置がとられている(同上巻九九九、外臣部、請求)。

『入唐求法巡礼行記』開成四年二月廿日条によれば、遣唐使の買物行為は一般に自由ではなかった様子が読みとれる。こうした許可は一種の恩典の賜与であったといってよい。養老の使節の場合は、前段との関連から、京城の両市のみならず州県の市における市買の許可をも与えられた可能性が想定できよう。いずれにせよ、これも日本使節の申請があってのこととみるのが自然であり、そこにはやはり留学僧による唐朝文物のまとまった輸入という方針が存在したのではないかと思われる。事実前記のように、玄昉は五千余巻という膨大な経論と諸仏像をもたらして帰り、真備はやはり多種多様な典籍・物品を将来した。『旧唐書』日本伝に「得るところの錫賚《しらい》、尽く文籍を市《か》い、海に泛びて還る」とあるのは真備のことをさすといわれるが、このような行動と『冊府元亀』の記事とは相表裏するものといわねばならない。

こうした旅行と買物に関する許可申請は、必ずしもこの時の遣唐使に限ったことではなかったであろう。宝亀・延暦の遣唐使の帰朝報告には、唐帝と会見した使節が、「請う所、並びに允《ゆる》」されたとみえるが(『続日本紀』宝亀九年〔七七八〕九月乙未条、『日本後紀』延暦二十四年〔八〇五〕六月乙巳条)、それも具体的には、この種の申請をさすものではないかと考えられる。唐朝政府公認のもと、彼らのもたらした品物の中にはおそらくそれまで唐の外に出なかったものも多く含まれており、わが国の古代文化全般に大きな寄与をなしたことが考えられてくる。

## 三　奈良時代遣唐使の朝貢品と輸入品

遣唐使の派遣が朝貢という形をとった一種の貿易活動であったことは周知のところであろう。もちろん遣唐使には、その時々に応じて政治的外交的な意味のあったことも事実であろうが、それは遣唐使のもつ前記のような意味と矛盾するものではない。しかし具体的にどのような貿易が行われたかという点になると不明の部分が多い。なかでも問題とされなければならないのは、わが国が唐の文物とひき換えに何を貢していたかということである。一体わが国には、八世紀頃の作とみられる精緻を極めた唐風の美術工芸品が多数残されている。正倉院宝物がその代表であることは改めていうまでもない。ところが正倉院宝物中の高度な美術工芸品のうち、どれが舶載品でどれが国産品かとなると、調査は進められつつあるものの必ずしも明らかではない。私は舶載品の中には唐からのものと同時に新羅からのものも相当数含まれると考えるのであるが、[20] それはさておいても、舶載品・国産品の割合をどう評価するかは奈良時代の文化全体を考える上に重要な意味をもってくるであろう。その場合一つの手掛りにできると思われるのは、当時のわが国の輸出品目である。後の日宋貿易の状況をみても、また新羅その他の朝貢品からしても、唐に対して朝貢ないし輸出される品々は唐に無いものか、あるいは唐国内の産出品や製品をしのぐものだったと考えられる。奈良時代にも、わが国が後の螺鈿や扇・日本刀に類する特産品を朝貢・輸出していたとすれば、わが国の美術工芸も分野によっては当然唐に匹敵するだけの水準を擁していたことになろう。

そこで遣唐使の朝貢品の内容如何ということになるが、従来これをうかがう資料とされてきたのは、『延喜式』(大蔵省)にみえる左の記事であった[21](〈 〉内は原文双行注。以下同じ)。

賜二蕃客一例

大唐皇〈銀大五百両、水織絁、美濃絁各二百疋、細絁、黄絁各三百疋、黄絲五百絇、細屯綿一千屯、別送綵帛二百疋、畳綿二百帖、屯綿二百屯、紵布卅端、望陁布一百端、木綿一百帖、出火水精十顆、瑪瑙十顆、出火鉄十具、海石榴油六斗、甘葛汁六斗、金漆四斗〉。

唐の皇帝が日本へ来ることは考えられないから、この規定は薗田香融氏なども指摘されている通り唐の皇帝に献ずる朝貢品を定めたものであろう。[22] 従ってこの史料は確かに朝貢品の内容を知る目安となる。しかしながら問題は、この規定がいつごろの状態を示しているのかが明らかでないことである。『延喜式』の成立した延喜～延長の頃は、既に遣唐使が停止され唐の滅亡する時期に当たっており、この式条も実効はないまま、従来の式に則ってここに採り入れられているに過ぎない。[23] これを史料として用いるには、それがいつ行われていた規定であるかを確かめておかねばならない。この点について好都合な記事がやはり『冊府元亀』(巻九七一、外臣部、朝貢四)の中にみえる。

四月、日本国遣レ使来朝、献二美濃絁二百匹、水織絁二百疋一。

この記事のかけられているのは開元二十二年（七三四）であり、ここにいう日本の使者とは、わが天平五年（七三三）に入唐した多治比真人広成らの一行をさす。安藤更生氏が論じられているように、広成らは七三三年四月に難波を発したが、途中風にあって蘇州に漂着した。[24]『冊府元亀』（巻一七〇、巻九七一）の次の記事はその状況を伝えたものである。

八月、日本国朝賀使真人広成、与二傔従五百九十一、舟行遇レ風、飄至二蘇州一。刺使銭惟正以聞、詔二通書舎人韋景先一、往二蘇州一宣慰焉。

彼らが唐都に入り朝を拝したのが、年を越した開元二十二年の正月であった。[補注]ところでここに注意すべきは、その時の方物が「美濃絁二百匹、水織絁二百疋」と具体的にみえることである。この品目は先の式条にもみえ、しかも数量まで式条と一致している。これは偶然ではなく、式条の内容に関係があるとみるべきであろう。こうした朝貢の記録は、必ずしも方物の全容を網羅しないのが普通であり、ここにみえないからといって、それ以外に貢物がなかったとはいえない。おそらく天平初年には、既に『延喜式』に定めるとほぼ同じ貢物の規定が存在しており、広成らの一行もそれに従って式条のような品々を献じたとみた方がよかろう。『冊府元亀』の記事はこれを立証するものに他ならない。関連史料からすれば、この種の規定は天平初年をあまり遠く溯らない時期に設けられたのではないかと考えられる。即ち『延喜式』の賜蕃客例の条には、大唐皇につづいて渤海王、新羅王への賜物品目もあげられている。その内訳は、

渤海王　絹卅疋、絁卅疋、絲二百絇、綿三百屯

新羅王　絁二十五疋、絲一百絇、綿一百五十屯

である。これを『続日本紀』にみえる賜物の実例と比較すれば、渤海王の場合、神亀五年（七二八）四月十六日の例は、綵帛一一疋、綾一〇疋、絁二〇疋、糸一〇〇絇、綿二〇〇屯と全く合致しないが、天平十二年正月七日の場合は、美濃絁三〇疋、絹三〇疋、糸一五〇絇、調綿三〇〇屯と糸以外は符合し、これ以降は全く式条と同じである。新羅王の場合、渤海王ほど記事が残らず詳しくは知りえないが、和銅二年（七〇九）五月二十七日の賜物が綿を除いて一致せず、いずれも多いめであるのに対し、宝亀元年（七七〇）三月四日の賜物では綿二五〇屯とあるのを除いてよく合致する。こうした規定が共通して近い時期に定められたとすれば、その時期は天平初年頃とみられるであろう。

　以上のことから、式条によって奈良時代盛期の遣唐使が携えていった貢物の内容をうかがいみることができるが、それをみて気付くのは、原料品や単純な繊維製品が大方を占めていることである。即ち銀、瑪瑙は明らかに自然の産物であるし、発火用の出火水精・出火鉄もこれに準じて考えうる。繊維製品は多岐にわたるが、やはり左のように類似の特徴を備えている。

絁
- 水織絁　他に所見がないが、あるいは『常陸国風土記』（久慈郡）に、美濃国より移住した長幡部が織ったという烏織の絁（延喜主計式「長幡部絁」）に当たるか。烏織は黒に因む命名であるが、水は五行で黒に通ずる。[25]
- 美濃絁　美濃国特産の絁。しばしば外国への贈答用に用いられた。賦役令・延喜主計式（上）にみえる[26]（以下令・式と略称）。
- 細絁　『令集解』賦役令（調絹絁条）に絹のこととする。
- 黄絁

糸
- 黄糸

綿　細屯綿　繊維の細かい塊状の真綿。式にみえる。
　　屯綿　通常の塊状の真綿であろう。
　　畳綿　畳状にした真綿。式にみえる。

布　紵布　カラムシ(苧麻)の繊維で織った布。奈良時代の布の大半は苧麻を原料としており[27]、これも通常の調庸布の類とみられる。
　　望陁布　上総国望陀《まぐだ》郡特産の上質の布[28]。令・式にみえる。

木綿《ゆう》　楮などの皮からとった繊維。令・式にみえる。

繊維製品の中では、わずかに絲帛がやや高度な工芸性を備えているかにみえるが、これも延喜主計式の諸国の調にある緋帛、紺帛、黄帛、橡帛などの類をさすと考えられ、絁と大差はなかったらしい。残るのは左の品々である。

海石榴油　椿油。食用などに使われた[29]。延喜主計式に中男作物としてみえる。
甘葛汁　甘味料で、延喜宮内省式、同大膳式に諸国例貢御贄や諸国貢進菓子としてみえる[30]。
金漆　コシアブラないしタカノツメという樹木からとれる樹脂液[31]。令・式にみえる。

用途は様々であっても、これまた右の繊維製品に準じて考えられる。調など当時の地方貢進物と共通するものが多いことからもわかるように、これらのほとんどは地方で生産されたものであったろう。自然の物産や単純加工品を中心とするこのような特徴は、日本の朝貢品の伝統的特色であったとみられる。たとえば永徽五年(六五四)十二月に入唐した白雉五年(六五四)の遣唐使が琥珀の大きさ斗の如きものと、瑪瑙の五升の器の如きものを献じたとあるのは(『唐会要』巻九九、倭国条)、その一端であろう。

以上のような結果、日本は唐にとって原料品ないし単純生産物の産出国として意識されたらしく『唐会要』の同じ

条にも、

頗有二絲綿一、出二瑪瑙一。有二黄白二色一。其琥珀好者、云二海中湧出一。

と記されている。同じことは新羅との貿易品をみても裏付けられる。正倉院鳥毛立女屏風の下貼に使われていた一連の買物解は、天平勝宝四年（七五二）に来朝した新羅使節の交易物を購入するに先だち、貴顕が各々の買物の内容を政府に申請した文書であるが、[32] それをみると、輸入品には新羅の中継した唐・南海の物産や新羅の特産品が多種多様にみられるにもかかわらず、それらと交易された品々（いわば輸出品）は、左にあげるような繊維製品（特に絹製品）に限られている。[33]

綿（綿、黒綿）
絹（絹、白絹、赤絹）
絁（絁、東絁）

当時国外で喜ばれたのは、こういった単純加工品であったと考えてよかろう。平安初期においても、このような傾向に大した変化はなかったらしい。『顕戒論縁起』には、入唐した最澄が台州刺史陸淳に送った品物がみえるが、それらも黄金、筑紫の斐紙・筆・墨、刀子、火鉄、水精珠といった品々であった。[34] また承和の遣唐使は、開成三年（八三八、承和五）十二月に真珠、絹を貢進している（『冊府元亀』巻九七二、外臣部、朝貢五）。かかる状況が、日宋貿易における輸出品と異なっていることは確かであるが、同時代の新羅の朝貢品と較べても相違点が大きい。いま日野開三郎氏の研究[35]を参照しつつ、新羅の唐に対する貢献品をながめてみると、金属工芸品には金銀などを用いた精巧で多様なものがあり、また武器（刀子を含む）、銅器の類も大量に唐へ輸出されていたことが推定される。染織品では朝霞錦、魚牙紬といった高級絹織物、白氎布（木綿布）、布（麻布）、紵などが献ぜられた。[36] わが国との間にこれほどの差があるのは、わが国での金工品や高級染織品の生産高が少なかったことに基づくとの見方もありえよう。しかし民間貿易品とは違い、朝貢品は相手国の歓心を引く意味が大きく、良質で高級なものならば、生産高の如何にかかわらず献ぜられたはずである。むしろわが国の工芸・調度品、武器、染織品などは、その技術的水準が唐・新羅のそれに及ばなかったため、海外では歓迎されなかったと考えるべきであろう。前にもふれたように神亀五年の渤海王に対する賜物中には綾が含まれているが、これが式条から姿を消しているのは、唐にも入朝していた渤海にはわが国の綾などがさして魅力的でなかったからと解釈できるのではあるまいか。

このようにみてくると、奈良朝の美術工芸品に占める舶載品の位置も漠然とではあるが測り知ることができそうである。おそらく正倉院宝物などにみる高級な品々について、国産品の存在を大きく評価することは困難かと思われる。正倉院宝物に関しては、使用されているものの材質調査を通じて、国産品・舶載品の別がかなり具体的に論じられている。[37]技法の比較を含め、そういった客観性の高い調査に寄せる期待は大きいが、一般的情勢が以上のように判断されることは注意されてよい。

いま一つ考えておくべきは、当時の国産美術工芸品のもった限界である。たとえば著名な鳥毛立女屏風の場合、使用されているヤマドリの羽根から国産品と確定できることは周知の通りである。[38]しかもこの屏風は、単に西域ないし唐風の図柄をとりいれて描かれたというようなものではなく、極めてよく似た実物ないし粉本の類を手本にしたものであると考えられる。というのは、この屏風と酷似した図様をもつ図1のような銀平脱の屏風が別に存在するからである。[39]筆者はこの屏風を実見したわけではなく、高さ二七・六cmという以外詳細なデータを把握しているのでもないが、写真からみればGyllensvärd氏の紹介通り確かな唐代の遺品(おそらく発掘品)と考えてよいであろう。大きさ・技法こそ違え、この屏風と鳥毛立女屏風との類似は一見して明らかであるが、[40]詳しく双方を対比するとき、画題や構図は勿論、樹葉や花房の形、樹幹の表現、人物の髪型・化粧・服制・沓に至るまで、あまりの類似に驚くほどである。異なっているのは銀平脱屏風の人物が花枝らしいものを手にしている点ぐらいであろう。しかし鳥毛立女屏風の中にも第一扇のように似た手つきで宝珠をもつ例があり、しかもその宝珠は後世の補画、手にも後の筆が入っており、もとは同じような形で何か軽いものを持する様が描かれていたとされる。[41] その原姿をうかがうには、この銀平脱屏風がかえって一つの参考となるのではあるまいか。いずれにせよ、従来比較の対象とされたどの樹下美人図よりも近似性は高いといわねばならない。これはわが奈良朝の美術が、いかに唐のそれを忠実に襲おうとしていたかを示す好例である。

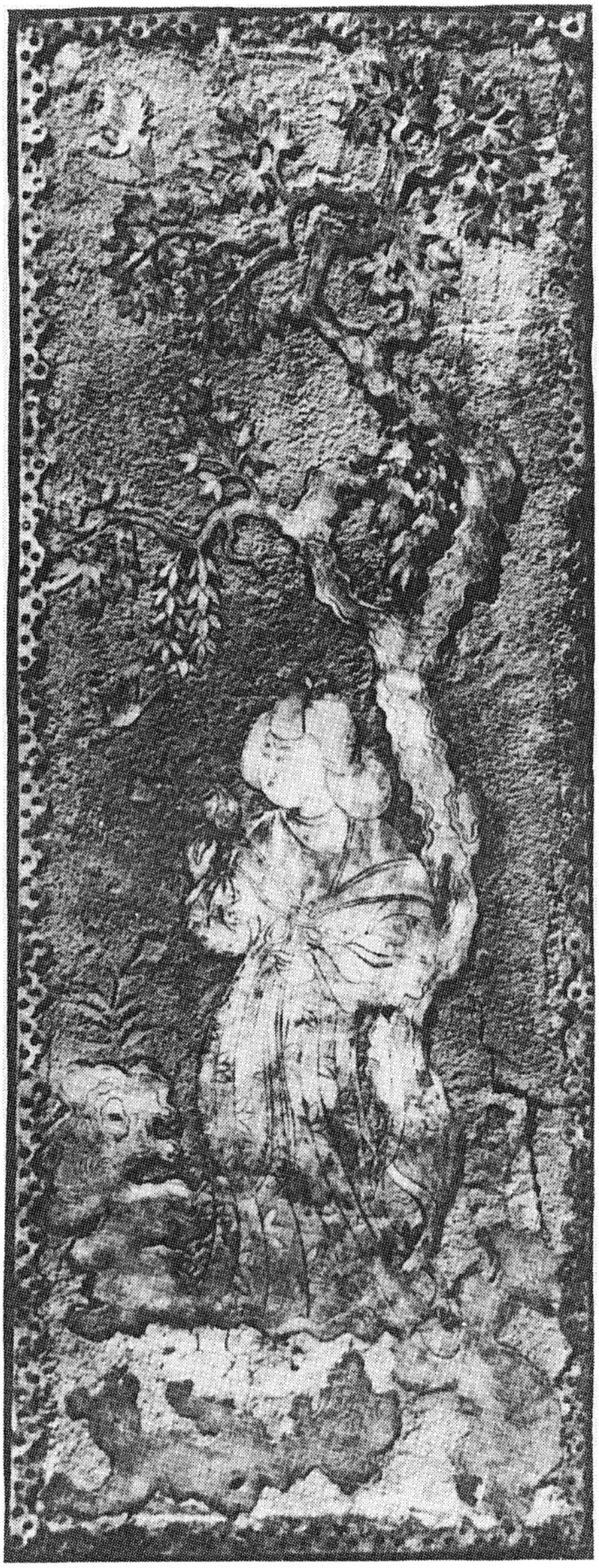

**図1**　銀平脱屏風(ロービア・コレクション)

しかし結果的にみると、そうした作品は唐・新羅に対して受け容れられなかった。あるいはその原因は、わが国の作品が唐のそれを襲うあまり、日宋貿易における大和絵の屏風や扇のように異国趣味に訴えるところがなかったためとも考えうる。しかしこの点は、新羅が工芸品の類を献じていること、それらは必ずしも異国趣味を売り物にしたものばかりではなかったとみられることから、多大に評価することが困難である。やはり最終的には、日本の作品の質に帰せられるところが大であったというべきであろう。

なお付言すると、唐、蘇鶚の撰した『杜陽雑編』には、奇巧にたけた日本の工人韓志和の話が載せられており、これをもとに那波利貞氏や森克己氏は、日本人の美術工芸方面の技術が唐の人々をも感嘆させるに足るものであったとされている。[42] しかしたとえ史実を下敷きにしているとしても、『杜陽雑編』はあくまで説話集であり、この話がどこまで事実であるかは明らかでない。同じこの書にみえる囲碁に巧みな日本王子にしても、真実、日本の皇子でないことは池田温氏の考証せられた通りであろう。[43] このような説話から日本の美術工芸に対する一般的評価を推測することは、なお危険であるとみた方がよかろう。

## 四　むすび

『冊府元亀』にみえるわずかな記事を手がかりに、養老度の遣唐使（吉備真備と玄昉を含む）の唐における行動と交易物、奈良時代遣唐使の朝貢品の性格などを論じ、遣唐使による唐文化受容の特色を考えてみた。『冊府元亀』（巻九九九、外臣部、請求）には、先にふれた他にも左のような正史などにみえない記事がある。

（開元）二十三年閏十一月、日本国遣二其臣名代一来朝、献レ表懇求二老子経本及天尊像一。以帰二于国一、発二揚聖教一。許レ之。

「名代」とは、天平五年(七三三)の遣唐副使中臣名代であり、中臣名代の帰朝は、『続日本紀』天平八年八月庚午条に記されている。『老子道徳経』がこのとき初めて伝えられたとは考えにくいが、天尊像があわせて持ち帰られたのは、直接の影響がなかったにせよ興味深い。ただこの条については別にとりあげたので(本書「上代文学と敦煌文献」)、ここでは特に論じないこととする。

(1) 拙稿「鳥毛立女屏風下貼文書の研究—買新羅物解の基礎的考察—」(拙著『正倉院文書と木簡の研究』塙書房、一九七七年)。

(2) 『続日本紀』天平十八年六月己亥条に「経論五千余巻及び諸仏像を賚して来る」とみえる。なお天平十九年(七四七)の法隆寺資財帳に、養老三年、唐から請来された「檀像壱具」がみえ、これを同寺現存の九面観音像に当てる説がある。奈良六大寺大観刊行会『奈良六大寺大観』(2)(岩波書店、一九六八年)参照。

(3) 石田茂作『写経より見たる奈良朝仏教の研究』(東洋文庫、一九三〇年)、井上薫『奈良朝仏教史の研究』(吉川弘文館、一九六八年)。

(4) 阿部弘編『正倉院の楽器』(日本の美術一一七号、至文堂、一九七六年)第六三図。

(5) 太田晶二郎「吉備真備の漢籍将来」(一九五九年初出、『太田晶二郎著作集』(1)、吉川弘文館、一九九一年)。

(6) 杉本直治郎『阿倍仲麻呂伝研究』(育芳社、一九四〇年)三一三〜三一五頁。

(7) 同右六七頁。引用は杉本氏が内閣文庫の明鈔本によって校訂された文による。通行本では「英問」が「莫問」とあり、また「検校」が明の熹宗の諱「由校」、崇禎帝の諱「由検」を避けて「簡較」につくられている。

(8) 同右一〇一〜一〇四頁。

(9) 木宮泰彦『日華文化交流史』(冨山房、一九五五年)七七頁。

(10) 『唐会要』巻八六、市の条に、

開元二年閏三月勅、諸錦・綾・羅・縠・織成・紬・絹・絲・布・犛牛尾・真珠・金・鉄、並不ㇾ得下与二諸蕃一互市、及将入上ㇾ蕃。金・鉄之物、亦不ㇾ得三将度二西北諸関一。

とあり、輸出禁止品とはこのような品をさしていよう。但しこれらも朝貢に対する回賜品として与えられる場合は差支えなかったはずである。

(11) 森克己『遣唐使』(至文堂、一九五五年)一六一頁。
(12) 小野勝年・日比野丈夫『五台山』(座右宝刊行会、一九三二年)。
(13) 竹内理三編『寧楽遺文』下(東京堂、一九四四年)六一八頁、京都国立博物館『守屋孝蔵氏蒐集古経図録』(一九六四年)参照。
(14) 『寧楽遺文』下六一五頁、飯島春敬編『日本書道大系』(1)(講談社、一九七二年)第八八図。
(15) 『続日本紀』天平九年十二月丙寅条。
(16) 石崎達二「奈良朝に於ける五台山信仰を論じ東大寺大仏造顕思想の一端に及ぶ」(一)(二)(史学雑誌四一―一〇・一一、一九三〇年)、石田茂作注(3)前掲書。
(17) 円仁『入唐求法巡礼行記』巻一、開成三年八月一日条ほか。
(18) 弥永貞三「古代の釈奠について」(坂本太郎博士古稀記念会編『続日本古代史論叢』(下)、吉川弘文館、一九七二年)。
(19) 上京の途次での寺院参観としては、『入唐求法巡礼行記』巻二にみえる天平宝字三年(七五九)度遣唐使の例をあげうる。佐伯有清「入唐求法巡礼行記にみえる日本国使」(『日本古代の政治と社会』吉川弘文館、一九七〇年)。
(20) 注(1)拙稿参照。
(21) 森克己注(11)前掲書一〇七頁。
(22) 薗田香融「出火鉄と火取玉」(青陵二五号、一九七四年)。
(23) 宮城栄昌『延喜式の研究』論述篇(大修館書店、一九五七年)六七〇頁。
(24) 安藤更生『鑒真大和上伝之研究』(平凡社、一九六〇年)七四・七五頁。
(25) 板橋倫行「水江と黒吉」(『万葉集の詩と真実』淡路書房新社、一九六一年)。
(26) 早川庄八「美濃絁」(『岐阜県史』通史編古代、一九七一年)。
(27) 関根真隆「奈良時代の布の一考察」(立正史学三〇号、一九六六年)、同『奈良朝服飾の研究』本文篇(吉川弘文館、一九七四年)一三頁、布目順郎「正倉院の繊維類について」(書陵部紀要二六号、一九七五年)。
(28) 関根真隆前注引用書一六頁。
(29) 同右『奈良朝食生活の研究』(吉川弘文館、一九六九年)二二六頁。

(30) 同右二二三頁。
(31) 『和名類聚抄』(十巻本)巻五、細工具条、同(二十巻本)巻十五、膠漆具条、春田永年『延喜式工事解』(続々群書類従(6))、寺田晃「日本の金漆」(科学史研究一五九号、一九八六年)参照。
(32) 注(1)に同じ。
(33) 新羅についても、この特徴は奈良時代以前に溯って認められる。宮城栄昌注(23)前掲書一八三頁参照。
(34) 『顕戒論縁起』は『続々群書類従』(12)所収。原文は、「刀子」以下が「刀子一、加斑組二、火鉄二、加大石八、蘭木九、水精珠一貫」となっており、薗田香融注(22)論文は、「大石」を「火石」の誤りと解し、火鉄と併用する石としている。この解釈は妥当と考えられるが、同様に「蘭木」は付け木に当たるもので、ここは「火石八、蘭木九を加う」と読むべきものではあるまいか。「刀子一、加斑組二」は、明らかに「刀子一、斑組(組紐)二を加う」と読むべきである。なお日本の紙が唐にも喜ばれたことについては森氏注(11)前掲書一八八頁、池田温「前近代東亜における紙の国際流通」(東方学会編『東方学論集』一九八七年)参照。両氏はあげておられないが、開成四年(八三九)正月二十日付の青竜寺僧等の書状(竹内理三編『平安遺文』(8)、東京堂、一九六四年、四四四四号文書)には、承和の遣唐使で入唐した真言僧円行が、青竜寺に絁・綿・剃刀・牋素を捧げたことがみえる。剃刀は刀子、牋素は紙であろう。
(35) 日野開三郎「羅末三国の鼎立と対大陸海上交通貿易」(二)(一九六〇年初出、『日野開三郎東洋史論集』(9)、三一書房、一九八四年)。
(36) 朝霞錦については、本書「朝霞錦考」参照。
(37) 大賀一郎他「昭和二十八、二十九、三十年度正倉院御物材質調査」(書陵部紀要八号、一九五六年)、布目順郎注(27)論文。
(38) 前注「正倉院御物材質調査」。
(39) B. Gyllensvärd, *T'ang Gold and Silver*, Bulletin of The Museum of Far Eastern Antiquities, Vol. 29, Stockholm, 1957. 本稿によれば、Fritz Low-Beer 氏(ニューヨーク)の収集品という。ロービア氏の収集品の一部は、その後ドイツ、リンデン州立民族学博物館に入っているが、その修復を担当された漆芸家北村昭斎氏の教示によれば、この屏風は含まれていないという。
(40) この屏風のことは、林良一「正倉院」(別冊三彩3号、一九五九年)に紹介があるが、典拠はあげていない。また原田淑人

「正倉院宝物雑考（その一）」（『東亜古文化論考』吉川弘文館、一九六二年）もふれている。

（41）島田修二郎「鳥毛立女屏風」（一九六八年初出、『日本絵画史研究』中央公論美術出版、一九八七年）。

（42）那波利貞「杜陽雑編に見えたる韓志和」（支那学二―二、一九二二年）、同補遺（同上二―四、一九二二年）、森克己注（11）前掲書一九〇頁。

（43）池田温「大中入唐日本王子説」（井上光貞博士還暦記念会編『古代史論叢』(下)、吉川弘文館、一九七八年）。山尾幸久「遣唐使」（井上光貞他編『東アジア世界における日本古代史講座』学生社、一九八二年）は、日本王子を仁明天皇皇子、人康親王に当てるが、積極的な根拠が無く従えない。

（四〇頁補注）安藤更生氏は、四月に洛陽に入ったとされるが、石山寺蔵の遺教経奥書によれば、使節は二月八日に離京しており、入京は前年末の可能性もある。その場合は長安に入ったとみるべきであろう。

# 『延喜式』にみえる遣外使節の構成

## 一　はじめに

遣唐使その他の遣外使節の具体的構成について知ろうとする時、最も詳細にこれを記しているのは、『延喜式』(大蔵省)の諸使給法条のうち、入諸蕃使に関する規定である。しかしこの式条の内容が、いつの時点の状況を反映しているのかが明らかでないため、その利用にも一定の限界があった。さきに私は、同じ大蔵省式の賜蕃客例条について、『冊府元亀』や『続日本紀』の記事と対照しつつ、その原形が奈良時代前半に成立していたことを推定した(1)。この入諸蕃使給法に関しても、間接的にその成立年代を推定することは不可能でないと考えられるので、以下にその成立年代をさぐってみたい。

## 二　遣渤海使・遣新羅使関係の規定

まず入諸蕃使条の全文を左に掲げる(一覧の便のため、適宜改行を施し、原文双行部分は〈　〉を付した)。

入唐大使〈絁六十疋、綿一百五十屯、布一百五十端〉副使〈絁四十疋、綿一百屯、布一百端〉判官〈各絁十疋、綿六十屯、布四十端〉録事〈各絁六疋、綿四十屯、布二十端〉

知乗船事・訳語・請益生・主神・医師・陰陽師・画師〈各絁五疋、綿四十屯、布十六端〉
史生・射手・船師・音声長・新羅奄美等訳語・卜部・留学生学問僧傔従〈各絁四疋、綿二十屯、布十三端〉
雑使・音声生・玉生・鍛生・鋳生・細工生・船匠・柁師〈各絁三疋、綿十五屯、布八端〉
傔人・挾杪〈各絁二疋、綿十二屯、布四端〉
留学生・学問僧〈各絁四十疋、綿一百屯、布八十端〉
還学僧〈絁二十疋、綿六十屯、布四十端、已上布各三分之一、給㆓上総布㆒〉
水手長〈絁一疋、綿四屯、布二端〉水手〈各綿四屯、布二端〉
柁師・挾杪・水手長及水手〈各給㆓帷頭子・巾子・腰帯・貲布黄衫・著㆑綿帛襖子・袴及汗衫・褌・貲布半臂㆒〉
其渤海・新羅水手等、時当㆓熱序㆒者、停㆓綿襖子袴㆒、宜㆑給㆓細布袴㆒。並使収掌、臨㆓入京㆒給。
其別賜、大使〈彩帛一百十七疋、貲布二十端〉副使〈彩帛七十八疋、貲布十端〉判官〈各彩帛十五疋、貲布六端〉
　録事〈各彩帛十疋、貲布四端〉知乗船事・訳語〈各彩帛五疋、貲布二端〉学問僧・還学僧〈各彩帛十疋〉
入渤海使〈絁二十疋、綿六十屯、布四十端〉判官〈絁十疋、綿五十屯、布三十端〉録事〈絁六疋、綿四十屯、布
三十端〉
訳語・主神・医師・陰陽師〈各絁五疋、綿三十屯、布十六端〉
史生・船師・射手・卜部〈各絁四疋、綿二十屯、布十三端〉
雑使・船工・柁師〈各絁三疋、綿二十屯、布十端〉
傔人・挾杪〈各絁二疋、綿十屯、布六端〉水手〈各絁一疋、綿四屯、布二端〉

入新羅使〈絁六疋、綿十八屯、布十八端〉　判官〈絁四疋、綿八屯、布八端〉　録事・大通事〈絁各三疋、綿六屯、布六端〉

史生・知乗船事・船師・医師・少通事・雑使〈各絁二疋、綿四屯、布四端〉

傔人・鍛工・卜部・柁師・水手長・挟杪〈各絁一疋、綿二屯、布二端〉　水手〈各綿二屯、布二端〉

右賜二入蕃使一例、宜レ依二前件一。

この式条を通覧すると、遣渤海使と遣新羅使の構成に、副使が欠けているのが目につく。二個所にわたって同じ副使の項が脱落するとは考えにくい。また遣新羅使の場合、大使と判官の絁支給量を比較すれば、その間に副使を容れる余地のないことも明白である。これは最初から、副使の任命がないことを前提にした規定と考えざるを得ない。この特徴は、式条の原形の制定時期を推定する有力な手がかりとできるであろう。

いったい遣外使節や征討軍の官制は、四等官構成をとる点で、令制官司のそれに準ずるとみてよい。ところが令制官司の中でも、比較的規模の小さい「司」では、本来次官が置かれないことになっている。副使を欠いた遣渤海使や遣新羅使は、この「司」相当の格付けになっていたと解することはできないであろうか。その点から注意されるのは、遣新羅使については宝亀十年（七七九）度の使者以降、遣渤海使については天平宝字六年（七六二）度の使者以降、ほぼ全て大使が六位の官人から選ばれている事実である（表1参照）。これ以前は、二、三の例外はあっても、五位の大使が圧倒的であった。令制官司の格付けが長官の相当位階と対応していることはいうまでもなく、職の長官（大夫）は四位相当、寮の長官（頭）は五位相当、司の長官（正）は六位相当という原則になっている。このうち六位を長官とする司においては前にふれたとおり、次官が省略されている。このことから類推すれば、六位の大使をいただく使節では、令

**表1　天平宝字年間以降の遣渤海使と遣新羅使**

| 遣使の種類 | 職階 | 人名 | 帯位 | 典拠 |
|---|---|---|---|---|
| 遣渤海使 | 大使 | 陽侯玲璆 | 外従五下 | 続紀 宝字四年十一月丁酉条 |
| 〃 | 〃 | 高麗大山 | 従五下 | 〃 宝字五年十月甲子条 |
| 〃 | 副使 | 伊吉益麻呂 | 正六上 | 〃 宝字六年十月朔条 |
| 〃 | 大使 | 多治比小耳 | 正六上 | 〃 宝字六年十一月朔条 |
| 〃 | 判官 | 平群虫麻呂 | 従六下ヵ | 〃 宝字七年十月乙亥条 |
| 〃 | 大使 | 武生鳥守 | 正六上 | 〃 宝亀四年十月乙卯条 |
| 〃 | | 高麗殿嗣 | 正六上 | 〃 宝亀九年九月癸亥条 |
| 〃 | | 大網広道 | 正六上 | 〃 宝亀九年十二月己丑条 |
| 〃 | (大使) | 御長広岳 | 正六上 | 類史 延暦十五年五月丁未条 |
| 〃 | (副使) | 桑原秋成 | 正六上 | 〃 |
| 〃 | (大使) | 内蔵賀茂麻呂 | 外従五下 | 〃 延暦十七年四月甲戌条 |
| 〃 | 判官 | 御使今嗣 | 正六上 | 〃 |
| 〃 | | 滋野船白 | 正六上 | 後紀 延暦十八年四月己丑条 |
| 〃 | (大使) | 林東人 | 従六上 | 〃 弘仁元年十二月庚午条 |
| 〃 | 録事 | 上毛野公継 | 大初下 | 〃 |
| 遣新羅使 | | 下道長人 | 正六上 | 続紀 宝亀十年二月甲申条 |
| 〃 | (大使) | 大伴峰麻呂 | 正六上 | 後紀 延暦十八年四月庚寅条 |
| 〃 | 録事 | 林真継 | 〃 | 〃 |
| 〃 | | 斎部浜成 | 正六上 | 書陵部本『古語拾遺』書入 (延暦二十三年三月己巳) |
| 〃 | | 大伴岑万里 | 正六上 | 後紀 延暦二十三年九月己丑条 |
| 〃 | | 紀三津 | 六位ヵ七位 | 続後紀 承和三年十二月丁酉条 |

(備考)　斎部浜成の新羅遣使については、石井正敏「八・九世紀の日羅関係」(田中健夫編『日本前近代の国家と対外関係』吉川弘文館、一九八七年)、及び「『古語拾遺』の識語について」(日本歴史四六二号、一九八六年)参照。(　)内は推定。

制の「司」に準じて副使を欠いても差支えなかったことが考えられよう。比較的史料の残る遣渤海使の実例をみると、天平宝字六年度、延暦十七年(七九八)度、弘仁元年(八一〇)度などは副使が置かれていなかったとみられ、逆に副使の任命が確実であるのは延暦十五年(七九六)度のみである(表1参照)。大蔵省式の規定はあくまで一つの基準であり、実例に多少これと喰違うものがあっても問題ないであろう。このように考えると、大蔵省式の遣渤海使、遣新羅使に関する部分は、大使の官位が六位に定着する天平宝字年間以降のものと判断できる。

では、その下限がいつに求められるかであるが、その場合参考になるかと思われるのは、延暦十八年の遣新羅使と弘仁元年の遣渤海使が、大使・録事の構成になっている事実である。令制官司において、次官に次いで省略されるのは判官であるから、これらの使節はさらに低く格付けされていることとなる。式条のような規定の成立は、おそくともこれ以前と考えられよう。

以上に関連して見逃すことができないのは、遣新羅使への給与が、他の使節に比して極端なまでに少額なことである。その理由を考えてみるとき、第一に思いうかぶのは、天平宝字三年(七五九)から六年にかけて具体化された新羅征討計画である。(2) 新羅との関係は、天平勝宝五年(七五三)以降、とくに冷却化したが、唐の内乱に乗じ遂に征討の企てにまで進んだ。この時期ならば、新羅への遣使が著しく低く格付けられたとしても不自然ではない。ただ、もう一つ想起されることがらとして、対新羅関係が宝亀十年(七七九)を以て実質上途絶し、その後は遣唐使の保護を依頼する使いが僅かに継続されたことがある。遣新羅使の性格がこのように変化したことを、使節の格付け低下に結びつけることも不可能ではない。しかし使節の性格が変質してはじめての遣使である延暦十八年の使いが、それ以前と同様、大使・録事の編成であったことは、やはりこのような解釈に疑問を投げかけるであろう。この時点では使節の格付けはさらに低下していたとみた方がよい。

これらを総合すると、式条の原規定が定められたのは、遣渤海使の帯位が五位からおおむね六位に変化する、天平宝字五年末から六年ごろのことと考えるべきであろう。

## 三　遣唐使関係の規定

以上によって、大蔵省式(諸使給法条)の遣渤海使、遣新羅使に関する部分は、八世紀半ば頃まで溯る可能性を明らかにしえたと思うが、遣唐使に関する規定はいかがであろうか。これについては直接確かめる手掛かりがないのを遺憾とする。しかし、このような規定の性格からいって、遣渤海使と遣新羅使についての規定が先行して設けられたとは考えられず、少なくとも同時の制定とみるのが妥当であろう。遣渤海使と遣新羅使の水手に関わる規定が遣唐使の規定中に含まれていることも、三つの規定の一体性を感じさせる。この遣唐使関係の式条がさほど降る時期のものでないことは、『続日本後紀』承和三年(八三六)二月戊寅(九日)条に、遣唐使に対する賜禄を記して、

大使綵帛百匹・貲布廿端、副使綵帛八十匹・貲布十端、判官并准判官各綵帛十五匹・貲布六端、録事綵帛十匹・貲布四端、知乗船事・訳語各綵帛五匹・貲布二端、還学僧各綵帛十匹。

とあることからもうかがわれる。これとほぼ同種、同額の賜物は、先引大蔵省式の文中に「別賜」として掲げられているが、式条では員数に端数が付く形になっているのに対し、右の記事では、員数が全てラウンドナンバーになっている。これは『続日本後紀』のような実施例があって、それが式条に定着したとみるよりも、式条のような規定に基づいて賜禄が行われたと解する方が理解しやすい。(3)

また延暦度と承和度の遣唐使については、別に次のような賜物も行われた。

賜葛野麻呂(大使)御被三領・御衣一襲・金二百両、道益(副使)御衣一襲・金一百五十両。(『日本紀略』延暦二十三年三月庚辰条)

賜大使御衣一襲・白絹御被二条・砂金二百両、副使御衣一襲・赤絹被二条・砂金百両。(『続日本後紀』承和三年四月壬辰条)

これらは品物や額に共通性があり、ほぼ慣例化しているとみられるにも拘らず、式条には現れない。これも式条の成立がその以前にあったらしいことを推測させよう。

なお式条の賜物に金(砂金)が含まれていないのも注意を要する。金が日本の遣唐使の重要な携行品であったことは、いまさら多言を要しないところで、『続日本後紀』承和三年正月乙丑(二十五日)条の、

詔奉レ充二陸奥国白河郡従五位下勲十等八溝黄金神封戸二烟一。以下応二国司之禱一、令レ採二得砂金一、其数倍レ常能助中遣唐之資上也。

という記事からも明らかである。しかし日本で本格的に金の産出をみたのは、天平二十一年（七四九）の陸奥からの砂金貢上以降のことであり、遣唐使による携行も当然それ以降本格化したとみなければならない(4)。事実、海外への砂金携行に関する最初の史料は、『続日本紀』宝亀七年（七七六）四月壬申（十二日）条であって、在唐中の藤原清河に対する賜物の中に「砂金大一百両」が見える。同日には遣唐大使らへの賜物があり、清河への賜物もこの遣唐使に託されたものである。遣唐使にとって大きな意味をもち、少なくとも延暦度以後、大使らにも支給された金が、式条に姿をみせないのは、消極的ながら式条制定の年代が延暦二十三年（八〇四）より溯ることを示唆しているといってよいであろう。

## 四　むすび

このようにみてくると、入蕃使に対する給法は、全体として天平宝字末年に定められた規定をもとにしていると理解して差支えないと判断される。

ただ注意しておきたいのは、以上のとおり『延喜式』にみえる入蕃使の給法の原形が、八世紀後半まで溯るとしても、それ以前に類似の規定がなかったとはいえない点である。表2は、主として『続日本紀』から資格の判明する遣唐使成員（使節を除く）を抽出したものであるが、おおむね式条の成員と合致しており、請益（生）、留学生、学問僧という区別なども、早くから存したことが推定される。この他、遣渤海使の場合ではあるが、「船師」もみえる（『続日本紀』、天平宝字七年十月乙亥条）。冒頭にもふれたように、同じ大蔵省式にのせる蕃客への賜物規定は、奈良時代前期

表2　八世紀遣唐使の構成員

| 年次 | 資格 | 人名 | 典拠 |
|---|---|---|---|
| 大宝元年度 | 大通事 | 大津造広人 | 続紀 大宝元年四月癸丑条 |
| 霊亀二年度 | 請益 | 大倭忌寸小東人 | 〃 景雲三年十月癸亥条 |
| | 留学生 | 下道朝臣真備 | 〃 天平七年四月辛亥条 |
| | 学問僧 | 玄昉 | 〃 天平八年二月丁巳条 |
| | 学生 | 阿倍朝臣仲麻呂 | 類史 延暦十七年五月丙午条 |
| | 傔人 | 羽栗臣吉麻呂 | 〃 |
| | 学問僧 | 勝暁 | 続紀 養老四年十二月癸卯条 |
| 天平四年度 | 請益 | 秦大麻呂 | 〃 天平七年五月壬戌条 |
| | 留学僧 | 栄叡 | 〃 宝字七年五月戊申条 |
| | 〃 | 業行 | 〃 |
| 勝宝二年度 | 留学生 | 藤原朝臣刷雄 | 〃 勝宝四年閏三月丙辰条 |
| | 柁師 | 川部酒麻呂 | 〃 宝亀六年四月壬申条 |
| | 学問生 | 船連夫子 | 〃 勝宝六年十一月辛未条 |
| 宝字三年度 | 雑使 | 秦六月 | 入唐求法巡礼行記 開成五年三月七日条 |
| | 〃 | 白牛養 | 〃 |
| | 諸史 | 秦海魚 | 〃 |
| | 傔人 | 建雄貞 | 〃 |
| | 〃 | 紀朝臣貞□ | 〃 |
| 不明 | 学問僧 | 戒融 | 続紀 宝字七年十月乙亥条 |
| 宝亀六年度 | 主神 | 津守宿禰国麻呂 | 〃 宝亀九年十一月乙卯条 |
| | 明経請益 | 伊与部連家守 | 令集解 延暦十七年三月十六日官符 |

の制を受けついでいると考えられる。入蕃使への給法も、より古くから規定があっておかしくはなく、式条にみえるような内容は先行の規定を訂正した結果である可能性も考慮に入れておくべきであろう。

（1）本書「遣唐使の文化的役割」参照。

（2）和田軍一「淳仁朝に於ける新羅征討計画について」（史学雑誌三五―一〇・一一、一九二四年）参照。

（3）なお『日本紀略』延暦二十二年三月乙丑条には、「賜遣唐使彩帛各有差」とあるので、同様な支給は、少なくとも延暦度の遣唐使でも行われたと推定される。

（4）拙著『正倉院』（岩波新書、一九八八年）六四頁以下、石井正敏「宇佐八幡黄金説話と遣唐使」（日本歴史五〇〇号、一九九〇年）。前川明久「八世紀における陸奥産金と遣唐使」（一九八三年初出、『日本古代政治の展開』法政大学出版会、一九九一年）は、八世紀初め以降、終始遣唐使が金を輸出したとするが、その点についての論証が無く従えない。

# 唐の文人蕭穎士の招請

## 一　はじめに

遣唐使が唐文化の輸入に大きな役割を果たしたことは、いまさら述べるまでもないことである。ただ遣唐使による文化受容は、いずれかといえば物的な受容が中心であり、人的な交流（とくに相互の移住など）はさほどでもなかったといえる。たとえば八世紀以降、最後の遣唐使が派遣された承和五年（八三八）ごろまでについてみても、唐人ないし西域・南海の人で我国に定住したものは、文献で知られる限り、左のような人々に限られるようである(1)（括弧内は来日年と典拠）。

道栄（来日年不明、『続日本紀』養老四年（七二〇）十二月癸卯条）
王元仲（来日年不明、『続日本紀』養老六年四月辛卯条、『令集解』選叙令考満応叙条「古記」(2)）
善意（天平六年（七三四）、『大般若経』跋語）
袁晋卿（天平七年、『続日本紀』宝亀九年（七七八）十二月庚寅条他）
金礼信（同右、『三代実録』他）
婆羅門僧正菩提僊那（天平八年、『続日本紀』同年十月戊申条他）
道璿（同右）

皇甫東朝　（同右、『続日本紀』同年十一月戊寅条）
皇甫昇女　（同右、『続日本紀』天平神護二年〔七六六〕十月癸卯条）
李密翳　（同右、『続日本紀』天平八年十一月戊寅条）
仏徹　（同右、婆羅門僧正碑他）
鑑真とその一行　（天平勝宝五年〔七五三〕、『続日本紀』同六年正月壬子条、『唐大和上東征伝』）
沈惟岳とその一行　（天平宝字五年〔七六一〕、『続日本紀』同年八月甲子条、『新撰姓氏録』左京諸蕃上）
袁常照　（天平宝字五年か。『日本後紀』）
王維倩　（来日年不明、『日本後紀』延暦六年〔七八七〕四月）
朱政　（同右）
馬清朝　（同右、『日本後紀』延暦七年五月）
王希逸　（同右、『続日本紀』延暦十年五月乙亥条）
李自然　（同右、『日本紀略』延暦十一年五月甲子条）
清川忌寸斯麻呂　（同右、『日本紀略』延暦十七年六月戊戌条）
清根忌寸松山　（同右）
栄山忌寸千嶋・諸依　（同右）
李法琬　（同右、『日本後紀』延暦十八年正月甲戌条）

もちろんこの他にも若干の移住者はあったであろうが、それが多数にのぼるとは考えにくい。また右の人々の中には、沈惟岳とその一行のようにやむをえぬ事情で我国にとどまることになった例もある。(3)これらを除けば移住者の数は更に少なくなろう。一方我国の人で唐土その他に定住するに至った人物も、周知の通り決して多くはなかった。このような状況は、人的交渉の盛んであった唐と西域・南海・朝鮮などとの交渉[4]とは著しく異なる点であり、日唐交渉の特色とも限界ともいえる。

しかし唐に対する関係に限っても、唐人を積極的に招請する動きがなかったわけではない。道璿・鑑真などへの働きかけはその典型的な例である。これらは僧に対する招請であるが、これまであまり注目されていないものの、文人に対しても同様なことの行われた形跡がある。本章ではその事実を明らかにし、日唐交渉の一面に光をあててみたい。

## 二　蕭穎士招請の経過

『異称日本伝』[5]をあらわして対外交渉史研究の基礎を置いた松下見林は、同書（巻上二）の中で『新唐書』巻二〇二、文苑列伝中の蕭穎士の伝を引き、我が入唐使が蕭穎士を日本に招こうとした記事に注目した。長文であるが、行論の便宜上、左にその伝の主要部を引載する。[6]

蕭穎士、字茂挺、梁鄱陽王恢七世孫（中略）、穎士四歳属文、十歳補太学生、観書一覧即誦、通百家譜系書籀学、開元二十三年挙進士、対策第一（中略）、天宝初、穎士補秘書正字、于時裴耀卿席予張均宋遥韋述皆先進、器其才与鈞礼、由是名播天下、奉使括遺書趙衛間、淹久不報、為有司劾免、留客濮陽、於是尹徴王恒盧異盧士式賈邕趙匡閻士和柳并等、皆執弟子礼、以次授業、号蕭夫子、召為集賢校理、宰相李林甫欲見之、穎士方父喪不詣、林甫嘗至故人舎邀穎士、穎士前往、哭門内以待、林甫不得已前弔、乃去、怒其不下己、調広陵参軍事、穎士急中不能堪、作伐桜桃樹賦曰、擢無庸之瑣質、蒙本枝以自庇、雖先寝而或薦、非和羹之正味、以譏林甫云、君子恨其褊、会母喪免、流播呉越（中略）、史官韋述、薦穎士自代、召詣史館待制、穎士乗伝詣京師、而林甫方威福自擅、穎士遂不屈、愈見疾、俄免官、往来鄠杜間、林甫死、更調河南府参軍事、倭国遣使入朝、自陳、国人願得蕭夫子為師者、中書舎人張漸等、諫不可而止（中略）、安禄山寵恣、穎士陰語柳并曰、胡人負寵而驕、乱不久矣、東京其先陥乎、即託疾游太室山、已而禄山反、穎士往見河南採訪使郭納、言禦守計、納忽不用（中略）、嘗兄事元徳秀、而友殷寅顔真卿柳芳陸拠李華邵軫趙驊、時人語曰、殷顔柳陸李蕭邵趙、以能全其交也（中略）、独華与斉名、世号蕭李（下略）

（蕭穎士、字は茂挺。梁の鄱陽王恢の七世の孫なり（中略）。穎士四歳にして文を属《つく》り、十歳にして太学生に補せらる。書を観れば一覧にして即ち誦し、百家の譜系・書籀の学に通ず。開元二十三年、進士に挙せらる。対策第一なり（中略）。天宝の初め、穎士、秘書正字に補せらる。時に裴耀卿・席予・張均・宋遥・韋述は皆先進なり。その才を器とし、ともに礼を鈞《ひと》しくす。これによりて名は天下に播《し》く。使を奉じて遺書を趙・衛の間に括《もと》む。淹《とどま》ること久しくして報ぜず。有司に劾免せらる。濮陽に留まりて客たり。ここにおいて尹徴・王恒・盧異・盧士式・賈邕・趙匡・閻士和・柳并ら皆弟子の礼を執る。次をもって業を授け、蕭夫子と号せらる。召されて集賢校理と為る。宰相李林甫これを見んとす。穎士、父の喪に方《あた》り詣らず。林甫嘗て故人の舎に至り穎士を邀《むか》う。穎士前《さき》に往き、門内に哭して以て待つ。林甫已むを得ずして前に弔し、すなわち去る。その己に下らざるを怒る。広陵参軍事に調《えら》ばる。穎士、急中にして堪うること能わず。桜桃樹を伐るの賦を作りて曰く、「無庸の瑣質を擢でられ、本枝に蒙《かく》れて以て自ら庇《おお》う。寝を先にして薦る或《あ》りと雖も、羹を和するの正味に非ざるなり」と。以て林甫を譏ると云う。君子その褊を恨む。母の喪に会いて免ぜられ、呉・越に流播す（中略）。史官韋述、穎士を薦め自らに代らしむ。召されて史館に詣り待制となる。穎士伝に乗じて京師に詣る。而して林甫方《まさ》に威福あり自ら擅にす。穎士遂に屈せず、愈《いよいよ》疾《にく》まる。俄に官を免ぜられ、鄠杜の間に往来す。林甫死し、更めて河南府参軍事に調《えら》ばる。倭国使を遣して入朝し、自ら陳ぶらく、国人蕭夫子を得て師と為さむことを願うと。中書舎人張漸ら不可を諫めて止む（中略）。安禄山、寵恣なり。穎士陰かに柳并に語りて曰く、「胡人寵を負いて驕る。乱久しからず。東京それ先ず陥らんか」と。即ち疾に託して太室山に游ぶ。已にして禄山反す。穎士往きて河南採訪使郭納に見《まみ》ゆ。禦守の計を言うも、納、忽《ゆるが》せにして用いず（中略）。嘗て元徳秀に兄事し、而して殷寅・顔真卿・柳芳・陸拠・李華・邵軫・趙驊を友とす。時人語りて曰く、「殷・顔・柳・陸・李・蕭・邵・趙」と。よくその交りを全くするを以てなり（中略）。独り華と名を斉《ひとし》くし、世に蕭李と号す）

文中、「倭国遣使入朝、自陳、国人願得蕭夫子為師者、中書舎人張漸等、諫不可而止」とあるが、見林はこれについて、

今按、読二蕭夫子伝一、而後知丁我欲丙得二英材一而教乙育之甲。風流儒雅、誠不二謬挙一。惜哉其不レ来矣。

と述べ、この計画が成功しなかったことを惜んでいる。しかし同じことを『旧唐書』巻一九〇下、文苑列伝に徴すると、そこには次のような異伝がみえる。比較的短文なので、前引の『新唐書』の伝と対照するため、全文を引いておこう。(7)

蕭穎士者、字茂挺、与（李）華同年登進士第、当開元中、天下承平、人物駢集、如賈曾席予張垍韋述輩、皆有盛名、而穎士皆与之遊、由是縉紳多誉之、李林甫採其名、欲抜用之、乃召見、時穎士寓居広陵、母喪、即縗麻而詣京師、径謁林甫於政事省、林甫素不識、遽見縗麻、大悪之、即令斥去、穎士大忿、乃為伐桜桃賦、以刺林甫云、擢無庸之瑣質、因本枝而自庇、洎枝幹而非拠、専廟廷之右地、雖先寝而或薦、豈和羹之正味、其狂率不遜、皆此類也、然而聡警絶倫、嘗与李華陸拠同遊洛南竜門、三人共読路側古碑、穎士一閲、即能誦之、華再閲、拠三閲、方能記

之、議者以三人才格高下亦如此、是時外夷亦知穎士之名、新羅使入朝、言国人願得蕭夫子為師、其名動華夷若此、
終以誕傲褊忿、困躓而卒

（蕭穎士は字は茂挺、華と同年に進士の第に登る。開元中に当り、天下承平にして人物駢集す。賈曾・席予・張《ちょう》垍《き》・韋述の輩の如き、皆盛名あり。而して穎士皆これと遊ぶ。これによりて縉紳多くこれを誉む。李林甫その名を採り、これを抜用せんと欲し、乃ち召見す。時に穎士、広陵に寓居す。母喪し、即ち縗麻《さいま》して京師に詣る。径《ただち》に林甫に政事省に謁す。林甫素《もとよ》り識らず、遽に縗麻を見て、大いにこれを悪《にく》む。即ち斥け去らしむ。穎士大いに忿る。乃ち桜桃を伐るの賦を為《つく》り、以て林甫を刺《そし》りて云く、「無庸の瑣質を擢んでられ、本枝に因りて自ら庇《おお》う。枝幹に洎《およ》びては拠るところに非ず。廟廷の右地を専らにす。寝を先にして薦る或《あ》りと雖も、豈《あに》和羹の正味ならむや」と。その狂率不遜、皆この類なり。然れども聡警絶倫なり。嘗て李華・陸拠と同じく洛南の竜門に遊ぶ。三人共に路側の古碑を読む。穎士一たび閲して、即ちよくこれを誦す。華は再び閲し、拠は三たび閲して、方《まさ》によくこれを記す。議する者、三人の才格の高下を以て亦かくの如しとす。この時外夷もまた穎士の名を知る。新羅使入朝して言く、「国人蕭夫子を得て師と為さむことを願う」と。その名の華夷を動かすことかくの如し。終に誕傲褊忿を以て、困躓《こんち》して卒す）

ここでは蕭穎士を招こうとした外国使節が倭国使ではなく新羅使となっている。見林もこれに気づき、『異称日本伝』巻上二にこの『旧唐書』の本伝を掲げ、左のような按語を付け加えた。

今按、旧事曰、新羅願下得二粛《（ママ）》夫子一為上師、与二新書一異。故並載レ之。秦少游詩、穎士声名動二倭国一、見二淮海集一。観レ此則少游亦用二新書説一。

見林は、宋、秦少游の『淮海集』所載の詩（正しくは秦少游の詩ではなく孫莘老の詩）[8]などを引きつつ、先にあげた

『新唐書』の伝えをむしろ是認しようとしているようにみえる。しかし『淮海集』の詩は、見林もいう通り『新唐書』の記事が影響したことを示すのみで、伝えの信憑性を裏づけるものではない。是非の判断は後に委ねられた形となった。

ところが、これらの記事の存在は、その後あまり取りあげられることもなく今日に至っている。管見では西岡虎之助氏が、おそらく『異称日本伝』によりつつ日本使節による蕭穎士の招請を認められ[9]、また杉本直治郎氏が簡単に言及された[10]他は、新村出氏が「寧楽文化の極盛期と蕭夫子の招聘」[11]において、『異称日本伝』の記事にも言及しつつ、この問題をとりあげておられる。新村氏は、

㈠蕭穎士招請の時期が、『新唐書』に記す彼の閲歴からみて天宝十一～一二載頃とみられること。

㈡天宝十二載には倭・新羅双方の使節が入朝中であったこと。

㈢文献としては『旧唐書』の方が成立年代が早いこと。

㈣中国の古い文献では、しばしば倭(日本)、新羅、高麗などを相互に混同することが珍しくないこと。

などを指摘した上、招請した使節は倭・新羅いずれとも考えられるとし、㈢を重視すれば新羅使とみるのが妥当かもしれないとしながらも、心情としては天平勝宝四年(天宝十一載)の遣唐使、とくに吉備真備や当時在唐中の阿倍仲麻呂らが蕭穎士を招こうとしたと考えたいと結ばれた。新村氏の考察は、その結末を除くと極めて妥当なものである。『旧唐書』『新唐書』についても各々に長所・欠点があって[12]、既知の史料による限り、これ以上のことを論ずるのは不可能といって差支えない[13]。

しかし『異称日本伝』は、当時として稀にみる博捜を遂げた書ではあるが、見林の見及ぶことができなかった史料もないわけではない。中でも大きな欠陥は、『冊府元亀』『全唐文』などが、やむをえないとはいえ、参照されていな

いことであろう。『冊府元亀』の中に遣唐使関係の重要な史料があることは、早く杉本直治郎氏が指摘され[14]、筆者もそれに漏れた点を別に論じたことがあるが[15]、この蕭穎士招請問題についても、見林のとりあげなかった史料が『全唐文』(巻三九五)の中に見出される。それは劉太真の書いた「送蕭穎士赴東府序」である。左にその全文を掲出する。

送蕭穎士赴東府序

先師微言、既絶者千有余載、至夫子而後、洵美無度、得夫天和、頃東倭之人、踰海来賓、挙其国俗、願師於夫子、非敢私請、表聞於天子、夫子辞以疾、而不之従也、退然貧居、述作万巻、去其浮辞、存乎正言、昔左氏失於煩、穀梁失於短、公羊失於俗、而夫子為其折衷、王公交辟、拒而不応従官三年、始参謀於洛京、家兄与先鳴者六七人、奉壺開筵、執弟子之礼於路左、太真以文求進、以無聞見、挙而不慍、為夫子羞、春雲軽陰、草色新碧、皎皎匹馬、出於青門、吾徒喟然瞻望、不及賦詩、仰餞者自相里造賈邕以下凡十二人、皆及門之選也

蕭穎士の東府に赴くを送る序

(先師の微言、既に絶ゆること千有余載、夫子に至りて後、洵美度《はか》ることなく、その天和を得たり。頃《このごろ》東倭の人、海を踰えて来賓し、その国俗を挙《こぞ》りて、夫子を師とせむことを願う。敢て私に請うに非ず、天子に表聞するなり。夫子辞するに疾を以てし、而して之従《ゆ》かざるなり。退然として貧居し、万巻を述作し、その浮辞を去り、正言を存す。昔、左氏は煩に失し、穀梁は短に失し、公羊は俗に失す。而して夫子はその折衷を為す。王公交《こもご》も辟《め》せども、拒《こば》みて官に従うに応ぜざること三年、始めて洛京に参謀たり。家兄と先鳴する者六七人、壺を奉じて筵を開き、弟子の礼を路左に執る。太真、文を以て進を求め、以て聞見すること無し。挙《こぞ》りて慍《おし》まず、夫子の為めに羞《すす》む。春雲軽陰、草色新碧、皎皎たる匹馬、青門より出《い》ず。吾徒、喟然として瞻望し、詩を賦するに及ばず。仰ぎ餞する者は相里造・賈邕より以下凡そ十二人、皆及門の選なり)

この文は、劉太真が、蕭穎士の東府に赴くを送るために作った序である。『全唐文』の拠るところが不明であるのは遺憾であるが、[16] その信憑性を疑わねばならないような点は見出せない。この文に関して注目すべきは、

㈠作者劉太真が蕭穎士の同時代人であるばかりでなく、彼の弟子で、蕭穎士の知遇を蒙った人物であること。

㈡文中、「東倭」の使節が蕭穎士を自国に招こうと公式に要請した事実を記していること。

㈢その年代は蕭穎士が「洛京に参謀」となり東府へ赴く少し前であったらしいこと。

の三点である。㈠については『新唐書』巻二〇三の劉太真伝に、

　師二蘭陵蕭茂挺一、挙二高第進士一。

とある。また同様なことは、裴度の「劉府君神道碑銘并序」(『全唐文』巻五三八)にも、

　当時文士蘭陵蕭茂挺、才高意広、誘接甚寡。一二見公一便延二之座右一、以二孔門高第不レ在レ茲乎一。

とみえ、『新唐書』巻二〇二の柳并伝にも、

　穎士常曰、太真吾入室者也。斯文不レ墜、寄二是子一云。

とみえている。劉太真が蕭穎士について語るところは信頼性が高いと考えてよかろう。そこで㈡の「東倭」の使節であるが、「東倭」は東方の倭の意と考えられ、我国をさすことはまず間違いないところと思われる。『冊府元亀』巻九六八(外臣部、朝貢一)、魏の正始元年(二四〇)の条に、日本を「東倭」と呼んでおり、我国の文献では『新撰字鏡』の序に日本の意で用いた例がある。[17] ここもそのように考えてよかろう。ただ新村氏も言われたように、中国人が日本・新羅・高麗などをしばしば混同してきたことも考慮しなければならないが、この場合は文の作られた時点からさほど遠くない出来事を述べており(この点については後段参照)、しかも直接師の身の上に関することであってみれば、混同の可能性は少ない。劉太真が招請の事情をかなり詳しく記していることからしても、新羅・日本のとりちがえが

あったとは到底考えられないであろう。ところで蕭穎士を外国使節が招くというような事件が、そうしばしばおきたとは考えにくい。ここにみえる「東倭」の使節による招請は、とりもなおさず『旧唐書』や『新唐書』にみえる類似の事件と同一のことをいったものであり、招請した国は新羅でなく日本であったと確定してよかろう。

では、その年代はいつであったか。これについては㈢の問題を検討しなければならない。序によると、蕭穎士は三年間仕官せず隠退して述作に従事していたが、この序の作られるころ、その空白を破って洛京に参謀となることが決まった。東府は即ち洛京(洛陽)のある河南府であろう。使節の招請はその前に繋けて記されているから、その隠退期間中か、あるいは隠退前のことと考えられよう。しかしその年代をあまり古く考えることは穏当でない。というのは序が「頃、東倭之人」云々といっているからである。「頃」は「このごろ」の意、左の用例などをまつまでもなく、まさに近頃のことである。

頃、積雪凝寒、五十年中所レ無レ想。(王羲之「十七帖」[18])

勅、頃聞、諸国役民、労ニ於造都一、奔亡猶多、雖レ禁不レ止。(『続日本紀』和銅四年九月条)

招請は、この序の作製時点、即ち洛京に参謀となった時点に近いころと考えなければならない。序では人物・学問を称えるため、近い時点での事件ではあるが、これを冒頭近くにもってきたのであろう。このように考えると蕭穎士が洛京に参謀となった時期が問題になってくる。

そこで『新唐書』の伝と併せ考えてみると、彼が李林甫の死後、再び任官して河南府参軍事となっていることが注意される。河南府参軍事とは洛陽のある河南府の属官で[19]、出使及び雑検校のことにあたる役である[20]。参軍事は元来軍官に起源する称であるから、彼の河南府参軍事就任を「参謀於洛京」と表現するのは適切である。また彼が「東府」へ赴くのも肯ける。李林甫は天宝十一載十一月乙卯(十二日)に没した[21]。蕭穎士が官界に復帰したのはその後であろう。

李林甫の死が十一月であること、李林甫の与党の一掃が翌天宝十二載の二月であったことからすれば、[22]任官は天宝十二載以降であった可能性が強い。しかしそれが安禄山の乱(天宝十四載十一月)に近いころまで降らないことは、『新唐書』本伝の記事から容易に推定できる。また同じ本伝にみえる「林甫死、更調河南府参軍事」という書き方は、任官が李林甫の死からあまり時期を経ないころなされたことを示すであろう。劉太真の序は、「春雲軽陰、草色新碧」と華北の春の景を叙している。蕭穎士の任官は天宝十二載春ごろのことと判断するのが妥当であろう。「草色新碧」の表現に着目すれば、それは陰暦二〜三月頃のことであったのではなかろうか。

このようにみてくると、蕭穎士は再び任官する直前、天宝十一載末から十二載初めごろに日本使節の招請をうけたことになる。その要請は、序によれば「私請」ではなく、玄宗皇帝に対する正式な上表の形でなされた。日本が国家の意志として蕭穎士の招請を願い出たわけで、これは当然我国の遣唐使によってなされたと考えなければならない。この前後に入朝していた遣唐使といえば、新村氏の論考にも詳しくふれられている天平勝宝度の遣唐使をおいてない。[23]それは、藤原清河を大使とし吉備真備・大伴古麻呂を副使とする一行であった。清河らが日本を発したのは天平勝宝四年(天宝十一載)春のことであるが、長安への到着時期については、杉本直治郎氏が『延暦僧録』佚文の左の記事を引いて、同年内であったと推定されている。[24]

使至二長安一、拝朝不レ払レ塵。唐主開元天地大宝聖武応道皇帝云、彼国有二賢主君一。観二其使臣一、趍揖有レ異。即加二号日本一、為二有義礼儀君子之国一。復元日拝朝賀正。

遣唐使はこのはじめての拝朝か、あるいは翌年正月の拝朝にあたって蕭穎士の招請を願い出たのであろう。しかしながらこの招きは拒否された。序に「辞以レ疾、而不二之従一也」といい、『新唐書』に「中書舍人張漸等、諫二不可一而止」とあるのは、それぞれことの一面をいったに過ぎないと思われる。

## 三　蕭穎士招請の背景

以上によって奈良時代の日本が、文人として名の高かった蕭穎士を正式に招き、これを学問の師としようとした事件のあったことが明らかとなった。こうした主体的な計画と行動は他にあまり例がなく、まさに鑑真招請に匹敵する出来事といえる。本節ではその背景をさぐってみたい。

まずこうした計画が立てられた基本的な原因としては、我国における儒教や漢文学がある程度隆盛に向かいつつある中で、少数の留学者を除けば唐の学問や文学に直接接する機会がなく、それを体現するような人物の来朝が望まれたことがあげられよう。これまでに渡来した唐人では、天平七年(七三五)に遣唐使に従って来日した袁晋卿が、『文選』『爾雅』の音をよくしたというような例があるが、これとても来日当時は十八、九歳といわれ[25]、太学に学び科挙に登第したような人物であったとは考えられない。仏教の場合、正式な受戒者が望まれたように、唐の正統的な学風を身につけた文人の来朝が期待されたのも不思議ではない。幼いときから秀才の誉れ高く、対策第一で進士に登第した蕭穎士は、まさにこの条件によくあてはまる人物であった。

このことに関連して見逃すことができないのは、この招請が、前述のように鑑真の来朝を促した使節によってなされていることである。天平勝宝度の遣唐使の派遣目的に戒師招請のことが含まれていたことを想定する説も既にある[26]が、仏教界における鑑真に対して、漢学の分野における蕭穎士の招請も、私はこの使節の目的であったと考える。そう考える大きな理由は、大使を始めて藤原氏から起用しているだけでなく、副使二人に入唐経験者を配したこの遣唐使の編成の特異さにある。とくに遣唐使の歴史をふりかえっても、二度にわたって入唐した人物は、知られる限り極めて稀である。天平の遣唐使で判官となった秦朝元は再度の入唐であるが、彼は本来唐の生まれであり、同一視はできない。これに対して天平勝宝度の副使大伴古麻呂と吉備真備は、いずれも二度目の入唐である。古麻呂は天平度の遣唐使に従って留学、唐人陳延昌から『遺教経』を付託されてこれを流伝させるべく日本へ持ち帰った経歴をもつ。(27)もう一人の副使吉備真備は、いうまでもなく養老度の遣唐使に加わって入唐し、天平六年(七三四)帰国の際には、漢学の諸分野に関する多くの典籍を将来、その学識を謳われた人である。(28)蔵中進氏は、青木和夫氏の指摘を踏まえ、大伴古麻呂は入唐経験と仏教への理解を背景に、戒師招請のため在唐中の栄叡・普照を呼びもどし、自身も戒師(具体的には鑑真)を招く命をうけて副使に任ぜられたのではなかったかと推測された。(29)この推測はかなり蓋然性に富むと思われるが、もしそうとすれば相対する真備に関しても、阿倍仲麻呂の帰国推進に加え、更に積極的な使命として唐の文人の招請という任務が課せられていたと考えても不自然ではなかろう。大伴古麻呂が仏教に深い理解をもっていたらしいこと、吉備真備が漢学一般に造詣深かったこと(30)を対比すれば、ますますその感が濃い。

決定的な史料の見出せない今日、これはもちろん憶測にとどまる。しかしこの憶測を更に助長する材料がないではない。それは唐の数ある文人の中で、何故蕭穎士が招請の対象になったかという問題と関わる。この人選も、正確には何に基づくか明らかでない。第一に考えられるのは、日本の使人が著作を通じて蕭穎士を知っていた場合であろう。蕭穎士の詩風は初唐のそれにも通じる復古的なものといわれ、(31)その意味では初唐四傑の文学の影響を濃厚にうけていた奈良朝文人にとって、蕭穎士の存在が身近に感ぜられた可能性はある。しかし生前に現に生存している一文人の文集や著作の一部が外国にまで流布することは、杜正蔵・張鷟や白居易(32)のような特に人気のあった人を除くとあまり一般的であったとは考えにくい。蕭穎士の別集も李華の「揚州功曹蕭穎士文集序」(『全唐文』巻三一五)によれば、その死後まとめられている。従って日本の使人たちが蕭穎士の詩文を直接熟知していて、その知識をもとに彼の招請を決した可能性は少ないであろう。もし著作への関心があったとしても、それは渡唐後、何人かを介して形成されたとみるのが妥当のように思われる。

そこで注意されるのは、日本の使節が何らかの人脈を通じて蕭穎士の存在に着目した場合であろう。蕭穎士の閲歴をみてゆくと、招請事件以前において盛唐の著名な学者韋述及び集賢院との関係が目をひく。即ち天宝初年、彼が秘書省の正字に任ぜられたころ、裴耀卿・席予・張均・宋遥・韋述らが先輩としており、その才を認められたとあり、のち彼は韋述が長く直学士・学士として在任した集賢院の校理に任ぜられている。また母の喪に会って官を離れていた間にも韋述の推薦で史館の待制の官に就こうとしたことがあった。集賢院が玄宗朝の学芸の中心となった館院であり、韋述がその主要構成員として『集賢注記』を残していることなどは改めて説くまでもあるまい。(33) 韋述は『新唐書』巻一三二の本伝に「好二譜学一、見二柳沖所レ撰姓族系録一、毎私写懐レ之」とあるように、系譜の学、ひいては史学に長じていた。前掲の蕭穎士伝によると、蕭穎士もまた同様な性向をもっていたようである。『新唐書』巻一九九、孔若思伝付載の孔至伝によると、孔至は氏族の学に明らかで「与二韋述・蕭穎士・柳沖一斉レ名」したという。韋述は蕭穎士の学をよく理解し、彼を推挽したのであろう。ところがここに見逃せないのは、韋述と全く同じ閲歴を経て集賢院学士となった学者の一人に趙玄黙があることである。彼らはともに開元五年(七一七)、秘書監馬懐素のもとで四部書を分部撰次する役に任ぜられ、開元八年集賢院の前身、麗正殿の校麗正書となり、同十一年麗正書院学士、同十三年改称によって集賢院学士となっている。(34) この趙玄黙が、吉備真備の入唐当時、四門学助教として真備の学問上の指導にあたった人物であることは、杉本直治郎・太田晶二郎両氏の研究によって明らかにされている。(35) 蕭穎士は開元五年の生まれ、開元二十三年(天平七、七三五)、十九歳で進士に登第している。(36) 天平六年まで唐にあった真備は趙玄黙やその周辺を通じて太学生であった蕭穎士を知っていたとしてもおかしくない。天宝十一載に入唐した際、真備は進士登第の経歴をもつ阿倍仲麻呂や趙玄黙を含む旧知の人々を相手に、招請するにふさわしい人物の人選を進めた。そこに浮かんできたのが趙玄黙・韋述ともつながる蕭穎士ではなかったか。

以上は韋述や集賢院との関わりからくる想像であるが、阿倍仲麻呂を介した場合、次のようにも考えられる。仲麻呂は同時代の文人趙驊（曄）と親交があったらしく、開元二十一年頃、一旦帰国を決意した仲麻呂に、趙驊は「送二晁補闕帰一日本国一」と題する詩を贈っている。(37) 前引の『新唐書』『旧唐書』の蕭穎士伝、それに『新唐書』巻一五一の趙宗伝によると、趙驊は蕭穎士らと親しかったという。仲麻呂も直接間接に蕭穎士を知っていた可能性が高い。仲麻呂が招請候補の一人として、友人趙驊とも親しい蕭穎士をあげることは大いにありえたであろう。仲麻呂は、養老元年（七一七）、真備と同じ遣唐使に従って入唐し、ともに十数年間、唐にあって学んだ。招請する人物の決定にあたって仲麻呂の発言が大きな意味をもったとすれば、その意見を打診し協議するに最もふさわしい人物は、真備をおいてなかったであろう。

蕭穎士に白羽の矢が立てられた直接の原因は、著名な知識人であるにも拘らず、天宝十一載当時彼が失職中であったためとみるのが、案外真実に近いかと思う。しかし右のようにみると、吉備真備の師友関係もその人選に欠くことのできぬ要素であったと考えられるのである。

## 四　むすび

遣唐使の強力な編成にも拘らず、蕭穎士の招請は道璿や鑑真の場合のように功を奏しなかった。あるいはそれには、単に人物の違いというだけでなく、仏教のもつ世界性と漢学のもつ中国中心的な性格が反映しているかも知れない。

事実長い日中交渉の歴史をみても、僧侶以外の知識人が来日定住しようとした例は極めて稀で、たまたま存在しても明清交替期における明の遺臣たちの例にみられる通り特殊な条件が介在する。[38] しかし結果はともあれ、このような企画がなされたこと自体、日唐交渉の一つの到達点として、奈良時代の文化を考える上に見逃すことのできない事実としてよいであろう。史上にみる限り、その後こうした試みは遂になされなかったようにみえる。この事件の存在は、奈良時代の日唐文化交渉の質をよく表わすものであり、その意味でこの事件は日中交渉史上、永く記憶にとどめられるべきである。

（1）木宮泰彦『日華文化交流史』（冨山房、一九五五年）二篇五章、東大寺教学部編『シルクロード往来人物辞典』（同朋舎、一九八七年）参照。

（2）「古記」の原文には「无参（または恭）合和飛丹薬」とあるが、无参は王元仲と同一人か。

（3）『続日本紀』宝亀七年正月庚申条。

（4）桑原隲蔵「隋唐時代に支那に来住した西域人に就いて」（一九三四年初出、『桑原隲蔵全集』(2)、岩波書店、一九六八年）、内藤雋輔「新羅人の海上活動について」（『朝鮮史研究』東洋史研究会、一九六一年）など参照。

（5）元禄元年（一六八八）序、物集高見編『新註皇学叢書』第十一巻（広文庫刊行会、一九二七年）所収。

（6）中華書局刊本による。この伝の全文読下しと注解が小川環樹編『唐代の詩人』（大修館書店、一九七五年）にあり、参考とした。

（7）中華書局刊本による。

（8）新村出「寧楽文化の極盛期と蕭夫子の招聘」（一九二七年初出、『新村出選集』(3)、養徳社、一九四四年、『新村出全集』(9)、筑摩書房、一九七二年）参照。孫莘老の詩の全文は、『淮海集』（四部叢刊集部所収）巻八によると左の通りである。

文章異域有知音、鴨緑差池一酔吟、穎士声名動倭国、楽天辞筆過鶏林、節髦零落氈呑雪、弁舌縦横印佩金、奉使風流家世事、幾随浪拍海東岑

（9）西岡虎之助『綜合日本史大系』(2)奈良朝（内外書籍、一九二六年）四〇八頁。

(10) 杉本直治郎『阿倍仲麻呂伝研究』(育芳社、一九四〇年)三三三頁。杉本氏は『新唐書』蕭穎士伝の記事をあげながら、この記事を蕭穎士が「外人間」にも評判がよかった証とされている。
(11) 新村出注(8)論文。
(12) 内藤虎次郎『支那史学史』(一九四九年初出、『内藤湖南全集』⑾、筑摩書房、一九六九年)二四一頁以下、岡崎文夫「新唐書に就て」(史林二一―一、一九三六年)参照。
(13) 以上の研究とは別に蕭穎士を論じた平岡武夫『経書の伝統』(岩波書店、一九五一年)第二章も、後掲の劉太真の詩序はあげているが、日本・新羅のいずれとも論断はしていない。
(14) 杉本直治郎注(10)前掲書。
(15) 本書「遣唐使の文化的役割」。
(16) 平岡武夫編『唐代の散文作品』(京都大学人文科学研究所、一九五四年)では、この序が『文苑英華』『唐文続拾』等にみえないとしている。七七頁の追記参照。
(17) 天治本『新撰字鏡』巻一、二丁裏。「東倭」「西漢」が対で用いられている。
(18) 厳可均編『全上古三代秦漢三国六朝文』(全晋文巻二二)による。
(19) 『大唐六典』巻三〇。
(20) 同右巻二九。
(21) 新・旧『唐書』の本紀、『資治通鑑』唐紀。乙卯が十二日にあたることは平岡武夫編『唐代の暦』(京都大学人文科学研究所、一九六四年)による。
(22) 『資治通鑑』唐紀によれば二月癸未(十一日)のこととある。
(23) 次回の遣唐使は天平宝字三年(七五九、粛宗乾元二年)出発のもので、これは安禄山の乱後、蕭穎士の没したころにあたる。注(36)参照。
(24) 杉本直治郎注(10)前掲書三四九頁。
(25) 『続日本紀』宝亀九年十一月庚寅条。
(26) 蔵中進『唐大和上東征伝の研究』(桜楓社、一九七六年)四五五頁。

(27) 石山寺蔵『遺教経』の本奥書に次のようにある(大屋徳城『石山写経選』図八、便利堂、一九二四年、石山寺文化財綜合調査団『石山寺古経聚英』法蔵館、一九八五年)。

唐清信弟子陳延昌、荘二厳此大乗経典一、附二日本使国子監大学朋古満一、於レ彼流伝。

開元廿二年二月八日従レ京発記。

青木和夫『奈良の都』(『日本の歴史』(3)、中央公論社、一九六五年)、蔵中進注(26)前掲書十一章六節参照。『石山寺古経聚英』の佐藤信氏による解説、及び佐藤信「日唐交流史の一齣」(奈良古代史談話会『奈良古代史論集』第一集、一九八五年)では、「朋古満」を「羽右満」と読み、羽栗吉麻呂の可能性を示唆するが、字体からみて「朋」であることは動かないであろう。なお『遺教経』は、すでに天平五～六年ごろ、日本で書写されており(『大日本古文書』(7)一八頁)、これに先だって舶載されていたことは確実である。それにも拘らず、唐人がこれを書写して遣唐使に託したのは、拙稿「「施行」された書物」(『図書』一九九一年四月号)で記したように、唐の太宗が、貞観十三年(六三九)に『遺教経』を施行する勅を出していること(『文館詞林』巻六九三佚文。同勅については、中村裕一『唐代制勅研究』汲古書院、一九九一年、六三三頁参照)と無関係ではなかろう。

(28) 太田晶二郎「吉備真備の漢籍将来」(一九五九年初出、『太田晶二郎著作集』(1)、吉川弘文館、一九九一年)。

(29) 蔵中進注(26)前掲書。

(30) このことは、真備がのちの孝謙天皇に『礼記』『漢書』を講授していることからも知られる。『続日本紀』宝亀六年十月壬戌条参照。

(31) 入矢義高「寒山詩管窺」(東方学報京都第二八冊、一九五八年)九四頁。

(32) 『隋書』巻七六、杜正玄伝、『新唐書』巻一六一、張薦伝、白居易「白氏文集自記」(『白香山詩集』所収)参照。

(33) 内藤乾吉「唐六典の行用について」(『中国法制史考証』有斐閣、一九六三年)、池田温「盛唐之集賢院」(北海道大学文学部紀要二七号、一九七一年)。

(34) 前注池田論文参照。

(35) 杉本直治郎注(10)前掲書三一五頁、太田晶二郎注(28)論文。

(36) 『新唐書』本伝に開元二十三年進士に挙せられたとあり、李華「揚州功曹蕭穎士文集序」(『全唐文』巻三一五)に十九歳で進士に擢第されたとあるのによる。なお没年は、本伝にみえる享年五十二をとると大暦三年(七六八)となり、現に注(6)前掲『唐代の詩人』なども七六八年没とするが、李華「祭蕭穎士文」(『全唐文』巻三二一)によると乾元三年(七六〇)三月以前に没していることが明らかである。『全唐文』巻三二二の略伝に「乾元初」没とし、平岡武夫注(13)前掲書が乾元元~二年没とするのが当を得ている。

(37) 杉本直治郎注(10)前掲書二一〇頁以下。

(38) 木宮泰彦注(1)前掲書五篇六章。

〔追記〕本稿の初出は一九八一年であったが、その後、蕭穎士を論じた専著として、潘呂棋昌著『蕭穎士研究』(文史哲出版社、一九八三年)が出ている。この書は、劉太真の詩序が『唐詩紀事』巻二七、賈邕条から出たものであることを指摘し、招請の主体については日本と考え、阿倍仲麻呂が仲介した可能性を述べている。

また池田温氏は、「蕭穎士招聘は新羅か日本か」(榎博士頌寿記念東洋史論叢編纂委員会『榎博士頌寿記念東洋史論叢』汲古書院、一九八八年)を発表され、蕭穎士の招聘国を新羅とする見解を示されている。この説では、『翰林盛事』や『旧唐書』本伝に、招いた国が新羅とあることを重視し、これらは韋述や柳芳の編纂した『国史』に基づく記事とみて、その信憑性を高く評価するとともに、劉太真の詩序の「東倭」や『新唐書』本伝の「倭国」は、新羅と混同したものとみる。公的な性格をもつ『国史』に「新羅」とあったとすれば、確かに信憑性が高い。

しかし、韋述や柳芳の『国史』に蕭穎士招請のことが載せられていたかどうか、疑問もある。池田氏は言及されていないが、蕭穎士の没年と、『国史』の収録年代との間には、次のような注意すべき関係がみられるからである。すなわち蕭穎士が没したのは、注(36)でも示した通り、乾元元~二年(七五八~七五九年ごろ)のことであったが、韋述の『国史』は開元年間(七一三~七四一)で終っており、柳芳のそれも乾元年間(乾元三年四月に上元と改元)までであった。『国史』に蕭穎士招請のことが書かれるとすると、本紀ではなく列伝であったとみなければならないが、生前に彼の伝が立てられるはずはほとんどなく、少なくとも韋述の『国史』には記事が無かったであろう。柳芳の『国史』は上元初年(七六〇年ごろ)の撰とされ、直前に没した蕭穎士の伝があったかどうか、微妙なところである。しかし、没年があまりに近接していることからすると、立伝されていなかった可能性は少なくないであろう。池田氏のいわれるように『旧唐書』本伝が『国史』に基づくとすれば、『国史』成立とほとんど隔らない蕭穎士の没年を記していないのも気になるところである。『旧唐書』本伝が、『新唐書』のように官歴などにほとんどふれず、ほぼ李林甫との確執を述べるだけに終始しているのも、立伝資料に恵まれず、確たる拠り所がなかったことを示唆するものではあるまいか。またたとえ仮りに柳芳の『国史』に伝が立てられたとしても、それは招請事件から十年近く後のことになる。前述のような『旧唐書』本伝の簡略さからみて、立伝のための資料が早くから準備されていたということも考えにくい。『新唐書』本伝が著しい増補を行なっているのは、資料を整えてこれを訂補する意味があったのであろう。これらの点からすれば、『旧唐書』本伝の記載にさほどの信憑性は認めにくく、蕭穎士の在世中、しかも招請のなされた直後に記された劉太真の詩序が、やはり重視されねばならない。本文でも述べた通り、詩序には「東倭」による招請とある。「日本」「日東」などが新羅を意味することがある(小川昭一「唐代の日本という称呼について」東京大学中哲文学会報一号、一九七四年)のに比べると、「倭」は唐代以降、もっぱら日本をさして使われた。唐咸通元年(八六〇)ごろの成立とみられる『酉陽雑俎』(前集巻三、巻四)でも、「倭国」と「新羅」が並んで用いられている。蕭穎士を招こうとしたのは、やはり日本の遣唐使であったと考える。

# 遣唐使の諸問題

## 一 『教訓抄』の遣唐使関係史料

天福元年（一二三三）、狛近真によって撰せられた楽書『教訓抄』には、楽の伝来に関係して、まま入唐者に言及した文がある。その中には他書に見えないことがらが多く、遣唐使ならびに遣唐留学生の史料として、逸することのできないものといえよう。しかしながら管見では、いまだそれらの史料を特にとりあげた研究はないように見うけられる。[1] ここに紹介して、若干の検討を加えておきたい。

まず『教訓抄』中の関係記事を、左に掲げる（〈 〉内は原文双行注。以下同じ。また頁数は、参考までに岩波書店『日本思想大系　古代中世芸術論』所収本の該当個所を示す）。

〔延暦度　八〇四年出発〕

(1) 此朝へ渡ス人、柏原天皇御時、和迩部嶋継ト見エタリ。（巻二、蘇合香、三九頁）

(2) 颯踏アリケレドモ、延暦ノ遣唐使、舞ノ生、和迩部嶋継、帰朝之時忘レ之云々。（同右、四一頁）

(3) 此曲、延暦御時、遣使《ママ》舞生、久礼真蔵、所二伝来一也〈或貞茂タリ〉。（巻三、春庭楽、六〇頁）

(4) 桓武天皇御時、遣唐使儛生、久礼真茂、所二伝渡一也。（巻六、柳花薗、一一〇頁）

〔承和度　八三八年出発〕

(5) 此曲ハ、モロコシヘ、承和御門ノ御時、判官藤原貞敏ト云ケル者ヲ、ツカハシタリケルニ、簾承武ト云人ニ、琵琶ヲナラヒテ、此朝ニハ、ヒロメタルナリ。（巻一、賀殿、一五頁）

(6) 承和ノ遣唐使貞敏ノ朝臣、簾承武ニ習キタテ、西ノ宮ノオトド、南宮ノ親王、此道ニ勝レ給リ。（巻八、琵琶、一五七頁）

(7) 我朝ニ伝ル事ハ、仁明天皇ノ御時ニ、遣唐使ノ准判官掃部頭貞敏、簾承武ガ娘ニ伝ト云。（巻八、箏、一五九頁）

(8) 承和遣唐使舞生件、帰朝之間、此楽悉忘タリケレバ、又ツカハシテ、此朝ニハ習トドメタリ。（巻三、玉樹後庭花、五一頁）

〔年時未詳〕

(9) 粟田道麿、渡二破陣曲一云。然者道麿渡歟。（巻二、皇帝破陣楽、三三頁）

(10) 或ハ遣唐使粟田道麻呂、破陣曲ヲ伝ヘ来ル。（巻七、舞曲源物語、一二九頁）

(11) 此朝ヘハ、犬上是成ガ渡シ侍ニヤ。（巻三、三台塩、六四頁）

(12) 高麗曲者（注略）、下春所レ渡也。（巻五、高麗曲物語、九一頁）

(13) 或ハ高麗ノ下春、一部ノ舞楽ヲ渡シトドメタリ。（巻七、舞曲源物語、一二九頁）

(14) 而外従五位下尾張連浜主伝云、コノ舞ノ序、ハジメハ早拍子ナリ、シカルヲ遣唐使儛生、還二本国一時、忘二末八拍子一タリシニヨリテ、承和御時、諸葛中納言、奉レ勅、序一帖拍子三十、以二十六拍子一、為二半帖一定メ了。（巻二、皇帝破陣楽、三三頁）

このうち、(5)(6)(7)の藤原貞敏は、伏見宮本『琵琶譜』（一九六四年、宮内庁書陵部影印）奥書や、円仁[2]の『入唐求法巡礼行記』、『三代実録』などによって、承和の遣唐使に准判官として加わり、入唐したことに疑いない。廉承武に師事したことも、『琵琶譜』奥書と合致する。ただし(7)に廉承武の娘が登場するのは、『三代実録』にみえる劉二郎の娘と混同したものであろう。貞敏の師、廉承武を劉二郎と同一視する伝えは、『古事談』を以て最古とするようであるから、[3]

(7)の伝承の成立は、鎌倉初期をさほど溯るとは考えられない。

次に、(1)(2)の和迩部嶋継、(3)(4)の久礼真蔵(または真茂)、(9)(10)の粟田道麻呂、(11)の犬上是成、[4](12)(13)の高麗下春らに関しては、他に入唐を裏付ける直接の史料は見当たらない。『教訓抄』の成立がかなり遅れることや、前述の(7)の例からすれば、これらの所伝にどれほど真が置けるかは疑問とする考えも成り立とう。しかし多分に伝説的性格があるとはいえ、これらはいずれも或る楽の伝来に関することがらを述べる際に言及されたものであり、楽を専門とする諸家に、このような伝えがうけつがれてきたことは大いにありうるであろう。また記事の内容にも、付会、誇張や顕著な説話的要素といったものは特に見出せない。これらの記事は、楽家に伝わった何らかの伝承に基づいており、断片的ながらも史実を伝えているとみるべきである。[5]

現に(1)(2)の和迩部嶋継については、やや傍証となる材料がある。嶋継には、『続日本後紀』嘉祥二年(八四九)十一月乙亥(二十五日)条と、『文徳実録』仁寿三年(八五三)十一月甲寅(二十八日)条に叙位記事がみえ、[6]延暦度の遣唐使であっても年代的に矛盾はない。また『続日本後紀』の記事によれば、嘉祥二年当時、彼は雅楽権允であったことが判明する。これは彼の技能を生かした任官の結果であろう。彼がこうした官歴をもった背景には、むしろ遣唐留学生としての前歴があったとみるべきである。

以上のことからも、『教訓抄』の記事は史実を補ならに足るものと判断される。久礼真蔵(または真茂)の名も、他に所見はないようであるが、延暦度の遣唐留学生として追加されてよい。

右の二人以外の人物については、渡唐年代を明らかにできない。高麗下春などは、あるいは渤海に学んだ者とも考えられよう。ただ粟田道麻呂に関しては、考えておくべきことがらがある。

粟田道麻呂の入唐年時は不明であるが、この人名でただちに想起されるのは、天平神護元年(七六五)八月、和気王の変に坐して左遷された粟田臣道麻呂のことである。彼は『続日本紀』の天平宝字三年(七五九)七月丁丑(十二日)条に、内薬佑・従七位下で朝臣姓を賜わったとして初見するが、その前半生は明らかでない。ただ彼の履歴中注目されるのは、天平宝字末年に設置された勅旨省の官人となっていることである。早く角田文衛氏が指摘されたように、勅旨省の幹部には在唐経験者が多い。(7) 佐伯有清氏は、この点を更に進め、道麻呂もまた入唐経験者ではなかったかと推測された。(8) 『教訓抄』に現れる粟田道麻呂は、即ちこの粟田臣道麻呂であって、佐伯氏の推測を裏付けるものといえないであろうか。彼が新羅使の来由を問う使の一人となっているのも、入唐経験者にはふさわしいといえよう。

ただ道麻呂が雅楽関係の官歴を有した形跡がなく、かえって内薬佑のような医官を経ていることは不審のようでもある。しかしこの時期の在唐経験をもつ医官には、羽栗臣翼のように(彼は唐での生まれであるが)、鉱物の鑑定に関与し、あるいは唐の暦経を貢上するなどして、正史にも「通渉するところ多し」(9) と評せられた人物があり、あえて異とするには足りないと思われる。遣唐使となった粟田氏としては、他に名前の知られない「粟録事(粟田録事)」(10)(承和度)もあるが、一応姓名とも一致する点で、粟田臣道麻呂の可能性が高いと考えておきたい。

さて、以上の推定が正しいとすれば、その渡唐年時はいつごろとみるべきであろうか。道麻呂が唐から伝えた「破陣曲」が、『教訓抄』のいう通り「皇帝破陣楽」であるなら、その帰朝は少なくとも天平勝宝四年(七五二)以前でなければならない。というのは、同年四月九日の東大寺大仏開眼会において使用された、この曲の楽装束が正倉院に遺存しているからである。(11) その場合、可能性が強いのは、天平五年(七三三)の遣唐使と行をともにしたという想定であろう。帰国は早ければ翌年、おくれれば天平七年か十一年ということになる。ただそれでは、天平宝字三年(七五九)

の『続日本紀』への登場まで、やや年代が有りすぎる感がする。林謙三氏が論じられたように、奈良時代までの破陣楽には三種あり、うち秦王破陣楽、皇帝破陣楽は早く伝わっていたが、残る散手破陣楽は、これらより遅れて渡来したらしい(12)。また日本への渡来については明証を欠くが、玄宗御製の小破陣楽と呼ばれる曲もあった(13)。『教訓抄』には単に「破陣曲」とあるのみであるから、道麻呂の伝えた曲を、散手破陣楽や小破陣楽とみることも不可能ではない(14)。その場合、道麻呂の渡唐は、天平勝宝四年の遣唐使あたりに求めることができるであろう。

なお以上の他、『教訓抄』の所伝は、遣唐留学生の任務や習学状況を考える上にも興味深い史料を含む。即ち、(2)(8)(14)などのように、唐で習得した舞や楽を帰朝の間に忘失したとする伝えがそれである。いうまでもなく唐からの学問・技術の輸入には、単に典籍の将来などによっては達成できない側面が含まれていた。舞や楽の導入もその好例といえよう。(2)(8)(14)などの所伝は、そうした実地の技能習得を課せられた遣唐留学生たちの哀歓を垣間見させてくれる、珍しい伝えといわなければならない。

## 二　『肇論疏』の舶載

七世紀半ばから九世紀前半まで、遣唐使によって将来された典籍は、膨大な量にのぼったに相違ない。すでに『日本書紀』の白雉五年七月丁酉条には、遣唐使吉士長丹らが多くの「文書《ふみ》宝物」を得て帰り、授位されたことがみえるし、下っては正倉院文書に、天平勝宝の遣唐使が将来した諸経典の一端がみえ(15)、また空海、円仁、円珍らによる将来書の目録が残る。これらが日本文化の発展に大きな役割を演じたであろうことは、容易に想像されるところである。

しかし遣唐使による将来書のうち、具体的に書名の知られるものは、全体からいえば極く一部に過ぎない。たとえ零細な史料でも、将来に関する記録は、これを収集してゆく必要がある。

たとえば日本に伝存する唐の元康撰の『肇論疏』には、左のような本奥書がある。(16)

〔巻上〕

校本云、大唐開元廿三年歳在乙亥閏十一月卅日、楊州《（ママ）》大都督府白塔玄湜、勘校流伝日本国大乗大徳法師、使人発促、無暇写、聊附草本、多不如法、幸恕之、後叡師源師還、更附好本耳

天平勝宝六年七月十九日写竟　信定篁《（ママ）》（下略）

（校本に云わく、大唐の開元二十三年、歳は乙亥に在る、閏十一月三十日、楊州大都督府の白塔の玄湜、勘校して日本国大乗大徳法師に流伝せしむ。使人発し促し、写すに暇無し。聊か草本を附《さず》く。多く法の如くならず。幸いに之を恕せ。後、叡師・源師還るに、更に好本を附けむのみ。

天平勝宝六年七月十九日、写し竟る　信定篁）

〔巻下〕

写本奥記云、大唐開元二《（ママ）》廿三年歳閏《（ママ）》十一月十四日、楊州《（ママ）》大都督府白塔寺沙門玄湜、写略存記、本不足観、嘱勘校聊定、永欲流伝於日本国大徳視聴、然康公製、信詞兼行、其中意義、或未尽処、幸諸賢者、詳而覧焉云々

（写本奥記に云わく、大唐の開元二廿三年歳、閏十一月十四日、楊州大都督府の白塔寺の沙門玄湜、写して略《ほぼ》記を存す。本より観るに足らず。勘校を嘱されて聊か定め、永く日本国大徳の視聴に流伝せしめむと欲す。然れども康公の製、信詞兼ね行ない、其の中の意義、未だ尽さざる処或《あ》り。幸いに諸々の賢者、詳かにして焉《これ》を覧よ。云々）

これらの奥書によると『肇論疏』は、開元二十三年（七三五）、揚州白塔寺の僧玄湜が、日本に流伝させるべく書写

勘校し、日本の使人に託したものである。

『肇論疏』の奈良朝写本は断片しか知られないので、[17] 転写を重ねた右の形でしか検討できないが、[18] それでもこの書が、七三三年(天平五、唐開元二一)入唐の遣唐使によって将来されたことは確実と考えられる。即ちこれらの奥書に現われる開元二十三年という年には、遣唐使のうち副使中臣名代がなお在唐中であった。中臣名代らは、大使多治比広成らと入唐したが、帰国に際して一旦南海に漂流し、三月には再び長安に帰還、その帰朝は『続日本紀』によると七三六年(天平八、開元二四)のことになる。[19] 前年の閏十一月に揚州から帰国しようとしていた日本国の使人とは、この名代の一行に他なるまい。

なお名代は帰国に際して、日本国王に宛てた玄宗の勅書を託されており(『張九齢文集』巻七及び『文苑英華』巻四七一所収)、その文中に「中冬甚寒」とある。従ってこの勅書は十一月のものとなり、彼らは十一月に長安を発したとみてよかろう。

そこで考え合わされるのは、『冊府元亀』巻九九九(外臣部、請求)にみえる左の記事である。

(開元)二十三年閏十一月、日本国遣㆓其臣名代㆒来朝、献㆑表懇求㆓老子経本及天尊像㆒。以帰㆓于国㆒、発㆓揚聖教㆒。許㆑之。

この記事の意味については、早く杉本直治郎氏[20]や安藤更生氏[21]によってとりあげられ、わたくしもまた言及したが、[22] 要するに中臣名代一行が、唐朝の意を迎えるため、道教布教の意志を明らかにしたものと諒解される。ここで注意すべきは、その繋月が閏十一月であることである。これが帰国に先だつ直前になされた要請であったとなると、その意図もより一層明瞭になるはずである。

このようにみてくると、『肇論疏』奥書にみえる日本使人は、中臣名代ら一行と考えてよく、彼らの揚州出発は七三五年閏十一月末ごろであったと考えられる。名代ら一行は、「南天竺婆羅門僧正碑」によると十二月十三日に海に入り、五月十八日に大宰府に到着している。従って揚州出発から大宰府到着まで約半年となり、やや隔たり過ぎのようでもあるが、これは出発後、気象条件などに左右されて帰着が遅れたと考えればよいであろう。

『肇論』は後秦の僧肇の撰になり、三論宗で重んじられた書であり、名代ら一行がもたらした『肇論疏』は、その唐代における注釈として流布した。そのためであろう、奈良朝前期の三論宗学に指導的役割を果した道慈を、巻上の奥書にみえる「日本国大乗大徳法師」に充てる説が古くからある。[23] 道慈は七一八年(養老二、開元六)には既に帰国しており、これに当たるはずがないとする反論があるが、[24] 奥書の「日本国大乗大徳法師」を在唐中の人物と確定できる要素は見出せない。帰国した道慈に宛ててこの写本が託されたとみるのも一案ではあろう。ただ巻下の奥書をみると、「永く日本国大徳の視聴に流伝せしめむと欲す」とあり、また「幸いに諸々の賢者、詳かにして焉《これ》を覧よ」ともあって、複数の人物が長期間にわたって見ることを意識した表現となっている。「大徳」は僧侶に対する尊称であり、「大乗大徳法師」も単なる高僧の意で、[25] 特定の個人にあてたものではないと考えるべきであろう。

いずれにしてもこの『肇論疏』の奥書は、日本への典籍舶載を具体的に物語る貴重な史料といわねばならない。

## 三　遣唐使と邠王府

遣唐使の唐における活動を知る上で、典籍の奥書が貴重な意義をもつことは、前節にみた通りである。ここでは目を転じて、平安末期の薫物関係の書物、『薫集類抄』[26] にみえる跋語をとりあげてみたい。

『薫集類抄』には、各種の薫物の処方が集められているが、その巻上に、次のような処方がみえる。

供養香

沈九両　丁字二両　蘇合一両〈代甘松〉　薫陸一両　白檀一両　茅香二両　麝香二分〈両銭重代黄欝金〉

右香、細擣着レ蜜和、供二入鉄臼一、擣五百杵、如二弾丸一、供二養如来一。

天宝七載六月、師主景尊、于時在茅山大平《ママ》観記之。十二載八月写取日本国使。永生府兵曹参羊崔叡祐。

ここで注意されるのは、末尾の一行である。この部分は、処方の出処と日本への伝来に関わる文と考えられ、本来この処方の奥書のごときものであったと判断される。これを訓読すれば左のようになろう。

天宝七載六月、師主景尊、時に茅山の大平観に在りて之を記す。十二載八月、日本国使に写取す。永生府兵曹参羊崔叡祐。

「写取日本国使」の個所には何らかの脱字があるかとも思われるが、文の大旨は「日本国使に書写して与えた」ということであろう。「取」は助字で白居易の「時世粧」（新楽府のうち）に「元和粧梳、君記取」とある「取」などと同じ用法とみられる(27)。

この奥書にみえる天宝十二載（七五三、天平勝宝五）は、日本の遣唐使藤原清河・吉備真備・大伴古麻呂らが、唐をあとにした年に当たる。『唐大和上東征伝』によれば、彼らは十月には、長安から揚州まで戻ってきていた。文中の「日本国使」は、この使節に相違あるまい。また「茅山」は、道教の霊場として有名な江蘇省の山で、大（太）平観は唐の貞観九年（六三五）、同地に建立された道観(28)である。処方中に「如来に供養す」とあるから、元来は仏教で用いる香の処方であろうが、これが道教でも使用されたとみてよい。

問題は日本国使のための書写が何処で行われ、末尾の人物がいかなる人かということである。現存する『薫集類抄』の写本は少なく、この個所について対校すべき古本はないが(29)、早川氏楂蓍書屋旧蔵本（現在、杏雨書屋蔵(30)）によって、少なくともその職名は「兵曹参軍」と改めるべきである（続く人名も早川本は「崔穀祐」に作る）。従ってこの人物の属する府名にも、何らかの誤字があるとみるべきではなかろうか。「永生府」のままでは解し難い。

そこで考えられるのは、「永生府」が「永王府」の誤りではないかということである。(31) 永王李璘は玄宗の第十六子で、開元十三年（七二五）に永王に封ぜられ、天宝十五載に非業の死を遂げた。(32) 文字の類同からいえば、この可能性は小さくないと考えられ、そうなるとこの処方は、永王の家政機関の職員から与えられたことになる。永王府は、他の玄宗諸子の王府と合わせ、京内の一処に設置されていた。(33)

しかし『薫集類抄』の他の記事に目を向けると、また別の可能性も考えられる。即ち香の処方の出処として「邠王家」という文字のあるのが注意されよう。いまそれを列挙すると次のようになる。

㈠　裛衣香〈或注二薫衣香二〉
　邠王家
　　零陵七両　沈二両　丁子二両　蘇合二両　占唐二両　藿香三両　欝金一両　麝香二両
　　右八種、各別搗為レ散和合。但蘇合・占唐以レ手按碎和之。（巻上）

㈡　煎二甘葛一（中略）
　邠王家〈以レ蜜合二占唐香一、微々火煎〉（下略）

㈢　舂レ香
　邠王家
　裛衣香方六種、各別擣為レ散和合。唯蘇合・詹唐以レ手按碎和亦好。（巻下）

（巻下）

このうち㈢は㈠の取意文かも知れない。そもそも『薫集類抄』には、処方の出処として、丹陽公主・長寧公主・落梅公主など中国の人名がみえる。この三名中、丹陽公主は唐の高祖の女[34]、長寧公主は唐の中宗と韋后の間に生れた女である[35]。従って邠王家も、唐の中宗の兄、章懐太子李賢の子で、邠王に封ぜられた李守礼[36]の家を指す可能性が強い。因みに李守礼は開元二十九年（七四一、天平十三）に没したが、子の李承寧が邠王を嗣ぐことを許されたので、そのあとも邠王家は存続していたはずである[37]。

さてこのように邠王家から出た処方があるとなると、注目されるのはさきの「永生府」である。「邠王家」の「邠王」は、杏雨書屋蔵の古写本[38]では「邠王」のように書かれている。このような略体が崩れれば、「邠王」は「永生」に誤られかねないことが知られよう。関西大学岩崎美隆文庫の写本[39]では、「裛衣香」の条の「邠王家」は、「邠」が古写本と類似の書体になっているだけでなく、「王」を「生」に作っている。「邠」があまり用いられる文字でないことからすれば、「邠王」が「永生」に誤られる可能性は決して少なくないと思われる。このように考えると、「永生府兵曹参羊」は「邠王府兵曹参軍」の誤りとみることができよう。先に掲げた裛衣香の処方も、この供養香の処方と同時期に入手された可能性が想定される[40]。なお邠王府は長安の興化坊に独立して置かれ、街を隔てて北の邠王の宅に対していた[41]。当時の邠王家はすでに李承寧の代である。

以上の考察が正しければ、永王府・邠王府のいずれにせよ、日本の遣唐使は供養香の処方を、天宝十二載八月ごろに王府の職員から伝えられたことになる。遣唐使は、前述のように同年十月半ばには揚州に戻り、帰国の準備に入る。この出来事は当然それに先だつ、使節の長安滞在中のことであったと考えられよう。

この奥書は、遣唐使と唐朝の貴族との交流を示唆する点で興味深い。遣唐使と王府職員との関係は、単にそれだけのものというよりも、やはり遣唐使が王家そのものと何らかの関りをもっていたとみた方が、理解しやすいからである。この奥書によって、遣唐使による文物の将来や知識の吸収は、唐朝政府との関係ばかりでなく、このような経路によってもなされたことが改めて推定されるといえよう。

ここで想起されるのは、西安何家村から発掘された埋蔵物中に、日本の和同開珎銀銭が五枚含まれていた事実である。(42)この銀銭は、中国・東ローマ・ササン朝ペルシアの貨幣や多量の唐代金銀器などとともに穴を掘って埋納されていたものであるが、その場所はあたかも長安城の興化坊に当たるところから、邠王宅の遺物に比定されている。同坊には他の貴族の宅もあり、厳密にいえばこれらの遺品を邠王家のものと断定する証はないが、(43)その可能性は少なくなかろう。『薫集類抄』の記事と考え合わせるとき、その遺宝中に和同銀銭があることは、遣唐使と邠王家との交渉を物語る一資料とすることができるかも知れない。

ともあれ『薫集類抄』の記載は、そこに現われる唐の公主名をも含めて、日唐関係の一断面を示す貴重な史料といえるであろう。

## 四　総持寺鐘銘にみえる入唐使

遣唐使の歴史は、承和五年(八三八)派遣の使節を以て実質的には閉じられるが、この使いより後にも、朝廷から使いの派遣されたことがあった。それについては、周知の通り『三代実録』貞観十六年(八七四)六月十七日条に次のようにみえている。(44)

十七日癸酉、遣二伊予権掾正六位上大神宿祢巳井、豊後介正六位下多治真人安江等於唐家一、市二香薬一。

このうち多治安江は、同書元慶元年（八七七）八月廿二日条にみえる唐商崔鐸の上言中に、「貴国使多安江」として現れ、安江らがこの時、崔鐸の船に乗って筑前に帰着したことが知られる。

佐伯有清氏は、遣唐使によらない日唐交通の発展を示す事例として、改めてこの使節に注意し、ここに現れる大神巳井が、円仁の『入唐求法巡礼行記』にみえる、「神一郎」と同一人であり、日唐間を往来していた貿易商人的人物であったことを論じられた(45)。佐伯氏の見解はまことに注目すべきものであって、神一郎と大神巳井が同一人であることは承認されてよい。

しかし佐伯氏が大神巳井の入唐回数や唐における活動を考える際、小野勝年氏の紹介された『長谷寺霊験記』の説話(46)を利用されているのは一考を要しよう。大神巳井について第一に参照されるべきは、『朝野群載』巻一所収の「総持寺鐘銘」である。

総持寺鐘銘

粤若祖父越前守藤原朝臣、帰心於普門妙智、傾首於無硋大悲、而墜露溘然、閃電倏爾、納言尊考、軫先業之不遂、歎善因之未成、多以黄金、附入唐使大神御井、買得白檀香木、造千手観世音菩薩像一躰、仍建衢場於摂津国島下郡、安置此像、号曰総持寺、於是第二男備前権介公利、鋳豊鐘一口、于時延喜十二年夏四月八日、為銘曰、〈已上略記〉（下略）

（粤若《ここに》祖父越前守藤原朝臣〔高房〕、心を普門の妙智に帰し、首を無硋の大悲に傾く。而れども墜露溘然、閃電倏爾たり。納言尊考〔山蔭〕、先業の遂げざるを軫《いた》み、善因の未だ成らざるを歎き、多く黄金を以て入唐使大神御井《おおみわのみい》に附し、白檀香木を買得し、千手観世音菩薩像一躰を造り、仍《よ》て衢場を摂津国島下郡に建て、この像を安置す。号して総持寺と曰う。ここに第二男、備前権介公利、豊鐘一口を鋳たり。時に延喜十二年夏四月八日。銘を為《つく》り

て曰わく）

この銘をもつ梵鐘は現存せず、また序の部分には省略もあるようであるが、信頼すべき史料とみてよい。鐘銘によると、のちに中納言となった藤原山蔭が、入唐使の大神御井に黄金（おそらく砂金）を託し、仏像造立のための白檀材を唐に求めたことがわかる。『長谷寺霊験記』の説話が、この事実をもとに著しい潤色を受けて成立していることは、一見して明らかである。「御井」が「巳井」と同一人であることはいうまでもない。すなわちまず拠るべきはこの鐘銘であって、銘に「入唐使」とあるのは、彼が朝廷の使いであったことを示し、巳井が山蔭の希望を体して入唐したのは、まさに前述した貞観十六年のことと考えなければならない。従って佐伯氏の示唆されたような、別の機会の入唐という想定は必要ないといえよう。(47)

この鐘銘は、大神巳井に関する確実な史料を加えるというだけでなく、次の点でも興味深い。即ち大神巳井らは、朝廷の命で香薬の購入に遣わされたと同時に、貴族らの私的な物資購入をも請負っていた事実が判明することである。同様なことは、遣唐使をはじめ他の遣外使節の場合もあったかと推測されるが、明証はなかった。この史料は、そのような推測を傍証するものといってよかろう。

（1） 岩波書店『日本思想大系　古代中世芸術論』（一九七三年）には『教訓抄』の注があるが、簡単であり、内容的に検討の余地も多い。なお竹居明男氏に「『教訓抄』引用書名索引ならびに史実年表―『教訓抄』研究ノートから―」（古代文化三二―九、一九八〇年）があるが、遣唐使関係史料について言及はない。

（2） 藤原貞敏の事蹟については、佐藤辰雄「貞敏の琵琶楽伝習をめぐって」（法政大学、日本文学誌要三二号、一九八五年）に詳しい。この論文の存在は、後藤昭雄氏の御教示による。

（3） 同右。

（4） 犬上是成については、同じ『教訓抄』中、巻六、壱金楽の条に、同楽の舞の作者とみえる（思想大系本一一四頁）。

(5) 本文前掲(3)の春庭楽に関して、『音楽根源鈔』(天理図書館善本叢書『古楽書遺珠』天理大学出版部、一九七四年)には「本ハ一越調楽也。我朝ノ上宮太子、遷此調子ニ云々」とみえ、『教訓抄』の所伝と食い違う。しかし聖徳太子の関与を言う『音楽根源鈔』の所説は、いかにも伝説的で、信ずるに足りないであろう。

(6) 『文徳実録』は「丸部嶋継」に作る。

(7) 角田文衞「勅旨省と勅旨所」(『角田文衞著作集』(3)、律令国家の展開、法蔵館、一九八五年)。

(8) 佐伯有清「山上氏の出自と性格」(『日本古代氏族の研究』吉川弘文館、一九八五年)。

(9) 『類聚国史』巻一八七、還俗僧。

(10) 「粟録事(粟田録事)」は、円仁の『入唐求法巡礼行記』開成四年(八三九)四月及び七月の条や、『慈覚大師在唐送進録』(『大正新脩大蔵経』(55)所収)にみえる。佐伯有清氏は、注(8)前掲書一五八頁以下で粟田朝臣碓雄の可能性を示唆されている。

(11) 松嶋順正『正倉院宝物銘文集成』(吉川弘文館、一九七八年)六一頁。

(12) 林謙三『正倉院楽器の研究』(風間書房、一九六四年)二二〇頁及び二二九頁以下。

(13) 原田淑人「千秋節宴楽考」(『東亜古文化研究』座右宝刊行会、一九四〇年)参照。

(14) 林謙三氏は注(12)前掲書で、散手破陣楽の渡来を「天平末期に溯り得る可能性がある」(二三〇頁)とされているが、とくに根拠はないようである。

(15) 石田茂作『写経より見たる奈良朝仏教の研究』(東洋文庫、一九三〇年)参照。

(16) 巻上の奥書は『大正新脩大蔵経』(45)により、同書にみえない巻下の奥書は、牧田諦亮「肇論の流伝について」(塚本善隆編『肇論研究』法蔵館、一九五五年)に引用の永観堂本によった。

(17) 大谷大学図書館編『神田鬯盦博士寄贈図書善本書影』(大谷大学図書館、一九八八年)所収。

(18) たとえば巻下の奥書中の「十一月十四日」は、巻上の奥書の日付が十一月卅日であることと対比すれば、何らかの誤りがある可能性も考えられる。

(19) 中臣名代の行動については、安藤更生『鑒真大和上伝之研究』(平凡社、一九六〇年)七三頁、八一頁、及び田中健夫・石井正敏編「古代日中関係編年史料稿」(茂在寅男他『遣唐使研究と史料』東海大学出版会、一九八七年)二三七頁以下参照。

(20) 杉本直治郎『阿倍仲麻呂伝研究』(育芳社、一九四〇年)四六〇頁。

(21) 安藤更生注(19)前掲書八一頁、二七七頁。

(22) 本書「遣唐使の文化的役割」、同「上代文学と敦煌文献」。

(23) 同じ巻上に、永仁二年十月付僧聖然の奥書が付されているが、その文中に「就レ中日本国大乗大徳法師者、指二道慈律師一耳」とある。

(24) 注(17)前掲書の解説は、「日本国大乗大徳法師」を『肇論疏』の将来者という前提にたって、道慈説を批判している。

(25) 天台僧義真が在唐中、国清寺戒牒所に充てた牒(貞元二十年十二月七日付)に、「当州国清寺大徳律師為二和上一」などと、僧名に「大徳律師」を付して呼ぶ例がある。これは戒師に対する尊称と考えられ、奥書の「大乗大徳法師」を解釈する参考となろう。

(26) 藤原範兼撰、『群書類従』遊戯部所収。同書についての概略は『群書解題』(4)参照(岩橋小弥太氏執筆)。

(27) 「取」の助字としての用法については、釈大典『詩家推敲』(勉誠社文庫、一九八三年)参照。なお円珍の「福州温州台州求得経律論疏記外書等目録」にも、「已上於天台山国清寺写取」などとあるが(『大日本仏教全書』智証大師全集(3))、これは単に「写し取る」の意かも知れない。

(28) 吉岡義豊『道教経典史論』(大正大学道教刊行会、一九五五年)七七頁。

(29) 杏雨書屋に巻上のみの古写本一冊(綴葉装)があり(函架番号、杏一三五九)、鎌倉時代の写本とみられるが、問題の処方を欠いている。なお同書の写本が四天王寺学園にも蔵されているが、非公開。

(30) 袋綴装一冊、函架番号「杏三一三八」、江戸時代写。

(31) この点、布目潮渢氏より御示唆をうけた。

(32) 『旧唐書』巻一〇七、玄宗諸子伝参照。

(33) 布目潮渢「唐代長安における王府・王宅について」(唐代史研究会編『中国都市の歴史的研究』唐代史研究会報告Ⅵ集、刀水書房、一九八八年)

(34) 『新唐書』巻八三、高祖十九女伝。

(35) 『新唐書』巻八三、中宗八女伝。

(36) 『旧唐書』巻八六、章懐太子賢伝、『新唐書』巻八一、章懐太子賢伝。

(37) 同右。
(38) 注(29)参照。
(39) 袋綴装一冊、函架番号「七九二/F1」、江戸時代写。なお「大平観」の個所は「太平観」に作る。
(40) 裛衣香は正倉院に実物が現存し、渡辺武「正倉院宝庫の裛衣香(えひこう)について」(書陵部紀要一八号、一九六六年)は、その処方が『千金翼方』によったものと推定している。『薫集類抄』の処方は、『千金翼方』をはじめ『千金方』『外台秘要方』などの古医書にみえる処方とは合致しない。
(41) 徐松『唐両京条坊考』巻三、布目潮渢注(33)論文参照。
(42) 陝西省博物館・文管会革委会写作小組「西安南郊何家村発現唐代窖蔵文物」(文物一九七二年一期)。池田温氏による訳文が補注を加えて、「西安南郊何家村発見の唐代埋蔵文化財」(史学雑誌八一―九、一九七二年)として公表されている。
(43) 前注の池田氏補注参照。
(44) 朝日新聞社『六国史』本による。国史大系本は、「巳井」を「己井」に作る。
(45) 佐伯有清「承和の遣唐使の人名研究」(『日本古代氏族の研究』吉川弘文館、一九八五年)、同『最後の遣唐使』(講談社現代新書、一九七八年)。
(46) 小野勝年『入唐求法巡礼行記の研究』㈣(鈴木学術財団、一九六九年)二八三頁。『長谷寺霊験記』は、『続群書類従』釈家部及び『大日本仏教全書』寺誌叢書に収める。
(47) 注(45)前掲『最後の遣唐使』。

# 日出処・日本・ワークワーク

## 一　はじめに

近年、「日本」という国号についても、比較的多くの論及がみられるようになったが、国号をめぐる研究は、必ずしも盛んとはいえない。古代に限っても、君主号をめぐる研究状況と比較すればそれは明瞭であり、一般にはジャパンという称の由来が「日本」にあることさえ、充分に認識されていないのが実情であろう。第二次大戦前には、国家主義的な観点から、日本歴史の舞台としての「日本」が意識されざるを得なかった(1)。しかし敗戦によって、そのような条件は影響力を失ない、それにかわって「日本」の国号に関心を向けさせるような要因が生じてこなかったのが、研究の停滞を招いた主な原因であろうと思われる。日本のように主として列島内で孤立した歴史を形成してきた国にとっては、国号は歴史研究の主要な主題とはなりえないともいえようが、そのような国柄であればこそ、一層、日本が海外からいかに見られてきたか、近隣諸国をいかに呼んできたかを研究し、認識する必要があるといってよい。ここでは古代の「日本」にかかわる三つの問題をとりあげ、私見を記してみたい(2)。

## 二 「日出処」の意味

古代において、日本の知識人が自国をどのように位置づけていたかを考える際、有力な手掛りとなるのは、著名な「日出処天子」云々の国書であろう。改めていうまでもないほどであるが、この国書は、隋の大業三年（六〇七）に、日本の遣隋使によって隋の煬帝に差出されたもので、冒頭部分が『隋書』東夷伝、倭国の条（以下『隋書』倭国伝と略称する）に次のように引かれている。

日出処天子、致書日没処天子、無恙

（日出《い》ずる処の天子、書を日没する処の天子に致す。恙無きや）

この国書は、聖徳太子の隋に対する対等外交の姿勢を明示したものとして、よく言及される。聖徳太子によって書かれたか否かはともかく、注意すべきは、日の出の勢いの日本に対し、隋を落日にたとえたという通俗的な理解が今なおみられることである。この国書をみた煬帝は悦ばず、鴻臚卿に対して「蛮夷書有無礼者、勿復以聞」（蛮夷の書、無礼なる有らば、復た以て聞する勿かれ）といったと伝えるが、それは決して日本を「日出処」、隋を「日没処」としてあったからではない。すでに徐先尭氏が指摘されているように、不興をかった真因は、日本の君主が「天子」を自称したところにあった(3)。天子といい皇帝といっても実質上大差はないが、中国の伝統的な世界観からすれば、いずれにせよ天下に唯一人の存在でなければならず、中国と対峙するほどの強国でもない東夷の君主が、天子を自称するのは甚だ僭越なことといわねばならない。隋に対して対等を主張する態度は、この不敵な「天子」号にこそ表われているといえる。

では、東西を示すのに「日出処」や「日没処」を使ったのは、どのような意味があるのか。実はこの点は、これまで議論があるにも拘らず、あまり明らかになっていない。すでに榎一雄氏や増村宏氏は、類似の表現が他にもあることを指摘し、優劣の観念は伴っていないとされているが、[4] これについて私は、次の用例を見落とすべきではないと考える。

如経中説、日出処是東方、日没処是西方、日行処是南方、日不行処是北方
（経の中に説くが如くんば、日出ずる処は是れ東方、日没する処は是れ西方、日行く処は是れ南方、日行かざる処は是れ北方なり）

（『大智度論』巻一〇、『大正新脩 大蔵経』㉕所収）

この文を載せる『大智度論』は、インドの竜樹の著作とされ、早く鳩摩羅什によって漢訳された有名な仏典である。本来は『摩訶般若波羅蜜多経』の注釈であって、一〇〇巻から成る大部な書であるが、大乗仏教の基本的な概念や用語について論じているため、学派をこえてよく読まれた書であった。日本への伝来も早かったとみえ、正倉院聖語蔵には隋代書写の残巻がある。[5] またその流布も広かったことは、天平六年（七三四）に播磨国で書写された本が、いわゆる既多寺知識経として石山寺などに現存していることからわかる。[6] 聖徳太子の著作といわれる『維摩経義疏』には、間接引用ながらも本書の一部が引かれており、[7] 聖徳太子の目にも、当然入っていたとみてよい経典である。

さきに引用した一節は、仏教での方位の概念について発せられた問いの中に現れる。太陽の動きに応じて方角を呼びわけると、東は日出処、西は日没処、南は日行処、北は日不行処になるというわけである。これに続く答えの部分では、こうした方位のとらえ方は相対的な見方に過ぎないとして否定されているが、東西南北のいわば別称として、このような表現があることは、注目されてよかろう。『大智度論』の知名度からいっても、国書の「日出処」「日没

処」の典拠はここにあるといってよいのではなかろうか。単に東、西といっては国書として曲がないので仏典の表現を使って飾ったというのが実情と考えられる。『大智度論』の称呼に優劣の価値判断が伴っていないことはいうまでもなかろう。

実際『日本書紀』には、「東」「西」をそのまま使った国書もみえる。それは推古天皇十六年（六〇八）九月辛巳（十一日）の条にみえる有名な次の国書である。

東天皇敬白西皇帝、使人鴻臚寺掌客裴世清等至、久憶方解、季秋薄冷、尊何如、想清悆、此即如常、今遣大礼蘇因高大礼乎那利等往、謹白不具

（東の天皇、敬《つつし》みて西の皇帝に白《もう》す。使人鴻臚寺《こうろじ》掌客裴世清等至り、久しき憶《おも》い方《まさ》に解けたり。季秋、薄《さむ》く冷し。尊、何如に。想うに清悆《せいよ》ならん。此《ここ》には即ち常の如し。今、大礼蘇因高・大礼乎那利等を遣して往かしむ。謹みて白す。具《つぶ》さならず）

この国書については、『隋書』にみえる先の国書をもとに、『書紀』編者が作ったとする説がある一方、その一字一句を完全に推古十六年のものとみて、「天皇」号はこの年に定められたとする説もある。(8) しかしこの国書は、少なくとも架空のものではないと思われる。徐先堯氏が指摘されているが、「東天皇敬白西皇帝」という書き出しは、書簡体とはいえ、尊者に恭しく差出す形式になっている。(9) これは先に「日出処天子」云々の国書が不興をかったのをふまえ、恭順の意を明確にしたものとみられないであろうか。もし『書紀』の編者が、中国皇帝への敬意をこめて述作した国書とすると、皇帝や天子と同格の「天皇」という称号が使われているのは、かえって不自然ということになる。しかしもともと当時の国書の文が伝わっていて、君主号だけ書きかえたとみれば、それも納得できよう。原文には「大王」か、あるいは『万葉集』などに例のある「大皇」(10) といった称号が書かれていたのではあるまいか。「大王」

や「大皇」にしたところで、君主自らがそう称するのは不自然ともいえようが、そのあたりに日本側の意地の見せどころがあったのかも知れない。

## 三　日本国号の制定

「日出処」が単に東を表わすとして、次に問題にしたいのは、「日出処」と「日本」の関係である。「日本」という国号がいつごろ、どのような事情で定められたかについては、これまた古来さまざまな議論があるものの、はっきりしていない。(11)しかし「日本」が太陽の昇るところという意味であろうことは、ほぼ間違いないとみてよいであろう。(12)この解釈についても、日の昇るところは日本からみてさらに東であるから、日本人自身がそのような国号を採用するはずがないとする意見が昔からある。けれども日本の国土が世界の東辺にあるという認識がなければ、そもそも「日出処天子」というような表現が出てくるはずはない。大宝二年(七〇二)に入唐した僧弁正の詩に、

日辺瞻日本　雲裏望雲端
遠遊労遠国　長恨苦長安
(日辺、日本を瞻《み》、雲裏、雲端を望む。
遠遊、遠国に労《いたず》き、長恨、長安に苦む)　(『懐風藻』第二七番)

というのがある。後で述べるように、この時期にはすでに「日本」という国号が定まっていたが、その「日本」は「日辺」(日の出るあたり)にあるという発想がここにある。時代が降って、入唐中の菅原清公が八〇五年に作った詩には、

我是東番客、懐恩入聖唐

（我れは是れ東番の客、恩みを懐いて聖唐に入る）

という一節があるが（『凌雲集』第七二番）、これはその後も、同様な認識がうけつがれていたことを示していよう。天竺・シナが一つの世界を構成しており、日本はその東辺に位置しているというのが、仏教「東伝」以来の共通の世界観になっていたと考えてよいであろう。「日本」は、「日出処」の延長線上に生まれた国号とみられる。

それでは「日本」国号の制定は、いつごろであろうか。これについても諸説あるが、誰しも異論がないのは、『日本書紀』の完成した養老四年（七二〇）には存在したということである。律令の一篇である公式令にも、「明神御宇日本天皇詔旨」とみえ、これは大宝令以来の表現とみられるから（『令集解』所引「古記」）、そうなると「日本」は大宝元年（七〇一）まで溯ることになる。問題はその先どこまで溯れるのかであるが、これについては、中国史書の次のような記載が注目されている。すなわち、日本が中国の正史でどのように呼ばれているかをみると、『隋書』までは「倭」であるのに対し、『宋史』以後は「日本」で統一されている。「倭」から「日本」へ交替するのは『旧唐書』においてである。『旧唐書』は東夷伝の中に倭国伝をたて、それに続けて日本伝を置いており、貞観二十二年（六四八）までの記事が倭国伝に、長安三年（七〇三）以降の記事が日本伝にかけられている。『新唐書』では日本伝に一本化されているが、左のように咸亨元年（六七〇）の遣使記事を加え、その後に国号改正のことを述べて長安元年の遣唐使記事につなげる。

咸亨元年、遣使賀平高麗、後稍習夏音、悪倭名、更号日本、使者自言、国近日所出、以為名、或云、日本乃小国、為倭所并、故冒其号、使者不以情、故疑焉、又妄夸其国、都方数千里、南西尽海、東北限大山、其外即毛人云

（咸亨元年、使を遣わして高麗の平ぐるを賀す。後、稍《ようや》く夏音に習い、倭の名を悪《にく》む。更めて日本と号す。使者自ら言わく、国、日出ずる所に近し、以て名と為す、と。或いは云わく、日本は乃ち小国、倭の為に并せらる、

故に其の号を冒すと。使者情を以てせず、故に疑う。又、妄りに其の国を夸《ほこ》り、都《すべ》て方数千里、南・西は海に尽き、東・北は大山を限る、其の外は即ち毛人なりと云う）

こうした状況をふまえ、日本の国号が対外的に定まったのは、六七〇年から七〇三年の間と考えた論者もある。この倭から日本への変化は確かに偶然ではないらしく、唐朝の実録に基づくとみられる『冊府元亀』（外臣部）の記事でも、同じ傾向がみてとれる。『日本書紀』では、六～七世紀代の記事にも、まま「日本」号が使われているが、それらの中で実際にその年代の用語と証明できるものはない。「日本」国号の制定は、七世紀後半を溯らない可能性が強いといえよう[13]。

私はこの年代を、もう少し限定できるのではないかと思っている。いままで研究者が注目してきたのは、「日本」がいつから使われ始めるかという点であるが、逆に「倭」が、日本の総称としていつまで使われたかも考えに入れておくべきであろう。その意味で見逃せないのは、『日本書紀』天武天皇三年（六七四）三月丙辰（七日）の条に出てくる左の用例である。

対馬国司守忍海造大国言、銀始出于当国、即貢上、由是大国授小錦下位、凡銀有倭国、初出于此時

（対馬国司守忍海造大国言す。銀、始めて当国に出《い》ず。即ち貢上すと。是れに由りて、大国に小錦下の位を授く。凡そ銀は倭国に有りては、初めて此の時に出ず）

この記事は、さきにふれた『大智度論』の記事のように、従来とりあげられなかったものではないが、もっと注目されてよいと思われる。これは日本ではじめて銀の産出があったことを述べたものであり、文中の「倭国」は明らかに日本全国をさしている。このような場合、『書紀』の編者が「日本」と修飾しようとすれば、たやすくできたはずである。逆に「日本」と原史料にあったのなら、それをわざわざ「倭国」に改めるとも思われない。すなわち六七四

年には、まだ「日本」国号が国内でも使用されていなかったということであろう。そうなると「日本」国号の制定は、六七四年から七〇三年の間にしぼられてくる。(補注)

この点、大和岩雄氏は、天武朝末年には「日本」国号が定められ、それが唐に伝えられていたとされている。(14) 大和氏のこの考えは、『新唐書』などが、咸亨元年(六七〇)の遣唐使のことを記したあと、それに続ける形で、前掲のように国号改称のことを記しているところからきているのであるが、これはにわかに同意できない。というのは、『旧唐書』ではこの改号のことを、倭国伝の終わったあと、日本伝の冒頭においているからである。『新唐書』は、さきにも書いたとおり、倭国伝を廃して日本伝に統合したわけであるが、その際たまたま国号関係の記載が、倭国関係の記事と日本関係の記事の間に、はさまる形になったというだけのことであろう。実際にも咸亨から長安まで、遣唐使は派遣されておらず、たとえ改号があっても、日本の使者が直接中国側に通報できる条件はなかった。

「日本」国号をめぐっては、大和氏と別に、平野邦雄氏も天武末年制定説を示されている。(15) 平野氏は、地域名としてのヤマトに関する『日本書紀』の表記に着目し、天武天皇十四年を境として変化が生じることを指摘された。即ちヤマトは、天武十三年まで、「倭」「大倭」両様に表記されるのに対し、天武十四年以降は「大倭」に統一される。平野氏は、浄御原令で「大倭」の称が公定されたため、この変化が生じたと解釈され、それと同時に日本の総名であるヤマトも、「倭」から「日本」に改められたと考えられた。

地域名のヤマトと、総名のヤマトを連動させて考えるこの説は興味深いものであるが、すでに岸俊男氏も指摘されているように、(16) 藤原宮木簡ではなお地域名としての「倭国」もみえ、平野説をそのまま認めてよいかどうかは問題が残る。「倭」から「日本」への変化についても、同様なことがいえよう。平野氏はこの点について具体的に論じておられないが、総名のヤマトもまた、「大倭」と表記されていた可能性は少なくないと考えられる。たとえば聖徳太子自筆といわれる『法華義疏』(巻一)の巻首見返しには、八世紀前半頃のものと推定されている貼紙[17]があるが、そこには、「此是大委国上宮王私集、非二海彼本一」とある。奈良時代においても「大委国」(委は倭に通ずる)[18]が総名として用いられていたとすれば、七世紀代には「大倭」が行われていた可能性が少なくないであろう。

また本位田菊士氏が注意された通り[19]、七世紀末から八世紀初めの天皇は、その諡号に「ヤマトネコ」の語を含むが、持統天皇(七〇三年没)では「大倭根子」(『続日本紀』大宝三年十二月癸酉条)、文武天皇(七〇七年没)では「倭根子」(同上、慶雲四年十一月丙午条)と表記されるのに対し、元明天皇(養老五年、七二一年没)や元正天皇(天平二十年、七四八年没)では「日本根子」(いずれも即位前紀)となっている。これもまた、倭・大倭から日本への改変が、八世紀初めまで下ることを示唆しているように思われる。

この問題については、これまでも諸家の指摘があるように、やはり大宝の遣唐使が大きな意味を持ったのではなかろうか。その意味で注目されるのは、『史記正義』に出てくる次の記事である。

正義曰、(中略)按、武后改二倭国一為二日本国一。(巻一、五帝本紀)

正義曰、(中略)又倭国、武皇后改曰二日本国一。在二百済南一隔レ海依レ島而居。凡百余小国、此皆揚州之東島夷也。
(巻二、夏本紀)

『史記正義』は唐の張守節が作った『史記』の注釈書で、序文によればその成立は開元二十四年(七三六)のことである。「武后」「武皇后」とは、いうまでもなく則天武后のことであるが、武后が「日本」国号を定めたというこの伝えは、日本の国号の研究史の中ではまともに取りあげられてきたとはいえない[20]。しかし武后の時代と張守節の活躍した時期とは、それほどかけはなれているわけではない。もっと検討されてよい伝えといえよう。実は武后の時代には遣唐使が派遣されている。それがとりもなおさず大宝二年(七〇二)の粟田真人一行である。この使いは、三十年の中断ののち大宝律令の完成直後に任命され、日本の律令国家の完成を中国に示す使命をもっていたとみられている。以後ほぼ十数年に一度の間隔で、遣唐使が派遣されるようになる。その背景には、日本が唐に対して二十年一貢の約を結んだという事情があったらしい。[21] 新しい日唐関係の樹立という状況の中で、新しい国号が制定されることは十分考えられよう。『旧唐書』や『新唐書』では、日本人が倭という国号を嫌って「日本」に改めたといっているから、この国号は日本側で定めたものとみてよい。しかしその新国号は中国によって承認される必要がある。武后(当時は周の皇帝)が「日本」国号を認めたことが、「日本国と為す」と表現されたと考えておきたい。[22]

なお大宝の遣唐使をめぐっては、『続日本紀』(慶雲元年七月甲申条)に帰朝報告がのせられており、それによると唐側が「大倭国」と称したのに対し、遣唐使は「日本国使」と名乗ったと伝える。この記事は、「日本」国号が大宝に始まる証として、しばしば言及され、それが妥当とも思われるが、唐人が「倭国」ではなく、「大倭国」と称したとするところには、なお作為的なものが感ぜられないではない。この記事の表記を無条件に事実と認めるには問題が残ろう。

さて「日本」国号の制定が意外に新しかったらしいことは、枕詞の様相からもうかがわれるようである。いったいわが国の国名は、和語では古くからヤマトであった。この称呼は、溯ると邪馬台国の「邪馬台」にまで到達するとみてよいが、その後の「倭」や「日本」にしたところで、和訓はみなヤマトである。天平宝字元年(七五七)ごろから、地域名のヤマトが「大和」と書かれるようになり、[23] 新たな表現が加わった。国名、地域名を問わず、ヤマトにはソラ(ニ)ミツ、シキシマノ、アキヅシマ、あるいはヒノモトノという枕詞が掛かる。ところが『万葉集』では圧倒的に前の三種が多い。国名の例をあげれば、「虚見通　倭国者」(そらみつ　やまとのくには)(巻五、八九四番)、「蜻嶋　倭之国者」(あきづしま　やまとのくには)(巻十三、三二五〇番)、「志貴嶋　倭国者」(しきしまの　やまとのくには)(三二五四番)などがそれである。これに対してヒノモトノは巻三に唯一例、「日本之　山跡国乃」(ひのもとの　やまとのくにの)(三一九番)があるだけである。しかもそれらの歌の年代を調べてみると、ソラ(ニ)ミツ、シキシマノ、アキヅシマは、『万葉集』巻頭の伝雄略天皇御製歌以来、柿本人麻呂歌集や大伴家持の作歌などに一貫して存在するのに対し、ヒノモトノの一例は、正確な年代は不明ながら、高橋虫麻呂か笠金村の歌集からとられたとみられる奈良時代前半の歌で使われている。ヒノモトノが、国号の「日本」からきていることはいうまでもないが、阿蘇瑞枝氏がいわれているとおり、ヒノモトノが、新しい枕詞だったことは確かであろう。[24] ヒノモトノが奈良時代に入って一例しか現れないのは、「日本」国号の制定が、それだけ遅かったことを示していると考えられる。

さきにも述べたように、「日本」は「日出処」の意であるから、地理的にいえば中国の東方の国は、これに当てはまる。実際、唐代の文献では朝鮮半島の新羅を「日本」と呼んでいる例もある。[25] しかし時を経るにつれて、「日本」の称はわが国に固定していった。意外に知られていないが、マルコ・ポーロの言及したジパングは「日本国」の中国音を伝えたものであるし、[26] 現在行われているジャパンの称も、「日本」の中国音を、ポルトガル人がヨーロッパに伝えたものといわれる。[27]

## 四　黄金の国ワークワーク

東アジア以外の文献に、日本の国名が登場する最古の記録は、イラン人、イブン・フルダーズビー[28]によって著わされた『諸道路と諸国の書』であるとされる。[29] そこには日本のことが左のように記されている。[30]

Ṣīn(中国)の東にWāqwāqの地がある。この地には豊富な黄金があるので、その住民は飼犬の鎖や猿の首輪を黄金で作り、黄金〔の糸〕で織った衣服を持って来て売るほどである。またワークワークには良質の黒檀がとれる。

このワークワークが、日本の古称「倭国」に由来するものであることは、古くから説かれているところで認めてよい[31]。「倭」や、これと通じて用いられる「委」は、少なくとも唐代まで「ワ」に近い音であった[32]。右の記録は、国名が漢語の「倭国」に基づくことからも明らかなように、唐人からの伝聞資料によったと判断される[33]。日本に黒檀を産するというのは誤りではあるが、これも唐代までの中国人が伝統的に日本を南北に長大な国ととらえていたことと[34]、関係があるかも知れない。ともあれ日本についてイラン人の得た情報が、かくも零細なものでしかないのは、種々の制約による結果としても、黄金の豊富な国という日本像が伝わったのは、何ら意味のないものなのであろうか。

日本古代における産金及び輸出については、すでに別にふれたことがあるが[35]、天平二十一年（七四九）の陸奥国からの産金に際して出された聖武天皇の宣命に、

此大倭国者、天地開闢以来爾、黄金波人国用理献言波有登毛、斯地者無物止念部流仁（下略）

（『続日本紀』天平勝宝元年四月朔日条）

（此の大倭《やまと》国は、天地の開闢《ひら》けてより以来《このかた》に、黄金は人国《ひとくに》より献ることは有れども、斯《こ》の地《くに》には無き物と念えるに）

とあることからみて、それ以前はとるに足る産金はなかったと考えられる。大宝改元の契機となった対馬からの産金が、虚偽によるものであったことは、『続日本紀』に明記されるところである（大宝元年八月丁未条）。また同年三月に、凡海宿禰麁鎌を陸奥に遣わし、黄金を冶せしめたというのも（『続日本紀』同月戊子条）、おそらく試みの域を出なかったものと思われる。

それに対して、朝鮮諸国からの献上は、これ以前に散見しており、推古天皇十三年（六〇五）、飛鳥寺での造仏に際

し、高句麗王が黄金三百二十両を献じたのは有名である(『元興寺縁起』所引「丈六光銘」)[36]。さきの宣命にみえる「人国」とは、主として朝鮮諸国及びのちの統一新羅をさしたものと考えられる。いま一々引証するのは省略するが、朝鮮からの黄金貢上は、皇極天皇元年(六四二)二月壬辰、天武天皇八年(六七九)十月甲子、同十年十月乙酉、同十四年五月辛未、朱鳥元年(六八六)四月戊子、持統二年(六八八)二月辛卯など、例が多い(いずれも『日本書紀』)。新羅が「眼炎之金銀彩色、多在其国」(眼の炎《かかや》く金・銀・彩色、多く其の国に在り)(『日本書紀』仲哀天皇八年九月己卯条)といわれたのも、神功皇后のいわゆる征韓の結果、新羅王が献上するようになったとされる物の中に「金銀」が含まれているのも、このような背景があってのことであろう。

しかし陸奥からの産金は、この状況を大きく変化させる。遣唐使その他による砂金の携行がそれである。海外に砂金が送られた例としては、宝亀七年(七七六)四月に、遣唐使に託して、在唐の藤原清河に砂金一百両が送られたのが早い[37](『続日本紀』同月壬申条)。延暦十五年(七九六)五月には、帰国する渤海使に、留学僧永忠に賜与する砂金が託された例もある(『日本紀略』同月丁未条)。承和の遣唐使派遣に当たっては、陸奥国白河郡の八溝黄金神に対して、砂金産出の増量に謝し封戸の施入が行われている(『続日本後紀』承和三年正月乙丑条)。前年二月の下野国武茂神に対する叙位も、すでに遣唐使任命以後のことに属し、やはり遣唐使のための砂金にかかわるものであろう(同月戊戌条)。遣唐使派遣が途絶えても、陸奥の豊富な産金(上来の例からも明らかなように砂金の形をとった)を背景として、砂金の輸出、砂金による貿易代金の決済が行われたことは改めて述べるまでもない。

このような中で、晩唐には金の輸出国としての日本の地位が確立していったとみてよいであろう。正史の日本伝などにこのことが現れないのは、金の輸出が唐初以来のものではなく、また記述の中心が外交的関係に偏しがちであるためかと考えられる。それでも『宋史』日本伝になると、

東奥洲産黄金、西別島出白銀
（東の奥洲《（州）》は黄金を産し、西の別島は白銀を出だす）

と、日本の金・銀に注目した記述が残されている。はじめにふれたイブン・フルダーズビーの記事は、先述の通りワークワークという国名一つをみても、唐経由の情報に基づくと判断される。唐人の間に形成された産金国日本の印象が、そこに投影されているというべきであろう。その意味では、決して無稽の伝えでないとしなければならない。

なお、唐人のこうした日本観が形成されるについて、見逃せない要因がいま一つある。即ち中国の伝統的な東方観である。これについては夙に内田銀蔵氏が注目され、極東に黄金郷があるとするイスラム文献の記述は、中国人からの伝聞によったものとみられ、その根底に中国人の神仙境をめぐる古伝説があったのであろうとされている(38)。内田氏はその証として、『列子』(湯問)に、渤海の東にある岱与・員嶠・方壺・瀛洲・蓬萊の五神山について、「其上台観、皆金玉」とあること、『史記』(封禅書)に、同じく蓬萊・方丈・瀛洲の三山について、「諸僊人及不死之薬、皆在レ焉。其物禽獣尽白。而黄金・銀為二宮闕一」と述べていることをあげられた。確かにこれは傾聴すべき説である。ただこのような伝説は単独に影響を及ぼしたのではなく、先述したような日本の金輸出が、それを裏づける形になったことが顧慮されなければならない。

マルコ・ポーロによる黄金国ジパングの紹介が、ヨーロッパ人の日本観を大きく規定したことは、あまりにも有名であるが、その先蹤は、すでにイブン・フルダーズビーの書に見出される。ほぼ九世紀以降、日本は自身の認識しないところで、黄金の輸出国とみなされるようになっていたといえよう。古代・中世を通じて、日本と世界との接点がこのような点にあったことは、近世以降の銀・金・銅の輸出国としての側面をもあわせ、世界史の中での日本を考察する上で、看過できないことがらと考えられる。

（1）黒板勝美『更訂 国史の研究』総説、第六章（岩波書店、一九三一年）、坂ノ上信夫『日本の国号』（日本出版社、一九四四年）。
（2）主として国号に関係する近年の研究のうち、管見に入ったものを次に掲げておく。
川崎晃「日本の国号の成立に関する覚書」（学習院史学一二号、一九七六年）
山尾幸久「古代天皇制の成立」（後藤靖編『天皇制と民衆』東京大学出版会、一九七六年）
青木和夫「日本」（『平凡社大百科事典』一九八五年）
大和岩雄『「日本」国はいつできたか』（六興出版、一九八五年）
本位田菊士「隋唐交渉と日本国号の成立―日出処天子と御宇日本天皇―」（史観一二〇冊、一九八九年）
網野善彦「「日本」という国号」（れきし一七号、一九八九年）
平野邦雄「日本の国号」（『角川日本地名大辞典』別巻1、一九九〇年）
（3）徐先堯「隋倭国交の対等性について」（文化二九―二、一九六五年）。
（4）増村宏『遣唐使の研究』（同朋舎、一九八八年）参照。
（5）佐々木信綱編『隋経』（一九二九年）。
（6）石山寺文化財綜合調査団『石山寺古経聚英』（法蔵館、一九八五年）。
（7）花山信勝『聖徳太子御製 法華義疏の研究』（東洋文庫、一九三三年）二三頁。
（8）増村宏注（4）前掲書参照。
（9）徐先堯『二王尺牘与日本書紀所載国書之研究』（華世出版社、一九七九年）。
（10）『万葉集』巻三、四四一番他。
（11）国号をめぐる諸説については、岩橋小弥太『日本の国号』（吉川弘文館、一九七〇年）、大和岩雄注（2）前掲書参照。
（12）日本の実恵らに宛てた開成四年（八三九）正月二十日付の青竜寺僧等の書状（竹内理三編『平安遺文』(8)、東京堂、一九六四年、四四四四号文書）にも、「国号二日本一、即曦和之景、上翔二于天一、乃輝赫之域也」とある。
（13）『三国史記』は、新羅文武王十年（六七〇）十二月にかけて倭国から日本への改号を記すが、その文章や『三国史記』の性格からみて、中国史料の所伝をこの年月にかけて記したにすぎないとみられ、独自の史料価値は認めにくい。
（14）大和岩雄注（2）前掲書。

（15）平野邦雄注（2）論文。
（16）岸俊男「「倭」から「ヤマト」へ」（森浩一編『日本の古代』⑴、中央公論社、一九八五年）。
（17）石田茂作「装潢」（聖徳太子奉讃会『法華義疏』解説、吉川弘文館、一九七一年）、飯島春敬「聖徳太子法華義疏」（講談社『日本書道大系』⑴、一九七二年）など。
（18）有名な志賀島出土の金印の印文「漢委奴国王印」は、その一例。『日本書紀』継体天皇七年六月条に引く『百済本記』にみえる「委意斯移麻岐弥」も、「倭の意斯移麻岐弥《おしやまきみ》」と解される。委文部と倭文部の通用も参考となろう。
（19）本位田菊士注（2）論文。
（20）増村宏「倭国・日本国の所在と大きさ」（注4前掲書所収）は、比較的詳しくこの記事にふれているが、五帝本紀の記事に言及していない。
（21）本書「遣唐使の朝貢年期」。
（22）国号が中国皇帝から承認される性格をもっていたことは、天平勝宝四年（七五二）の遣唐使に対し、玄宗が「号を日本に加え、有義礼儀君子之国と為」した事実（『日本高僧伝要文抄』第三所引『延暦僧録』聖武皇帝菩薩伝）からも類推される。
（23）平野邦雄注（2）論文。
（24）阿蘇瑞枝「枕詞と地名」（東アジアの古代文化六四号、一九九〇年）。
（25）小川昭一「唐代の日本という称呼について」（東京大学中哲文学会報一号、一九七四年）。
（26）愛宕松男訳注『東方見聞録』⑵（平凡社東洋文庫、一九七一年）参照。
（27）松田毅一、E・ヨリッセン『フロイスの日本覚書』（中公新書、一九八三年）三七頁。ただし日本に言及したポルトガル人による最古の記録、トメ・ピレス『東方諸国記』（岩波書店、一九六六年）では、ジャンポンとある（同書二五一頁）。
（28）片仮名表記は種々あるが、便宜、平凡社『アジア歴史辞典』に従う。
（29）桑原隲蔵「東西交通史上より観たる日本の開発」（一九二九年初出、『桑原隲蔵全集』⑴、岩波書店、一九六八年）。
（30）藤本勝次氏の訳文による。藤本勝次・山田憲太郎・三杉隆敏『海のシルクロード』（大阪書籍、一九八二年）所収。ただし（　）内は、筆者の補入。
（31）桑原隲蔵注（29）論文、内田銀蔵「シラの島及ゴーレスに就きて」（芸文六―三・四・八・一〇、同七―一・四・九、同八―

一・四・八、同九―一、一九一五〜一九一八年）。
（32）増村宏「漢書地理志注の如墨委面」（注4前掲書所収）。
（33）近年、一部に、古代におけるイラン人などの直接渡来を大量に想定しようとする考えも出されているが、それが妥当でないことは、拙著『正倉院』（岩波新書、一九八八年）第一章で述べた。
（34）初唐に成立した『隋書』をはじめ、『三国志』（魏志）『後漢書』『晋書』『梁書』などの伝は、日本の位置を会稽・東冶（江南地方）の東、儋耳（海南島）に近いところとしている。
（35）注（33）拙著六四頁以下及び本書「『延喜式』にみえる遣外使節の構成」。なお石井正敏「宇佐八幡黄金説話と遣唐使」（日本歴史五〇〇号、一九九〇年）参照。
（36）黄金の献上額は、『日本書紀』同年四月朔条では三百両とする。
（37）砂金についての史料は、吉田賢輔編述『大日本貨幣史』(3)（朝陽会、一九二六年）沙金部に主要なものが集成されている。
（38）内田銀蔵注（31）論文（芸文七―四、一九一六年）。
（一〇四頁補注）『三国仏法伝通縁起』巻下に引く道光『四分律撰録行事』の戊寅年（六七八）の序を信ずれば、「大倭国」の称の使用は、いま少しその下限を下すことができる。

# 第二部　渡来文物の研究

# 正倉院文書からみた新羅文物

正倉院に伝えられた文書は、奈良時代及びそれ以前のことを知るための根本史料である。ところがそれらの中には直接間接に朝鮮に関係することがらが含まれ、朝鮮の古代史や日本・朝鮮の文化交流史にとっても重要な意義がある。ここでは正倉院文書に現われた新羅の文物と、それらをめぐる文化交流の問題について述べてみることにしたい。

## 一　新羅と日本の貿易

まず正倉院文書にみえる新羅の貿易品をとりあげてみよう。古代において日本と新羅の交渉がかなり密接なものであったことは周知の通りであるが、その詳しい実情となるとあまり明らかではない。しかし近年朝鮮での発掘が進んだことなどもあって、正倉院宝物などの中に存在する新羅製品や新羅経由の品物が脚光を浴びるようになった。これらの実物とあわせ考えるべきものとして、正倉院文書の買新羅物解がある。この一群の文書についてはかつて論じたことがあるので、詳しくはそちらを参照していただきたいが(1)、その要点は次のようになろう。

㈠現存する天平勝宝四年(七五二)六月の買物解は、新羅使の入朝に際し、貴顕の家から購入予定の新羅交易品を記して政府に報告した文書群である。

㈡これらの文書は、廃棄された後、鳥毛立女屏風の下貼に転用されて伝わった。

㈢申請された買物は、大別して新羅によって中継転売された唐の品物と、新羅の特産品の二種になる。

幸いなことにこの新羅使節については他にも史料が残り、かなり詳しいことがわかる。『続日本紀』によると、使節は天平勝宝四年(七五二)閏三月に九州に着いたらしく、その二十二日に大宰府から報告があった。通常の大使の他に新羅の王子金泰廉が加わっているのはこの前後に類のないことであり、総勢七百人余り、乗船七艘という大使節団である。一行は六月になって拝朝した。その時の上表文によると、新羅王みずから日本の朝廷に調《みつき》をたてまつるべきところであるが、国政を顧みるとそれもならないので、王子をたてて朝貢させるのであるとしている。新羅使の来朝はこれに始まったわけではなく、古くからのことであるが、奈良時代に入ると新羅は次第に「朝貢」という形式を捨て、日本との対等な関係を主張するようになる。たとえば、丁度この前回に当る天平十五年(七四三)の新羅使は、調という用語をやめ「土毛」と称したため、放却されてしまった。新羅を朝貢国とみなし、その使を貢調使とする日本にとって、こうした事態は我慢のならないものであったから、天平勝宝四年の新羅使が王子まで来朝して朝貢の意を明らかにしたことは大いに朝廷から歓迎された。一行は開眼して間もない東大寺の大仏を六月下旬に拝し、七月下旬には難波へもどっている。これから暫くして帰国したのであろう。

『続日本紀』によるかぎり、奈良時代の新羅使の中で、これほど朝貢の姿勢を明確にした使いは他にもとめることがむずかしい。しかし前後の往来のようすからしても、これが新羅側の本意であったとは考えられないであろう。外交関係というものは時代や国家の性格を問わず、あまり額面通りにうけとるとかえって事実を見失なうおそれがある。この場合も新羅側には通商という目的が別に存在したのではないかと思う。そう考える理由の一つは、一行の人数が極めて多いことである。前に書いたように、大宰府からの報告では七艘、七百余人といい、また六月十四日に奏上された新羅王の上表文では「三百七十余人」とある。八世紀の遣唐使が四艘、四～五百人の人数であったことと較べても、七百人というのが大変な規模であることがわかる。正式の使節の他に、貿易を目的とする人々が乗りくんでいたとみるべきであろう。その場合注意されるのは上表文の方に三百七十余人とあることで、これがいわば正式の人員でなかったかと思われるのである。

このような推測をさらに補強してくれるのが、先にふれた一連の買物解である。これらの文書によって知られる新羅交易品の購入者は、ほとんどが五位以上の上級官人と推定され、中には藤原北家や采女から差出された解も存在する。彼らの購入した品物は「念物」とよばれる貿易用の品々であって、新羅使のもたらした調とは考えられない。使節の中に官人として交易を営むものや貿易商人のような人々が加わっていたことはほぼ確実である。

次に買物解から知られる貿易の実際であるが、解の日付が六月下旬に集中することからみて、貿易は使節の入京期間中に平城京か難波でなされたとしてよかろう。新羅の舶載した品物は、調度品・薬物・香料など奢侈品全般にわたるが、これに対して日本側の支払いは綿・絹・絁など絹製品ばかりで行われている。日本の絹製品は『唐会要』(巻九九)などでも特産物としてとりあげてあるくらいであるから、新羅側でも特にそれらとの交易を望んだことは考えられる。しかし、それにしても双方の貿易品の種類に大変な差があるのは、日本の貴族の嗜好をねらった新羅主導型の貿易であったことを物語るものであろう。事実貿易品の中には日本では入手できない香料・薬品・顔料の類が相当の比重を占める。たとえば香料の全てが日本国内では産しないし、中でも丁香・竜脳香・薫陸香・甘松香などは中国大陸でも産せず、中国自身が輸入に俟っていた品である。薬品では畢抜、顔料では同黄、染料では蘇芳などが同様な性格をもつ。このような品については、新羅でも輸入にたよったことは明らかである。新羅使のもたらしたこれらのものは転売品のはずで、新羅の貿易が中継貿易の性格を備えていたことがここから明確に知られるのである。

九世紀になると、新羅人が盛んに海上活動を行ない、渤海湾や東シナ海沿岸の中国大陸に往来・居住するものも少なくなかったことが判明している。そのようすを最もなまなましく伝えているのは円仁の残した『入唐求法巡礼行記』であろう。しかし、新羅やあるいは百済によるそうした活動は更に古くからのものであって、前記のような転売品もこのような新羅人の海上活動によってもたらされたと考えるのが妥当であろう。新羅との間で交易された調度品中には鏡・火炉・香炉・氈など様々な奢侈品があるが、これらの中には唐の製品もまた含まれていたに違いない。日本と唐との交渉は奈良時代においても決して頻繁というわけではなかったから、唐ないしは唐に集積されていた異国の品物に対するあこがれは、日本の貴族達の間でかなり強いものがあったであろう。新羅使の貿易活動はうまくこの点をついたもので、新羅が節をまげても来日する利点は充分にあったというべきである。

しかし、新羅の目的は必ずしも中継貿易の利にばかりあったわけではない。日本の貴族が購入した品には朝鮮の特産と思われるものもかなりある。最も著しいのは佐波理の器であろう。買物解では「匝羅」の鋺とある。匝羅はサフラ、即ちサハリである。(2) また薬物の中では人参の購入例が多い。もちろん中国でも人参は産しないことはないが、現在に至るまで朝鮮は良質の薬用人参を産することで有名である。新羅も唐に対してしばしば人参を献じている。これも朝鮮産のものだったと考えるのが自然であろう。同じような例として興味深いのは松子(松の実)である。寒冷の地にできる松の実には食用にして美味なものがあり、酒のつまみとして市販されているのを知っている人も多いと思う。新羅は松子の産地として早くから中国の文献にも現れ、今なお松子は朝鮮の特産の一つにあげられる。その松子が買物解の購入品に二例でてくる。

このような新羅特産品の舶載がある以上、他の調度品などにも新羅製品がまじっていた可能性は考えておかなければならない。たとえば氈については、中国製というよりも新羅製といった方がよいのかもしれない。正倉院の宝物中には「行巻韓舎価花氈一、念物得追于」と、新羅の貿易品であることを標示する墨書布片の付いたものがある。これ

などは舶載新羅製品の実例であろう。なおこれと同種の布片で、

紫草娘宅紫称毛一
念物糸乃綿乃得
追于、今綿十五斤小
長七尺　広三尺四寸

と書いたものもある。このうち「今綿」云々以下は別筆で、購入者が代価とその大きさを余白に書き入れたものらしい。「紫草娘宅」は、あるいは同じ正倉院宝物中にある新羅の墨の銘「新羅楊家上墨」「新羅武家上墨」に現れる楊家や武家と同じで、製造業者を示すものであろうか。先の布片にでてくる「行巻韓舍」は大舎の位をもつ行巻という官人であるから、新羅の対外貿易の背後にはこのような官人や製造業者があったということになる。(3)

天平勝宝四年六月におこなわれた新羅使との交易は、たまたま正倉院に関係文書が伝えられたために詳細がわかるだけで、決して特異な場合ではなかった。新羅使の人数が天平十年(七三八)以降増大するのは、内藤雋輔氏や末松保和氏のいわれるように通商目的が重要になったからであろう。(4)確かに人数のわかる範囲では、養老までの新羅使が五十人足らずであったらしいのに対し、天平十年以降は百数十人から二〜三百人に及ぶのが普通になる。神護景雲二年(七六八)には新羅の貿易品を買う料として左大臣以下の諸臣に大宰府の綿を下賜することも行われた。この綿は大宰府におかれていたと考えられ、大宰府が交易の舞台となることを考えて、このような措置がとられたのであろう。(5)ともあれ規模に多少の違いはあっても、天平勝宝四年の場合と同じようなことは奈良時代を通じて行われていたとみてよい。(6)ただ天平勝宝度の使節は日羅の交渉を通じても頭抜けて規模が大きく王子が来朝している点も特異である。一方この時期の新羅は全盛時代ともいえる景徳王代で、特に日本に対して阿諛しなければならない事情はみいだせない

ように思う。この前後の新羅使節が日本への朝貢を否定しようとしていることは先に述べた通りであるし、この翌年新羅に遣された小野田守は、『三国史記』にもみえるように却還されている。こうした状況をながめてくると、大変大胆な想像ではあるが、天平勝宝四年に来朝した王子は真正の新羅王子であったのか、また使節そのものがはたして新羅の正式使節だったのかという点も、[7]もう一度考えなおされてよいのではなかろうか。このような疑いは甚だ突飛なようであるが、やや時代が下ると新羅の地方勢力が日本の王子と偽って唐に入朝し、好遇をうけたとみられる事例もある。[8]通商を目的に、新羅の官人や商人が偽王子をたてて入朝することもありえたのではなかろうか。

早くから厳しい国際環境の中にあって海上貿易にも活躍した朝鮮の人々が、日本の貴族などとは比較にならぬしたたかな感覚を身につけていたとしても不思議ではない。

## 二　舶載品と日本製品

さて、新羅使の舶載した品物の中に唐製品と新羅製品の二種があると述べたが、この問題は、正倉院宝物など奈良時代の文物一般を考えていく上にも重要な意味をもつであろう。まず舶載ルートとして遣唐使以外に新羅を経由する別の大きなルートがあったことが一つ、第二にそれら文物の産地として唐・新羅・日本の三つがらかんでくることである。近年、正倉院宝物中の新羅文物に対する関心が慶州雁鴨池出土品との関わりでたかまってきているが、[9]今後もそうした視点からの追究がさらに重要なものとなろう。ただこの問題は、比較できる資料が多くないため決して容易ではない。一例をあげると雁鴨池から唐草文のある金銅製の燭台用はさみが出ており、これとよく似た無文の品が正倉院にもあるところから、正倉院のものは新羅物かと推定する説もある。[10]天平勝宝四年の買物解に燭台を購入している例もあるので、新羅からの舶載もありえないことではなかろう。しかし反面新羅出土のものが唐製でないとはいえないし、かりに新羅製としても日本・新羅共通の範となる祖型が唐にあったことは充分考えられる。産地の決定はなかなかむずかしいといわなければなるまい。

これとよく似て唐製か新羅製か判断に迷うものに天平勝宝四年の使節がもたらした『法花経』八巻、『梵網経』一巻、『頭陁経』一巻の場合がある。これらの経巻は、買物解とは別に天平勝宝四年六月二十二日付の東大寺写経所の記録中に、

法花経一部八巻〈黄紙及表、綺緒、紫檀木絵軸、竹帙、浅緑裏及帯、錦縁〉梵網経一巻　頭陀経一巻〈並縹絹外、浅紫錦表及綺、牙軸、用二銀墨一写二表裏坐仏像一〉

右、以二天平勝宝四年六月廿二日一、新羅国使人等所二奉請一者。

六月廿二日呉原生人

（『大日本古文書』⑿二八八頁）

とみえるものである（〈　〉内は原文双行注、以下同じ）。六月二十二日は使節が東大寺大仏を拝した日であるから、その際の献物であろう。注記によると『法花経』の方は黄紙に書かれ紫檀木絵の軸を着け竹帙に包まれていた。『梵網経』と『頭陁経』は用紙不明であるが象牙の軸で、表紙の裏表に銀墨を使って仏坐像を描いてあった。この時代の経巻については正倉院文書に多数の史料があるが、堀池春峰氏がかつて少し言及されたように、「漢手」「唐手」「新羅手」「百斉（済）手」「倭手」と写経を区別した例がみられる。堀池氏は、漢手の経には黄紙で朱軸・白檀軸・水精軸などのものが多く、新羅手・百済手には白紙・漆軸が多いことを指摘されている。[11]「手」は筆蹟のことであって、[12]これらの分類は基本的には筆蹟によるものとみられるが、それが経巻の装潢ともある程度対応するということになる。これとあ

わせ考えて興味深いのは、近頃報告された新羅白紙墨書の『華厳経』である。[13] この経巻は水晶頂軸を着装し、天宝十三載（七五四）の奥書を有する。奥書の内容から新羅での書写が確認でき、しかも表紙（紫紙）の表裏に金銀泥で、草花文・神将坐像（表）、仏菩薩像（裏）などを描くという珍しい例である。これらを比較すると、装潢には種々あるが料紙が白紙であるのは朝鮮の経巻に共通する。新羅使人の将来とはいえ黄紙を用いる前記の経巻など、あるいは唐経であったともいえそうである。ただ『梵網経』と『頭陀経』に銀墨の絵があったというのは、この新羅『華厳経』と一脈通ずるところがある。

いずれにせよ製作地の弁別について簡単に結論は出せないが、経巻という分野ではあっても奈良時代の人々がその製作地を上のように区別していたことは注意をひく。念のため付け加えると、この区分は日本写経を書風によって分けた結果生じたのではない。写経所から経巻の借用を依頼する時「漢手、もし无《な》くば和」と指定する例（『大日本古文書』⒃四四五頁）や、借用した経をみて「倭手」と注記した例（同上）がある。日本書写の経典は明確にそれと意識されていたことがわかる。そこでもう少し詳しくこのような区別についてみると、中国については、堀池氏はふれておられないが「呉手」というのもある。それを含めてこの種の注記のいくつかを、正倉院文書から拾い出すと左のようになる（「　」内は朱書）。

(1) 一切経音義二部十巻〈一部唐本　一部今写〉

（天平勝宝元年（七四九）検定経并雑物等帳、『大日本古文書』⑾四四四頁）

(2) 大哀経八巻〈黄紙及表、浅緑斑緒、朱頂軸、「漢手」「一帙」〉

唯摩経〈黄紙、縹綾紕表、浅緑斑緒、水精軸、「漢手」「无帙」〉

「十輪経八巻黄紙及表、橡緒、朱軸、一帙、已上図書寮〈経并帙大唐者〉」

(3) 大哀経〈黄紙及表、浅緑斑緒、朱頂軸、漢手、一帙〉
維摩経三巻〈黄紙、縹綾表、浅緑斑緒、水精軸、唐手、紙帙〉
十輪経八巻(注略) 已上図書寮〈経并帙大唐者〉
(天平勝宝七歳造東寺司牒案、同右(13)一四四頁)

(4) 令奉請法花経四部〈三部(中略)一部、審祥師 第二櫃、黄紙及表、綺緒、木絵軸、漢手〉
(同年造東大寺司牒、同右(4)六六頁)

(5) 奉請八十花厳経一部〈漢手、若无者和〉
(天平宝字七年(七六三)僧綱牒、同右(5)四三三頁)

(6) 立世阿毗曇論一部十巻〈漢手、黄紙及表、綺帯、朱頂軸、竹帙、錦縁、緋裏〉
法花経義疏一部十三巻〈之中十二巻、百斉手、白紙、綺帯、無軸、吉蔵師。一巻、黄紙及表、綺帯、朱頂軸〉
法花経疏一部七巻〈新羅手、白紙、無帯、漆軸〉
(天平神護元年(七六五)奉写御執経所移、同右(16)四四五頁)
(中略)
阿毗曇心一部四巻〈呉手、黄紙及表、綺帯、漆軸〉
(神護景雲二年(七六八)造東大寺司牒、同右(17)一二六頁)

まず問題になるのは、これらの「漢」「唐」「呉」がなにをさしているかである。このうち「漢」は「唐」と同義とみてよかろう。(2)と(3)は、同一の内容の文書であるが、「漢手」が一方で「唐手」とも書かれている。「漢」はカラとも読むから、「唐」と通用したのであろう。しかも唐玄奘訳の『因明入正理論』に「漢手」の注がある(『大日本古文書』⒄一二七頁）ことや、⑸のように「漢手、もし无くば和」と記す例があるのをみれば、「漢」「唐」は、いずれも中国の総称として用いられていると考えてよい。一体「漢」は八～九世紀にあっては中国一般をさして用いられた概念である。奈良時代前半の唐僧道栄は「漢沙門」（『続日本紀』養老四年〔七二〇〕十二月条）ともいわれ「唐僧」（同上天平元年〔七二九〕八月条）ともいわれる。また『新撰姓氏録』が諸蕃の諸氏を、漢・百済・高麗・新羅・任那に大別するのは周知のところであろう。『姓氏録』の漢には中国の各王朝が一括されている。

漢や唐が中国をさすとすれば、次に問題となるのは「呉」である。岸俊男氏は、古代の史料にみえる「呉」が、しばしば「漢」と対照的に用いられるところから、「漢」は中国北部をさすのに対し、「呉」は中国南部を意味したと解し、この「呉手」も、そうした観点から解釈しようとされた(14)。しかし写経の注記としては「漢」「唐」の用例が圧倒的に多く、「呉」は管見ではこの一例にかぎられる。すなわち写経の鑑識上は、中国経か否かということに関心が集中しており、地域を識別しようとする意識はうすかったとみるのが妥当であろう。したがって「呉手」とあるのは、中国南部の写経というよりも、ある特定の時代の写経をさしたとみるべきではなかろうか。同じ目録中に、すでに滅亡した「百斉(済)」の写経が注記されていることを考え合わせると、この「呉手」は、呉の写経とまではいえないものの、南北朝時代の南朝の写経をさす可能性が少なくないように思われる。ここで思い合わされるのは、漢字の字音において、漢音に対する呉音の称があることである。この呉音も単に江南の音というのではなく、漢音に比して古層の音をさしている。漢音・呉音の区別は早く延暦年間の史料にみえているが(15)、呉手の「呉」も、呉音の場合と同様、六朝時代の江南をさすとみてよいのではあるまいか。

これらの注記はいろいろな意味で興味ぶかいが、前掲⑸の「漢手、もし无くば和」という注などは、中国写経がテキストとして高く評価されていたことを示しており、道昭請来の唐経が、「書迹楷好」のゆえに尊重されたというエピソード（『続日本紀』文武天皇四年三月条）と、あい呼応するであろう。

写経の種類では、「呉手」とされる『阿毗曇心』が、いわゆる旧訳経典であることも注意されよう。この『阿毗曇心』は、その巻数からみて東晋、僧迦提婆訳のものであろう。「呉手」が南北朝時代の書写をしめすのであろうことは先に述べたが、『阿毗曇心』そのものの性格も、これと矛盾しない。おそらくこのような古写の旧訳仏典は、奈良朝以前に舶載されたものであり、それが伝えられていたのであろう。

日本伝世の古経に、西魏大統十六年（五五〇）書写の『菩薩処胎経』や、六朝期の『十地経論』巻三があり[16]（いずれも知恩院蔵）、正倉院聖語蔵に、『賢劫経』以下六種の隋代写経[17]があることからもわかるように、当時の経典中には唐以前の書写にかかるものも少なくなかったはずである。百済も八世紀には滅亡して久しかったから、百済手というのは百済時代に写された経巻をさしているとみられる。当時識別されていたそれぞれの区別をいま実物の上にたどることはむずかしい。書風以外に用紙が重要な手掛りとなることは前に述べたことからも明らかであるが、この方面の調査がまだ充分なされていないのも遺憾である。しかし一例をあげると白穀紙に特色ある書風で写されている唐招提寺蔵の『海竜王経』[18]（図2）などは、あるいは新羅手と考えてよいのかも知れない。奈良時代にくらべて現存する経巻が少ないことはいうまでもないが、諸所に伝えられている六朝・隋・唐の写経の中から新羅手・百済手を弁別していくのは、工芸品の場合と同様今後の課題であろう。

ただ、当面の問題として注意を促しておきたいのは、八世紀中ごろには、氏姓や字音の分類とも共通する漢・呉・唐・百済・新羅というような区別が写経の筆蹟の上に形成されていた点である。日本の貴族の国家意識は、日本国号の採用や『日本書紀』の編纂などに明らかな通り七世紀から八世紀にかけて昂揚したとみられるが、右にのべた事実は単にその反映であるのではなく、優劣の意識と複合していたにせよ、中国・朝鮮・日本の文化的な違いが官人や僧

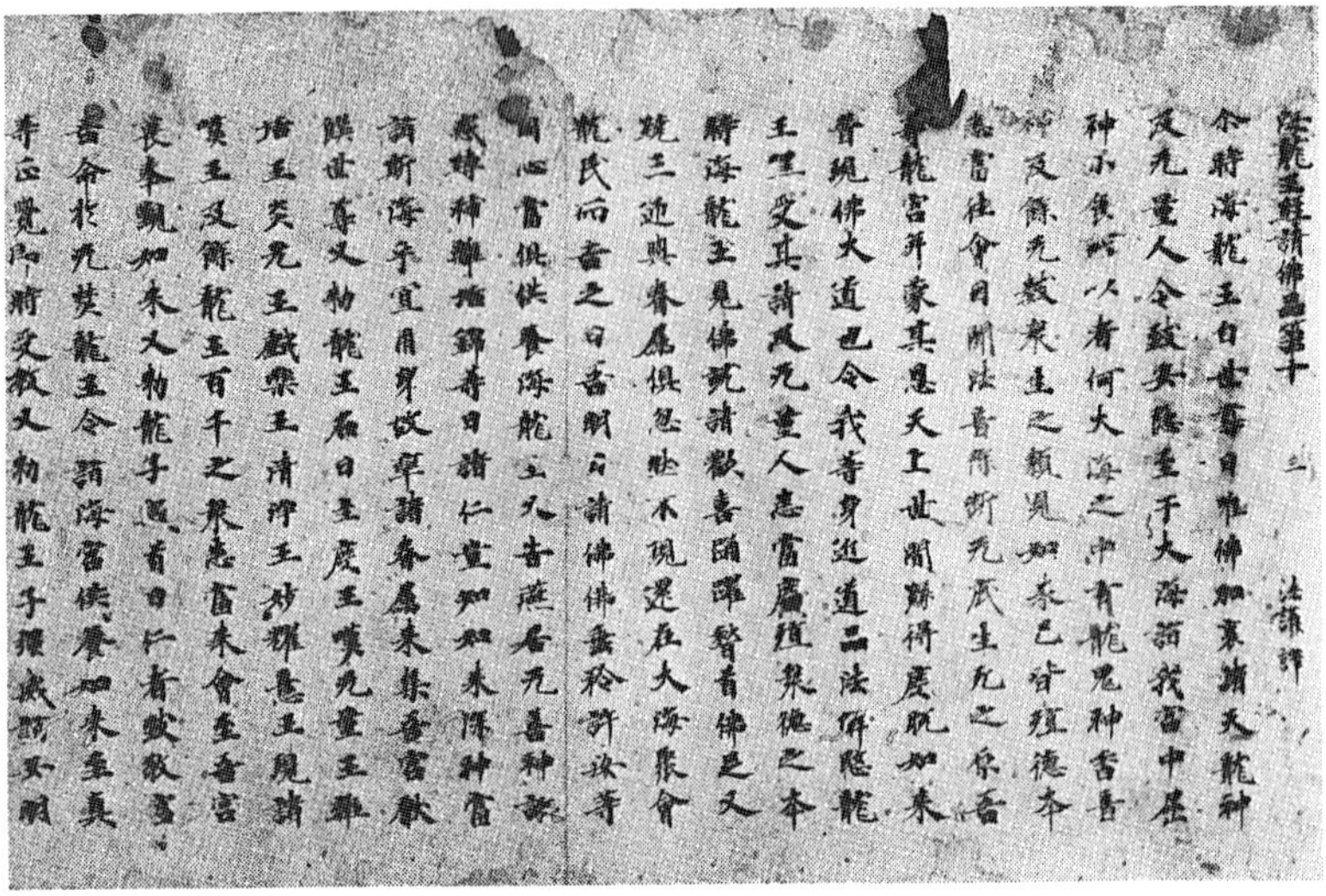

図2 海竜王経 唐招提寺蔵

侶に認識されていたことを物語っている。同じ中国の文化圏に属し、唐文化の影響を強く蒙ってはいても、新羅と日本との間には文化的に異なるものがあり、それはまた以前からの歴史的要因とも関わることを、奈良時代の一般知識人は知っていた。そのような認識が、当時の最も文化的な事象の一つである書蹟にあらわれたのが、これまで述べてきた経典における区別であったといえる。これはたまたま明確にあらわれている例であるが、他の舶載品や文化事象一般についても同様な認識はなされていたはずで、漢音・呉音もその一例である。九世紀後半から十世紀へかけて中国・朝鮮・日本はそれぞれ独自の道を歩みだし民族的な文化を形成していくが、日本についていうなら、その動きは既に奈良時代において明確になりつつあったといえるであろう。

(1) 拙稿「鳥毛立女屛風下貼文書の研究―買新羅物解の基礎的考察―」(『正倉院文書と木簡の研究』塙書房、一九七七年)。その後一九八五年から一九八八年に行われたこの屛風の解体修理によって、十九個所ほどに零細な断簡がみつかり、文書の裏面を画面本紙として用いた例が確認された(正倉院年報一二号、一九九〇年)。

（2）サハリの表記の種々相と、その語源については、拙著『正倉院』（岩波新書、一九八八年）四〇頁に略述した。
（3）拙稿「正倉院氈の墨書と新羅の対外貿易」（注1前掲書所収）。
（4）内藤雋輔「新羅人の海上活動について」（『朝鮮史研究』東洋史研究会、一九六一年）、末松保和「日韓関係」（国史研究会編『岩波講座　日本歴史』一九三三年初出、『日本上代史管見』私家版、一九六三年）。
（5）本書「日唐間における渤海の中継貿易」一三六頁参照。
（6）井上秀雄「三国文化の影響」（『日本と朝鮮の二千年』⑴、太平出版社、一九六九年）や石井正敏「八・九世紀の日羅関係」（田中健夫編『日本前近代の国家と対外関係』吉川弘文館、一九八七年）は、この綿の支給額が一人当たり二万屯から一千屯と巨額であることから、奈良時代末の大宰府において、私的に渡来した新羅人との間に私貿易が展開していたと推定している。この賜綿が全額文字通り新羅との交易用とすれば、確かにそのような推定は可能であろう。ただ保良京への遷都を理由に、天平宝字五年（七六一）十月、大師藤原仲麻呂以下に百万束から四万束の稲が与えられている例などをみると、このような賜物は、遷都ないし交易を大義名分とする一種の恩典とも考えられ、必ずしも全額がその用途に限定して消費されることを想定していない可能性もあるように思われる。賜綿の額の意義付けについては、なお後考に俟ちたい。
（7）和田軍一「淳仁朝に於ける新羅征討計画について」㈠（史学雑誌三五—一〇、一九二四年）。ただ石井正敏氏は、このような考え方に批判を加えておられる。石井正敏注（6）論文参照。
（8）池田温「大中入唐日本王子説」（井上光貞博士還暦記念会編『古代史論叢』㊦、吉川弘文館、一九七八年）。
（9）中野政樹「正倉院の金工　総説」（正倉院事務所編『正倉院の金工』日本経済新聞社、一九七六年）、同編『正倉院の金工』（日本の美術一四一号、至文堂、一九七八年）。
（10）同右。
（11）堀池春峰「華厳経講説よりみた良弁と審祥」（一九七三年初出、『南都仏教史の研究』㊤、法蔵館、一九八〇年）、同「入唐求法僧と請来経」（文化庁『重要文化財』㉑月報、毎日新聞社、一九七七年）。
（12）後世「手」が筆蹟、書の意味で広く使われたことは周知の通りであるが、この用法が早くからあったことは、『万葉集』に「義之」「大王」を「てし」（手師の意）と読ませる例のあることから明らかである。拙稿「王義之の手本」（注1前掲書所収）参照。なお「義之」「羲之」通用の例としては、天平勝宝八歳七月二十六日東大寺献物帳（屛風花氈帳）がある。

(13) 黄寿永「新羅白紙墨書華厳経について」(仏教芸術一二七号、一九七九年)、湖巌美術館『湖巌美術館名品図録』(三星美術文化財団、一九八四年)。
(14) 岸俊男「古代日本人の中国観―万葉歌を素材として―」(『日本古代文物の研究』塙書房、一九八八年)。
(15) 山田孝雄『国語の中に於ける漢語の研究』(宝文館出版、一九四〇年)。
(16) 文化庁『重要文化財』(21)(注11前掲)。
(17) 佐々木信綱編『隋経』(一九二九年)。
(18) 堀池春峰他編『唐招提寺古経選』(中央公論美術出版、一九七五年)第一五図。用紙は黄麻紙を用いているが、本経に極めて近い書風をもつ写経として、東大寺蔵の『須真天子経』がある(『国宝南大門仁王尊像修理記念　東大寺展』図録五〇図、一九九一年)参照。

# 日唐間における渤海の中継貿易

## 一　はじめに

渤海から日本に輸入された品物が、渤海に自然に産する毛皮・人参・蜜等の類であったとする見解は、今日定説になっているといってよかろう。(1) しかしこれは、渤海の献じた方物がその種のものであったことから類推された結果で、特に証拠のあることがらではない。それだけに古くは鳥山喜一氏が「唐の貨物の転売等もありましたらう(2)」とされ、近くは三上次男氏も、渤海による唐の貨物の中継を推測されている。(3) もっともこれも積極的な証左を挙げてのことでないのは、通説の場合と同じである。

私は日渤の交易を考える場合、渤海による唐貨の転売を無視できないと思う。この点をいささか具体的に論じてみることとしたい。

## 二　渤海の中継貿易

まず間接的徴証をあげよう。渤海が人的・文化的な面で唐と日本との仲介役を演じたことは、すでに論じられている通りである。渤海を通じて唐の政情が伝えられたことも名高い。これらのことは、石井正敏氏によって詳しく論究されているので、(4)改めて繰返さないが、石井氏のふれておられない点として、渤海経由による仏典の交流をあげることができよう。

宝亀二年（七七一）に来朝した渤海使壱万福らは、翌三年二月、帰途についたが、僧永忠がこの使いに従い渤海経由で唐に入ったことは、石井氏の論じられた通りであろう。

ところでこれと同じルートで入唐した僧として、他に得清・誠明の二人を推定することができる。即ち唐僧明空が、聖徳太子の『勝鬘経義疏』を注釈した『勝鬘経疏義私鈔』(5)に、

其疏、唐大暦七年（宝亀三年、七七二）、日本国僧使誡明・得清等八人、兼二法華疏四巻一、将二来揚州一、与二竜興寺大律闍梨霊祐一。

とあり、また円珍の『大毘盧遮那成道経義釈目録縁起』(6)には（〈 〉内は原文双行注）、

録之来由者、如二余所一聞、件義釈従二大唐一来二我国一、且五本焉。今見有レ四、謂西大寺得清大徳〈或書二徳字一〉請来本一十四巻〈大暦七年到レ唐、未レ委二帰年一〉。（下略）

とみえる。両史料にみえる得清（徳清）は、同一人と考えてよかろう。得清らの入唐年次は宝亀三年であって、まさしく壱万福一行の帰国した年と合致する。壱万福一行は、二月に帰途について後、一部が九月に漂回しているが、得清らは一行のいずれかの船で無事渤海に渡り、その年の内に唐へ入ったものと考えられる。(7)この場合渤海は僧侶の留学を仲介しただけではなく、『法華義疏』『勝鬘経義疏』の唐への流伝をも媒介したことになる。また得清がどのような経路で帰国したかは不明であるが、間接的にもせよ、得清による『大毘盧遮那成道経義釈』の将来に一役かったといってよい。更に得清とならんで現われる誡明が、入唐僧戒明と同一人であるとすれば、(8)戒明による『釈摩訶衍論』等の将来も、渤海とは無縁でなかったといえるであろう。

なおよく知られた史料ではあるが、次の日本舞女の貢上も渤海による中継を示唆する。

(大暦)十二年春正月甲寅朔辛酉(中略)、渤海使献㆓日本国舞女十一人㆒。(『旧唐書』代宗本紀)

果たしてこれが真正の日本の舞女であったかどうか、疑ってみる余地もあるが、渤海が日本のものをもたらしても不自然でない状況が、当時存在したことは確かであろう。(9)

以上のような事情を考え合わせると、渤海が自国の産物のみを日本と交易していたとするのは、むしろ甚だ不自然の感をまぬがれないのではなかろうか。

そこでより直接的な徴証ということになれば、『三代実録』元慶元年(八七七)六月二十五日条の記事をあげるべきであろう。

廿五日甲午、渤海国使楊中遠等、自㆓出雲国㆒、還㆓於本蕃㆒。王啓并信物、不㆑受而還㆑之。大使中遠、欲㆘以㆓珍翫、玳瑁酒盃等㆒、奉㆖献㆓天子㆒。皆不㆑受㆑之。通事園池正春日朝臣宅成言、昔往㆓大唐㆒、多観㆓珍宝㆒、未㆑有㆓若㆑此之奇怪㆒。

この記事も、渤海使節をめぐるエピソードとして有名であるが、ここに注目したいのは、楊中遠の献じようとした酒盃が玳瑁を素材としていることである。改めて説くまでもなく、玳瑁は暖海産のウミガメの甲羅であり、名高い南海の物産である。中国へも古来南海方面から輸入されていた。(10) また実際玳瑁で作られた盃のあったことは、『太平御覧』巻八〇七(珍宝部六、瑇瑁)にみえる次の記事から知られる。(11)

唐書曰、憲宗朝、訶陵国献㆓僧祇女二人・瑇瑁梳・生犀物(ママ)等㆒。

「瑇瑁」は玳瑁、「梳」は酒盃である。楊中遠の持参した酒盃が渤海で作られたか、唐その他で作られたのかは不明としても、その玳瑁(あるいは玳瑁酒盃)が唐からもたらされたことは明らかであろう。(12)

同様なことは、貞観十三年(八七一)来朝の渤海大使楊成規が、都良香に贈った麝香についても成り立つ可能性がある(『都氏文集』巻四)。麝香には、シベリア・中国東北部・北朝鮮などに生息するシベリアジャコウジカやチョウセンジャコウジカから採取されるものもあるが、真正の麝香は、中国西南部の高原にすむジャコウジカから取れるものをいう。(13)玳瑁の場合のように確言はできないが、都良香に献じられた麝香が、唐より中継された真正の高級な品であったことは、充分考えられよう。

ここにみた例は、いずれも渤海使節の献上贈答品で、交易品というわけではない。しかしどのような形にせよ、渤海使節の貨物中にこのような品が含まれているからには、当然交易品としても同種の中継品が舶載されていたと考えられる。玳瑁酒盃や麝香は、渤海の交易品が唐からの中継貨物を含んでいた傍証になるといってよかろう。

## 三　渤海使の献物

以上によって、渤海が中継貿易を行なったことはほぼ明らかになったと考えるが、それでは、渤海王からの公式の献物中に、この種の中継品が現われないのは何故であろうか。

これについては、渤海があくまで「方物」(14)「土宜」(15)「土物」(16)の献上を原則とし、土地の産物以外の中継貨物は交易品としていたからと考えるべきであろう。そこに渤海側の商業感覚があったとみられる。

このことは、渤海に先だって我国と交易関係のあった新羅と比較するとき、より明らかになるように思われる。新羅の献物は、渤海のそれと性格を異にしている。新羅のもたらす献物は、調と別貢に細分されるものの、七世紀末の段階では中継品を含んでいた。たとえば『日本書紀』天武天皇八年(六七九)十月甲子(十七日)条にみえる調物は、

金・銀・鉄・鼎・錦・絹・布・皮・馬・狗・騾・駱駝

など十余種であるが、そのうち駱駝は明らかに朝鮮産の品ではなく、唐よりの中継物と考えられる。天武・持統紀にみえる新羅の調物は、前記のようにあまり細目にわたっていないので、詳細を知ることはできない。しかしそれらの中に唐からの中継品が他にもあったであろうことは、この一例からも類推できよう。

しかしながら八世紀に入って事情は変化したようである。それは新羅が、天平十五年(七四三)に至って貢献物の「調」という名称を「土毛」に改めたことから推測できる。[17] この問題は、専ら外交上の名分に関わる事件として注目されがちであるが、単にそれだけでなく、貢献物の内容に大きく影響するところがあったのではあるまいか。即ち「土毛」と称する以上、その内容は新羅産の品物であるべきで、中継品を含む必要はない。新羅側は、この改称によって、従来「調」に含まれていた高価な中継貨物を、交易品に転じようとしたのであろう。日本側には、名分上ばかりでなく、経済的にも大きな不利益と受取られたに違いない。事実日本は、「土毛」への改称と共に、「物数」の記し方も旧例とくらべて礼を大いに失したものとしている。[18] 献物の数が減少したことがここに暗示されており、その原因の一半は、右の点にあったとみてよかろう。八世紀になっての新羅の献物の内容を具体的に知る資料はないが、新羅の場合、おおむね以上のような事情が伏在していたと考えられる。これに対し、はるかに遅れて来朝した渤海は、高句麗の後継者を名乗ったものの、一貫して「方物」や「土宜」「土物」の貢献を原則とすることができた。これが渤海の公式の献物中に、明確な中継貨物を見出せない理由であろうと思う。

## 四　新羅との交易

これまで渤海の行なった中継貿易について論じてきたが、この事実は、唐文化の受容を考える上で見逃すことのできない意義がある。唐文化の受容（とりわけ物質的な面における）に関しては、遣唐使による直接の摂取もさることながら、朝鮮経由のそれも無視できないところであり、先学も既にこの点に注意してきた。私も、新羅による中継貿易の重要性を論じたことがある。[19]

事実八世紀における新羅との関係を特色づけるのは、外交関係の冷却化とは裏腹な交易面の隆盛であろう。天平勝宝四年（七五二）に来朝した新羅王子金泰廉以下の一行も、金泰廉が真に王子であったかどうかは疑わしく、多分に入京・交易を意識した一行であったと考えられる。[20]

また新羅使節が大宰府より放還されているような場合でも、交易が行われた可能性は充分ある。それを推定させるのは、『続日本紀』神護景雲二年（七六八）十月甲子（二十四日）条にみえる次の記事である。

賜㆓左右大臣大宰綿各二万屯、大納言諱（白壁王）、弓削御浄朝臣清人各一万屯、従二位文室真人浄三六千屯、中務卿従三位文室真人大市・式部卿従三位石上朝臣宅嗣四千屯、正四位下伊福部女王一千屯㆒。為㆑買㆓新羅交関物㆒也。

新羅の交易品を購入するのに充てるため、ここに貴顕に賜わった「大宰綿」が、大宰府に集められた西海道の調綿であることはいうまでもない。大宰府保管の調綿の一部は、天平元年（七二九）以降、引き続き京進されていたとみられるが、この場合の「大宰綿」はそうした京進された綿ではなく、大宰府に留められていた綿であろう。京進された綿であれば「調綿」や「綿」といった記載で充分と考えられるからである。[21]ところで前記の措置がとられた神護景雲二年（七六八）といえば、日羅関係は冷却化の一途をたどっていた頃であり、やがて宝亀十年（七七九）来朝の新羅使節[22]を最後に、日羅の正式国交は事実上途絶する。このような時期に、新羅との交易のため大宰府の地に財源となる綿が賜与されているのは、新羅使が入京せず大宰府から帰国する場合を考え、その際の交易の便宜をはかった結果であろう。新羅使が入京すれば、天平勝宝四年の例から推して京で交易が行われたはずであり、[23]購入側としても輸送上の問題がなく、その方が好都合であったと考えられる。しかし新羅使節の入京禁止と大宰府よりの放還が度重なる中で、前記のような特典が一部の貴顕に許されたのであろう。しかもここに問題となっている新羅交関物の重要な内容が、唐よりの中継貨物であったことは、やはり天平勝宝四年の交易内容から推定できる。[24] これらのことから考えると、奈良時代後期には、新羅経由による唐物輸入がますます大きな意味をもってきていたことが知られよう。

ところが既に述べたように、新羅との関係そのものは悪化しつつあった。ここで注意されるのが渤海使節の役割である。交易は渤海来朝当初よりの目的であったろうが、初期には政治的・軍事的性格も強く、時代が下るにつれて交易目的が顕在化するとされている。中でも宝亀二年(七七一)の使節が、三二五人という空前の人数で来朝しているのは、交易目的の明確化を示すものとして、先学の一致して認めるところである。[25] 宝亀以降、唐との中継貿易において、新羅にかわる役割を果たしたのが、この渤海であったと考えてよかろう。これ以降、遣唐使の派遣状況に変化はなく、九世紀に入っては延暦二十三年(八〇四)と承和五年(八三八)の両度のみとなる。遣唐使によって前記のような役割の欠が補われたとは考えがたい。むしろ宝亀三年に帰国した渤海の使節が、始めにも述べた通り、遣唐留学僧として永忠・得清・誠明らを同行したことは、この間の渤海の役割を象徴しているというべきである。

渤海による中継貿易が隆盛を誇ったのは、この宝亀年間以降、九世紀初頭ごろまでの間ではなかったかと推測される。この間は、渤海使の来朝回数が最も多かった時期で、これを規制すべく、天長元年(八二四)には十二年一貢の原則が渤海に示されている。[26] しかし天長五年(八二八)以後、渤海使の来着は、日本側の規制策が漸く浸透したためか、間遠となった。

こうした渤海使の来朝回数減少とほぼ表裏をなすのが、新羅船や唐船の来航という現象である。それらは公的なものでなかっただけに、実態を充分把握しにくい面が残るが、現在知られている限りでは、新羅船・新羅商人の来日は弘仁ごろから見えはじめ、[27]唐船・唐商の場合は、やや遅れて承和期以降例が現れてくる。[28]この時期以降の入唐僧が、その往還にしばしば新羅船・唐船を利用しているのは周知の通りである。ここに至って渤海の貿易上の役割は、相対的に低下せざるを得なかったであろう。

以上、零細な史料からではあるが、渤海が唐・日本の間にあって、唐貨の中継貿易を行なっていた、それは唐文化の受容経路として、奈良時代後半から平安初頭には特に意義をもったであろうことを明らかにできたと考える。

（1） たとえば中山久四郎「日本渤海交通史実 貂皮貂裘考」（史観四年三号、一九三四年）、高瀬重雄「日本と渤海国との交易物資」（金沢経済大学論集一六－一、一九八二年）など。
（2） 鳥山喜一「古き日満関係の回顧」（『満鮮文化史観』刀江書院、一九三五年）。
（3） 三上次男「八～九世紀の東アジアと日本」（一九七四年初出、『高句麗と渤海』吉川弘文館、一九九一年）。
（4） 石井正敏「渤海の日唐間における中継的役割について」（東方学五一輯、一九七六年）。
（5） 『大日本仏教全書』(4)所収。
（6） 『大日本仏教全書』智証大師全集(二)七〇一頁。この文は元慶八年五月に記されたものである。
（7） 『旧唐書』代宗本紀、大暦七年（七七二）条の末尾には、この年渤海の朝貢したことがみえるが、『冊府元亀』外臣部、朝貢五によると、それは大暦七年十二月にかけられている。
なお『続日本紀』宝亀二年六月壬午（二十七日）条によると、壱万福一行三百二十五人は、船十七隻で来日しており、翌年九月に漂回したのがその全員でなかったことは確かであろう。九月戊戌（二十一日）条に「客主、僅かに死を免るるを得たり」とあるのは、反面彼らがばらばらになったことを物語る。宝亀四年六月に来朝した烏須弗が、壱万福以外の動静にふれていないのは、来朝の理由が、壱万福（ないし他の主要使節）の動向を調査するためとされていたからであろう。
（8） 安藤更生氏は、『鑒真大和上伝之研究』（平凡社、一九六〇年）一七九頁において、両名を同一人とされているが、根拠は示しておられない。『日本霊異記』巻下、第十九に、大安寺の戒明大徳が、宝亀七・八年のころ、筑紫の国府の大国師に任ぜられたことがみえ、これが事実とすれば同一人の可能性は薄いが、『日本霊異記』の性格からいって、この話を史実としてよいかどうかはなお問題が残ろう。なお『釈摩訶衍論』をめぐる諸問題については、蔵中進『唐大和上東征伝の研究』（桜楓社、一九七六年）一三五頁参照。

(9)『杜陽雑編』には、会昌元年（八四一）、渤海が唐に紫瓷盆を献じたことを載せる。唐晏『渤海国志』（巻二、物産志）は、これを新羅ないし日本よりの中継品かとし、沼田頼輔氏はこれをうけて、日本製とする見解を示されている（『日満の古代国交』明治書院、一九三三年）。ただたとえこの記載が事実としても、この盆の産地を決める積極的な根拠はなく、これを中継の例とすることはためらわれる。

(10) 岡崎敬「南海を通ずる初期の東西交渉―タイマイを通じて見た古代南海貿易―」（『増補 東西交渉の考古学』平凡社、一九八〇年）。

(11) 但し管見では、『旧唐書』『新唐書』の本紀・列伝に、これに相当する記載は見当たらない。ただ『旧唐書』南蛮伝（訶陵国）に、「（大暦）十三年、遣使進僧祇女二人、鸚鵡、玳瑁及生犀等」と、類似の文がある。

(12) 金毓黻氏は、『渤海国志長編』巻十七において、この玳瑁盃は真正の玳瑁製でなく、渤海産の宝石から作られたものと解されている。しかしこの盃を、入唐経験のある春日宅成が実見して称讃していることからすれば、確たる論拠もなくこうした解釈を加えるのは妥当でなかろう。

なお春日宅成については、佐伯有清「山上氏の出自と性格」（一九七八年初出、『日本古代氏族の研究』吉川弘文館、一九八五年）参照。

(13) 朝比奈泰彦編『正倉院薬物』（植物文献刊行会、一九五五年）一一〇頁。

(14)『続日本紀』神亀五年正月甲寅（十七日）条他。

(15) 同右。

(16)『類聚国史』巻一九三、殊俗、渤海上、延暦十五年十月己未（二日）条など。

(17)『続日本紀』天平十五年四月甲午（二十五日）条。

(18) 同右に「書奥注物数」とあり、国書の末尾に献物の目録を載せていたことが知られる。しかしこのような目録は本来別に一巻とすべきものであったらしく、たとえば『宋史』日本伝に、永延二年（九八八）の奝然の献物をあげて、「進奉物数一巻、表状一巻」とあり、降って日明間でとりかわされた朝貢・回賜品についても、「別幅」の形がとられている(『善隣国宝記』巻中・下)。
(19) 拙稿「鳥毛立女屛風下貼文書の研究―買新羅物解の基礎的考察―」(『正倉院文書と木簡の研究』塙書房、一九七七年)。
(20) 本書「正倉院文書からみた新羅文物」。なお浜田耕策「新羅の中・下代の内政と対日本外交」(学習院史学二一号、一九八三年)は、この遣使を仮王子の派遣という観点から論じている。
(21) 平野邦雄氏も、「大宰府の徴税機構」(竹内理三博士還暦記念会編『律令国家と貴族社会』吉川弘文館、一九六九年)において、この措置は「京におけるよりは、大宰府における出来事と理解する方がよいであろう」とされている。
(22) 『続日本紀』宝亀十年十月乙巳(九日)条。
(23) 注(19)拙稿参照。
(24) 同右。
(25) 鳥山喜一注(2)論文、石井正敏「初期日渤交渉における一問題」(森克己博士古稀記念会編『対外関係と政治文化』第一、吉川弘文館、一九七四年)。
(26) 『類聚国史』巻一九四、殊俗、渤海下、天長三年三月朔条。
(27) 『日本後紀』弘仁五年十月丙辰(十三日)、『日本後紀』逸文弘仁九年正月丁酉(十三日)、同十年六月壬戌(十六日)、同十一年五月甲辰(四日)の各条など。
(28) 『続日本後紀』承和元年三月丁卯(十六日)、同十四年七月辛未(八日)、同年十月甲午(二日)、嘉祥二年八月乙酉(四日)、『文徳実録』仁寿元年九月乙未(二十六日)の各条など。
なお木宮泰彦『日華文化交流史』(冨山房、一九五五年)一二三頁以下参照。

# 朝霞錦考

## 一　はじめに

法隆寺や正倉院に伝来した上代裂の中に、太子間道あるいは広東錦と呼ばれる絣織の絹がある。技術的には予め経糸を色分けして染め、これを織って絣文様を表わしたもので、極めて高度な技術を要するという。[1]織法からいえば、文様が織り出してはあっても、あくまで平織物であり、いわゆる錦とは異なる。太子間道や広東錦というのは勿論後世の名であり、この織物がいつ、どこで製作されたかは明らかでない。[2]わずかに染織史家により、インド・東南アジア方面の織技・文様の影響下にあるとされたり、[3]インド製とされたり、[4]あるいはまた新羅の製品で、古代の史料に「秘錦」ないし「霞錦」と見えるものではないかとの推定が試みられている。[5]しかし絣の木綿織物が、古くから南方の特産品であったことを考えると、[6]このような文様をもつ織物が日本に伝来していることは、染織史上のみならず、広く外来文化受容史の上でも興味深いことがらといえる。ここではそうした観点から、太子間道の産地及び渡来について考察することとしたい。

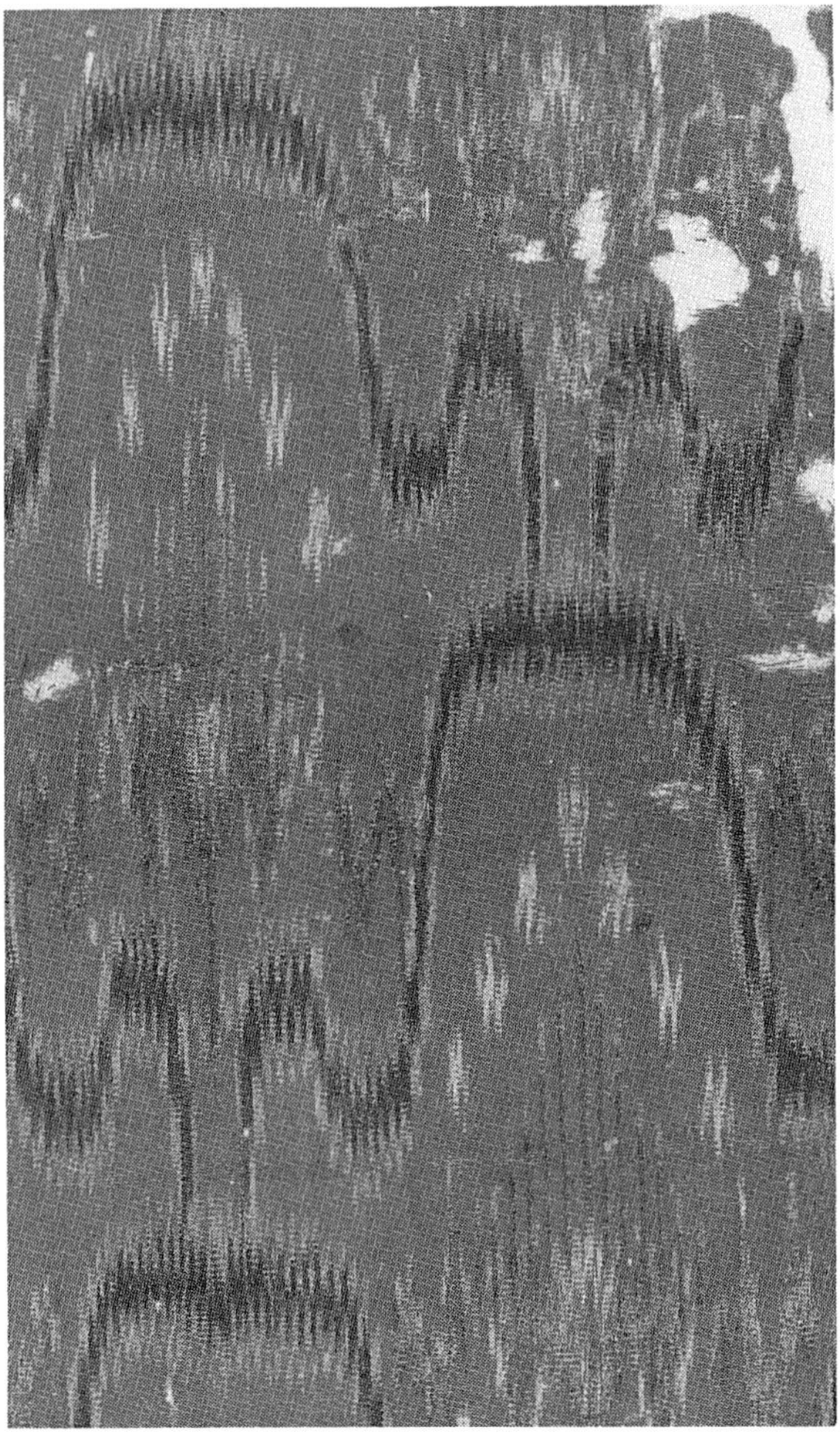

図3　広東錦　東京国立博物館蔵

## 二　朝霞錦と朝霞布

まず問題となるのは、太子間道が古代にどのように呼ばれていたかである。これについては前述のように「秘錦」

ないし「霞錦」とする説があるが、その理由は次のようなものである。(7) 太子間道のうち、今日用途の判明するものとして、法隆寺伝来の灌頂幡（東京国立博物館蔵）の坪裂に使用されている例がある。この幡は、天平十九年（七四七）の法隆寺資財帳にみえる左の幡に当たる可能性が極めて強い。

秘錦灌頂壱具

右、養老六年歳次壬戌十二月四日、納賜平城宮御宇　天皇者

そうなると坪裂の太子間道は、秘錦と呼ばれていたことになる。また『日本書紀』（天武天皇十年十月乙酉、朱鳥元年四月戊子の各条）には、新羅からの貢上品として「霞錦」というものがみえるが、これが秘錦の別称らしいというのである。

以上の根拠のうち、秘錦をめぐる部分は、おそらくそのまま認めてよかろう。(8) 絣織は平織物の一種であり、文織物である錦とは織法を異にするが、文様を織り出した織物の代表は錦であるから、これが絣を呼ぶのに転用されるのもうなずけないではない。しかし霞錦については問題が残る。太子間道が霞錦と認められるかどうかは、いま少し詳細に検討しなければなるまい。そこで一旦太子間道と霞錦を切り離し、まず文献上から霞錦の性格を探り、その結果を太子間道と比較する方法をとってみたい。

『日本書紀』に見える霞錦は、すでに太田英蔵氏などによって推測されているとおり、新羅から唐への朝貢品として史料に現れる朝霞錦・朝霞紬と同一物とみてよいであろう。(9) その史料を次にまとめて掲げておく。

(イ)〔開元（七一三）〕十一年四月、新羅王金興光（聖徳王）遣㆑使献㆓果下馬一匹及牛黄・人参・頭髪・朝霞紬・魚牙紬・鏤鷹鈴・海豹皮・金・銀等㆒。
（『冊府元亀』巻九七一）

(ロ)〔天宝（七四八）〕七載、遣使献㆓金・銀及六十綜布・魚牙紬・朝霞紬・牛黄・頭髪・人参㆒。

(八)〔大暦(七七三)〕八年(中略)、新羅使賀レ正。見二于延英殿一。并献二金・銀・牛黄・魚牙紬・朝霞紬等方物一。
(『唐会要』巻九五、『冊府元亀』巻九七二[10])

(『冊府元亀』巻九七二、『唐会要』巻九五)

(二)〔景文王(八六九)〕九年秋七月、遣二王子蘇判金胤等一入唐謝恩、兼進二奉馬二匹・麩金一百両・銀二百両・牛黄十五両・人蔘一百斤・大花魚牙錦一十匹・小花魚牙錦一十匹・朝霞錦二十匹・四十升白氎布四十匹・三十升紵衫段四十匹・四尺五寸頭髪百五十両・三尺五寸頭髪三百両一(下略)。
(『三国史記』新羅本紀)

この朝霞紬や朝霞錦が、具体的にどのようなものであったかは、史料に乏しく明らかではないが、他にこのような名称の染織品を朝貢している国は同時代になく、新羅の特産品とみてよかろう。この染織品については、日野開三郎氏の左のような言及が注目される[11]。即ち日野氏は、契丹から後梁への朝貢品に朝霞錦ないし雲霞錦という染織品があることをとりあげられた際、これは新羅からの輸入品であろうとされ、その実態は不明であるが、『王子年拾遺記』の逸文(『太平広記』巻八二〇、布帛部、布)にみえる「朝霞布」と何らかの関係があるかと記されている。

王子年拾遺記曰、周成王六年、然丘国遣レ使貢献。使者衣二雲霞之布一。如二今之朝霞布一也。

『王子年拾遺記』そのものは信憑性の低い書であるが[12]、「朝霞布」の語は本書の成立した六朝時代のそれを反映しているとみてよいであろう。事実、朝霞布という染織品が南方諸国に存在したことは、早く新村出氏の指摘されたところで、新村氏は「朝霞」が朝焼けの意であることをあわせて明らかにされている[13]。朝霞布と朝霞錦というような名称の類似が、何らの関係もなく発生するとは考えにくく、朝霞布を検討することによって、朝霞錦・朝霞紬解明の端緒が見出される可能性は大いにあるように思われる。

そこで中国正史の南蛮伝その他に現れる朝霞布関係の史料を求めたところ、左のようなものが管見に入った。

〔林邑〕

(1) 王戴㆓金花冠㆒、形如㆓章甫㆒、衣㆓朝霞布㆒、珠璣瓔珞。（『隋書』南蛮伝）

(2) 王著㆓白氈・古貝㆒（中略）、夫人服㆓朝霞・古貝㆒、以為㆓短裙㆒。（『旧唐書』南蛮伝）

(3) 王衣㆓白氈㆒（中略）、妻服㆓朝霞・古貝短裙㆒（中略）。貞観時、王頭黎献㆓馴象・鏐鎖・五色帯・朝霞布・火珠㆒。（『新唐書』南蛮伝下、環王）

〔赤土〕

(4) 王宮諸屋、悉是重閣北戸、北面而坐、坐㆓三重之榻㆒、衣㆓朝霞布㆒、冠㆓金花冠㆒。（中略）其俗敬㆑仏、尤重㆓婆羅門㆒。婦人作㆓髻於頂後㆒。男女通以㆓朝霞・朝雲・雑色布㆒為㆑衣。（『隋書』南蛮伝）

(5) 王宮諸屋、悉是重閣、北面而坐㆓三重榻㆒、衣㆓朝霞布㆒、冠㆓金花冠㆒。（中略）俗敬㆑仏、尤重㆓婆羅門㆒。婦人作㆓髻於頂後㆒、男女通以㆓朝霞・朝雲・雑色布㆒衣。（『通典』巻一八八）

〔真臘〕

(6) 王着㆓朝霞・古貝㆒、瞞㆓絡腰腹㆒、下垂至㆑脛、頭戴㆓金宝花冠㆒。（『隋書』南蛮伝）

〔狼牙修〕

(7) 男女悉袒而被髪、古貝繞㆑身。国王以㆓雲霞布㆒覆㆑躰。（『梁職貢図』[14]）

(8) 其俗男女皆袒而被髪、以㆓吉貝㆒為㆓干縵㆒。其王及貴臣乃加㆓雲霞布覆胛㆒。（『梁書』諸夷伝、海南）

(9) 其俗男女皆袒而被髪、以㆓古貝㆒為㆓干漫㆒。其王及貴臣乃加㆓雲霞布覆胛㆒。（『南史』巻七八）

(10) 其俗男女皆袒而被髪、以㆓古貝布㆒為㆓干漫㆒。其王及貴臣乃加㆓雲霞布覆髀㆒。（『通典』巻一八八）

〔陀洹〕

(11) 士無二蚕桑一、以二白氎・朝霞布一為レ衣。
（『旧唐書』南蛮伝）

(12) 士無二蚕桑一、以二白氎・朝霞布一為レ衣。
（『唐会要』巻九九、耨陀洹国）

(13) 俗喜二楼居一、謂為二干欄一。以二白氎・朝霞布一為レ衣。
（『新唐書』南蛮伝下、曇陵）

〔驃〕

(14) 其衣服悉以二白氎為(与カ)朝霞一繞レ腰而已。
（『旧唐書』南蛮伝）

(15) 衣用二白氎・朝霞一。以二蚕帛傷一レ生、不二敢衣一（中略）。楽工皆崑崙、衣二絳氎一、朝霞為二蔽膝一、謂二之裓襴一、両肩加二朝霞一。
（『新唐書』南蛮伝下）

(16) 其衣服、悉以二白氎与朝霞一繞レ腰而已。不レ衣二繒帛一、云出二於蚕一、為レ傷レ生也。
（『唐会要』巻一〇〇）

〔投和〕

(17) 王、宿衛之士百余人、毎レ臨レ朝則衣二朝霞一、冠二金冠一。
（『通典』巻一八八）

(18) 王、宿衛百人、衣二朝霞一。
（『新唐書』南蛮伝下）

〔丹丹〕

(19) 王毎以二香粉一塗レ身、冠二通天冠一、掛二雑宝瓔珞一、身衣二朝霞一、足履二皮屨一。
（『通典』巻一八八）

〔吉蔑〕[15]

(20) 其物産有二金・銀・銅・鉄・象牙・犀角・朝霞・朝雲一。其俗交易用二金・銀・朝霞等衣服一。
（『通典』巻一八八、多蔑）

(21) 王衣二朝霞・氎一。
（『新唐書』南蛮伝下、名蔑）

〔磔迦国〕

(22) 衣服鮮白、所謂憍奢耶衣・朝霞衣等。（『大唐西域記』巻四）

これらの諸国は、一部その地域の明瞭でないものもあるが、いずれも東南アジア・インドの国々である。[16] これら南方の諸国では綿布の使用が一般化していたから、朝霞布の「布」は木綿製とみてよく、とくに(11)(12)(15)(16)はそれを証する。[17] その文様も、これらの地方に伝統的な絣織、縞織、更紗染等によるものであったと考えられよう。[18] また雲霞布というのは、(4)(5)(20)に朝霞布と朝雲布がみえることからすると、両者の総称と理解できる。なお(3)(20)のように朝霞布を朝貢品や交易品とする例があるのは、絹製ではないものの、これらが高級染織品であったことを示唆しているし、総じて朝霞布が王族、貴族の衣料としてみえているのも、それと矛盾しない。

なお唐の嶺南道に属する武安州（現在のヴェトナム北部）からも「朝霞布」の貢されたことが、『新唐書』（地理志七上）や『元和郡県図志』巻三八にみえるが、これは南方諸国の文化の一環としてとらえられよう。

そこで改めて新羅の朝霞錦・朝霞紬との関係であるが、これらは「錦」「紬」とある以上、絹織物とみられ、南方の朝霞布とは明らかに別物である。しかし「朝霞」の名が共通するのは、織り出された文様に似通うところがあったからであろう。「朝霞」を冠した染織品は、正史の外国伝や『冊府元亀』の外臣部などをみても、南方の朝霞布と新羅の朝霞錦・朝霞紬に限られるようである。その類似は相当に強いものがあったとしなければならず、朝霞錦・朝霞紬の文様は南方的色彩の濃かったことが推定される。いったい「朝霞」の実態については、冒頭にふれた絣織とする説の他、(一)花文様の織物とする説、[19] (二)「霞」「雲」で形容されるような薄物とする説があった。[20] しかし(一)説の根拠となった「大花魚牙錦一十四、小花魚牙錦一十四、朝霞錦二十四」（一四四頁前掲(二)）という史料は、魚牙錦に「大花」「小花」の別があったことを示してはいても、朝霞錦が同様であった証とはなしがたい。しかもこの場合の「大花」「小花」は、具体的な花文様をさすのではなく、大柄な文様と小柄な文様の意に解すべきであろう。[21] また「朝霞」や

「雲霞」という名称が、㈡説の解釈のように、材質の薄さから来たものでないことは後文でふれる。
そもそも「朝霞」というのは、新村出氏のいわれたように、漢語では朝焼けを意味する。太子間道には紫色や深茶色を主調とするものもあるが[22]、現存量では赤色系統のものが主である。それらは色調からいっても織りからいっても、「朝霞」と形容されるにふさわしいといえる。朝霞錦・朝霞紬を絣織の太子間道に当てる余地は、充分に存在すると考えられよう。ただその場合、錦・紬の差異は何を意味するかということになるが、これは同じ染織品を錦とも紬とも呼んだのであろう。これらが絣織とすれば、文様を織り出しているために錦と呼ばれたものの、平織物である点で錦とは技法が異なるので、平織物を表わす紬の字も用いられたと理解できる[23]。
以上の見通しをさらに裏付けると思われるのは、平安朝仏画の彩色に関連して史料に現れる「朝霞」である。松原茂氏は『画像要集』について論じられた際、『長秋記』に引かれた鳥羽僧正覚猷の言葉や『画像要集』に、次のような件りのあることを指摘された[24](〈 〉内は原文双行注。以下同じ)。

仏彩色ニ有謂朝霞滅紫之事(中略)、謂朝霞、色上以金銀泥薄キラセル也
(仏の彩色に朝霞・滅紫と謂う事有り(中略)。朝霞と謂うは、色の上に金・銀の泥・薄を以て霧らせる也)
(『長秋記』大治五年〔一一三〇〕十一月二十二日条)

朝霞〈雖何色表以白泥キラスナリ〉
(朝霞〈何色と雖も、表を白・泥を以て霧らすなり〉)
(『画像要集』)

松原氏はこれを、「朝霞」は色の上に金銀泥や薄(箔)を置くことにより、下の色を霧がかかったように遮ることであると解釈されている。従うべき解釈であろう[25]。しかしこれだけでは、「朝霞」が彩色技法の名であるのか、文様の種類であるのかは明らかでない。ただ次に掲げる『陀羅尼集経』その他の記事と合わせ考えれば、この「朝霞」が著

衣の材質をさすことは明らかであろう。

(イ) 画二一切仏頂像一法

一切仏頂像(中略)、左廂侍菩薩(中略)以二青色華鬘一、縵二腰跨上一、以二宝縚一繫レ腰、著二朝霞裙一、以二軽紗一籠絡。

(『陀羅尼集経』巻二、『大正新脩大蔵経』(18))

(ロ) 画二金剛蔵菩薩像一法

一切金剛蔵菩薩像(中略)、復以二宝縚一繫二臍腰上一、其縚当レ肚、結レ縚之上、作二一黄色、円如二銭大一、以二朝霞錦一縵二其胯上一、著二黄白色華鬘之裙一(中略)、像左右廂、各有二一大侍者菩薩一、立二蓮華上一、通身黄色、以二朝霞錦一縵二於腰跨一、連覆二膝上一。

(同右巻七)

(ハ) 本尊形(大自在天)

(中略)著二白緤・朝霞一(下略)

(『薄双紙』二重巻八、『大正新脩大蔵経』(78))

『陀羅尼集経』は、唐の永徽四~五年(六五三~六五四)に阿地瞿多の漢訳した経典であり、『薄双紙』は、鎌倉時代前期の醍醐寺座主成賢の撰した書である。『長秋記』や『画像要集』にみえる「朝霞」も、これらの衣料をさし、両書の記事はそれをいかに画くべきかを論じていると解せられる。

ところで『陀羅尼集経』によると、「朝霞」は「朝霞錦」の略と考えられ、とくに(イ)の記事からは、それが「軽紗」といった薄物とは区別される織物であったことも判明する。しかし、これらの仏像の着衣を新羅特産の朝霞錦と考えてよいかどうかは疑問である。これらは漢訳仏典にみえる用語であり、原典に新羅の特産品を表わす語があったとは考えにくい。南方産の朝霞布をこのように表わしたものか、あるいは南方産の絹で朝霞布と同様の文様を織り出したものをさしているとみるべきであろう。先にふれたとおり、南方諸国の記事中には、朝霞布はみえても朝霞錦は見出だせないので、むしろここは朝霞布の意で使われている可能性が強い。中国で文様のある織物といえば、錦が一般的であるから、朝霞布のことが「朝霞錦」と訳されたとしても不自然ではなかろう。

このようにみてくると、『長秋記』や『画像要集』の「朝霞」の画法は、朝霞布や朝霞錦の文様を考える手掛りとなる。平安時代の絵師に、朝霞布の実態がいかに把握されていたかは疑問としても、「キラス」「キラセル」というのは、泥や箔で地の彩色をかすれさせることであり、そのような技法で表現される「朝霞」が、絣に近い色調、文様のものであったことは確かである。日本に行われたこの描法が、たとえ舶載品などを介し転写を重ねたものであったとしても、それは朝霞布が絣織の染織品であったことを推定させる有力な傍証といわなければならない。

この推定を実際に裏づけるように、現存の絵画作品の中にも、絣織の着衣を画いた例がある。インドのアジャンター石窟壁画の菩薩像の腰布にみられる例は暫くおくとして、日本では古く玉虫厨子宮殿正面扉に画かれた天王像の袴に絣織の文様があり(26)、法隆寺金堂の四天王像の彩色中にも、飛白文様が画かれているという(27)。やや下って同寺金堂壁画の菩薩像や往生者像における例は、よく知られている(28)。また中国では、敦煌発見の九世紀代と推定される幡の絵に、やはり絣織の腰布を着けた菩薩像がある。この幡は全部で十点を数えるが(29)、菩薩像の図様が著しくインド的であり、またチベット文字の入った幡もあって、インド文化の影響をうけたチベットないしホータンの絵画かと推定されている(30)。平安・鎌倉の仏画においても、子細にみてゆけば、同様な例を見出だせる可能性は高いのではあるまいか。現に彫刻では、観心寺如意輪観音像のように、条帛・裳・腰布に金泥で飛白文様を描いた例がある(31)。これらの作例が全て木綿の絣を表わしたとは速断できず、絹の絣を表現した例も含まれるかも知れないが、仏像・仏画の着衣に絣織が表わされていることは動かない。

以上のような文献史料や絵画・彫刻資料から綜合的に判断すれば、朝霞布は絣の木綿織物であったと考えてよく、そこから類推して、太子間道が朝霞錦(朝霞紬)に当たることも、ほぼ確実とみてよいと思われる。

それでは太子間道が秘錦とも朝霞錦(以下霞錦・朝霞紬を含めて用いる)とも呼ばれた理由はどこにあったのであろうか。この二つの名称は、一見全く無関係のようにみえるが、『三国史記』職官志(中)に、左のような新羅の官司がみえることからすると、決して無関係な名称ではないと考えられる。

朝霞房。母二十三人。

## 三　秘錦と朝霞錦

この朝霞房は、日本の宮内省に相当する内省の管下にあり、染宮や紅典・蘇芳典といった官司と同じく、母と呼ばれる女官がこれに配されている。この事実と、官司名に「朝霞」を冠していることとを勘案すれば、すでに井上秀雄氏の推測された通り、これは新羅特産の朝霞錦を製作する官司とみてよいであろう(32)。朝霞錦が朝霞房以外で製作されなかったといい切ることはできないかも知れないが、朝貢品ともされた高級織物が、社会的分業のさほど発達していたとも思われない新羅において、広範に生産されていたとは考えにくい。技術的にみても、太子間道の絣織が高度の技術を要するものであることは、すでにふれた。本来朝霞錦は、新羅王室の用途のために、朝霞房という官営工房で生産された織物と考えるべきであろう。「秘錦」という名称も、おそらくそこに由来すると考えられる。中国では皇帝所用のものに「秘」字を付して呼ぶ例があり、「秘閣」「秘書」などはよく知られている。また「秘色瓷器」は、単に「秘色」とも呼ばれ、五代十国の一つ、呉越国からの朝貢品として名高い(33)。この場合の「秘色」も、その青瓷の色が皇帝しか用いることを得ない性質のものであったことから来ていると考えられる。朝霞錦も、それが第一義的に新羅王室のための製品であったため、「秘」を冠して呼ばれたとみるのが妥当であろう。

このように太子間道が、新羅特産の朝霞錦であり、且秘錦であったとすると、この織物が日本の染織品と技法的、文様的に断絶していることは理解しやすい。朝霞錦の高度な技法は、ついに日本には定着しなかったということであろう。朝霞錦の舶載がいつごろまで続いたかは明らかでないが、文献上ははじめにもふれた通り、『日本書紀』(天武天皇十年)に「霞錦」として初見する。しかしむしろ一般的なのは「秘錦」の称であって、既掲の法隆寺資財帳の例のほか、同資財帳の他の個所、及び天平十九年(七四七)大安寺資財帳、天平宝字五年(七六一)法隆寺東院資財帳には、秘錦を用いた品が多数みえる。いまそれら以外の史料をあげると、左のようなものがある。

(1) 甲戌、奉㆓八幡神宮秘錦冠一頭、金字最勝王経、法華経各一部、度者十人、封戸馬五疋㆒。又令㆑造㆓三重塔一区㆒。賽㆓宿禱㆒也。 (『続日本紀』天平十三年閏三月)

(2) 秘錦壱床〈長六尺三寸二副〉 (延暦七年〔七八八〕多度神宮寺資財帳)

それぞれ秘錦が、冠、褥に作られた例である。「霞錦」の場合と異なり、これらは素材となった秘錦の舶載年代と直接結びつく史料ではない。とくに(2)などは、秘錦製の褥が平安初期まで伝来していた史料として理解すべきであろう。このように考えると、朝霞錦の舶載は、下っても八世紀末ごろまでとみておくのが妥当のように思われる。(34)

これと関連して注意されるのは、奈良時代半ばごろ以降、新羅との交通が次第に冷却し、新羅使の来日や遣新羅使の派遣が実質的に宝亀十年(七七九)を以て終わることである。朝霞錦の舶載が減じたとみられる背景には、このような通交関係の変質が考えられる。

## 四　古代朝鮮と南方の文化

以上によって太子間道は、本来朝霞錦ないし秘錦と称された織物であり、その文様は南方系のものであったことを明らかにできたと思う。では朝霞錦は、南方の朝霞布と具体的にどのような関係をもつのであろうか。最後にこの点にふれて、本章を閉じることにする。

朝霞錦と朝霞布の間には、名称や文様の類似性からみて、何らかの関わりがあることは間違いない。問題はそれが直接の影響関係であるのかどうかであろう。朝鮮半島と南方との地理的隔たりを考えると、双方の間に直接の関係を考えるのは無理のように思える。しかし私は、むしろこれを南方の文化の影響ととらえるのがよいのではないかと考える。

古代朝鮮には、早く百済のように南方の文化に関心を寄せたとみられる国があった。欽明天皇四年(五四三)九月、百済の聖明王は使者を遣わして、扶南の財物を日本に献じている(『日本書紀』)。これはおそらく、大同五年(五三九)に梁に朝貢した扶南の朝貢品の一部が、百済に下賜され、それがさらに日本への貢物にされたものと思われる[35]。しかしそれがとくに「扶南財物」として献じられているところに、南方の文物に対する百済の認識や関心を、ある程度うかがうことができよう。

百済はまた早くから南方の諸国と直接交流をもっていた徴証もある。即ち皇極天皇元年(六四二)二月に来日した百済の弔使の語るところによれば、前年十一月に、百済の使人が崐崘の使者を海中に投げ入れる事件が本国で起こったという(『日本書紀』同月戊子条)。崐崘(崑崙)は、広く東南アジアの黒人をさす[36]。この崐崘使が百済に来た背景などは明らかでないが、こうした使節が、おそらく海路から直接百済に通ずることのあったことは推定してよかろう。後のことになるが、義浄の『大唐西域求法高僧伝』には、婆魯師国(スマトラ島の西南部)で没した新羅僧二人をのせており、開元年間には新羅僧慧超が海路インドへ旅行している(『往五天竺国伝』)[37]。三国時代以来、南方との間に少なからぬ交流のあったことが推定できよう。

次に、より直接的な傍証として注目されるのが、新羅から唐に白氎布の朝貢されている事実である。即ち日野開三郎氏が指摘されたように、景文王九年(八六九)には「四十升白氎布四十匹」が唐に朝貢された他、五代の後唐に対し、天成四年(九二九)に高麗から「白氎」その他が献じられており(『五代会要』巻三十)、同じく高麗の恵宗二年(九四五)、後晋に「白氎布二百匹、細白氎布一百匹」などが進奉されている(『高麗史』恵宗世家)[38]。白氎は、いまさらいうまでもなく南方原産の木綿であって、唐においても一部で生産されたものの、貴重な輸入品であった[39]。このような中で、新羅は白氎布を朝貢できる条件を確保していたとみなければならない。日野氏は、白氎布に対する後晋の側からの讃辞(『高麗史』恵宗世家)からみて、これらは朝鮮半島の産物であり、海南島や台湾に木綿布の生産が行われたことも勘案すると、海路を通じて朝鮮にも綿布の生産が伝えられていたと考えられた。これは従うべき見解であろう[40]。日野氏は言及されていないが、これより古く文武王十二年(六七二)九月には、「四十升布六匹」が唐に貢上されている(『三国史記』巻七、新羅本紀)。これも景文王九年の白氎布と規格を同じくするところからみて、白氎布ではなかろうか。朝鮮半島における木綿布の生産は、七世紀代にまで溯る可能性が強い。このようにみると、絣織の技術も、南方から朝鮮半島に導入されたとして何ら不自然ではないはずである。

さらに新羅と南方との関係ということでは、元の大徳十一年(一三〇七)刊行の『新編事文類聚翰墨全書』(后戊集巻八)に、左のような書翰の応答文例があるのも注目される[41]。

送人孔雀

嘗謂、穆々為二鸞鳳友一、顒々冠二鷹□群一。真新羅国之奇毛、亦韓吏部之佳賞。潜貢二珍園双侶一。母謂、羽塵多レ昏。

画レ屏少レ留、舞レ延（筵）可レ慶。

答

唐言レ舞レ筵、李監画レ屏。豈凡禽所二能伍一哉。新羅珍種、当下与二孔鸞一為上レ友、敢不二軒翥一。

（禽獣門、文類、書簡）

これは孔雀を贈る書状とそれに対する答えであるが、文中孔雀を「新羅国之奇毛」「新羅珍種」といっている。これは新羅で飼育された珍しい種類の孔雀ということであろう。孔雀は、いうまでもなく南国の産で、とくにインドシナ半島やマレー半島が産地として聞こえているが(42)、この文例は孔雀が新羅でも飼育され、珍しい種類を生みだしていたことをうかがわせる。ただ史料の新しさからいって、ここでの「新羅」の意味には明確でないところがあり、新羅時代以来の種がこの時代まで繁殖していたようにとれる一方、「新羅」は王朝名ではなく、朝鮮半島の総称のようにも考えられる(43)。あるいは文例そのものが古い時代のものを踏襲していることもありえないではなく、そうなれば文字通り王朝名の新羅として理解できることになろう。この場合、いずれとも決しにくいが、文中の「韓吏部」は、唐の大暦年間（七六六〜七八〇）に吏部郎中となった韓滉かと考えられ、「李監」は貞元年間（七八五〜八〇五）に殿中監となった李湛然をさすと考えられる。両人とも画名の高かった人物で、とくに鳥獣の画に秀でていた(44)。こうした唐代の画人にのみ言及があるのは、この文例の古さを物語るとみてよいのではなかろうか。そればかりか、唐代に新羅が珍しい孔雀を飼育し、これを唐への朝貢品としたことは、左の『唐朝名画録』の記事からも明らかである。

貞元中、新羅国献二孔雀解レ舞者一。徳宗詔于二玄武殿一写二其貌一。一正一背、翠彩生動、金羽輝灼、若レ連二清声一、宛

応二繁節一。（『唐朝名画録』妙品中、辺鸞）

『冊府元亀』巻九七二によれば、貞元二十年（八〇四）に新羅朝貢のことがみえ、「貞元中」とは、あるいはこの時のことかと考えられる。画家辺鸞は、詔をうけて正背両面から朝貢品の孔雀を画き、その画名を高めた。この孔雀は楽曲に合わせて舞うよう訓練されていたものかと思われ、さきの文例にみえる画屛にとどめられた舞をまう孔雀とよく対応する。[45] こうした孔雀の事例も、朝鮮半島の文化が南方諸国と関連していた一証といえるであろう。[46]

これまで述べてきたような諸条件を考慮するならば、新羅において南方の朝霞布の技術や文様が学ばれ、朝霞錦が生み出されることも、決してありえないことではないことが知られるであろう。日本においても、延暦十八年（七九九）七月に崑崙人の漂着があり、木綿の種子がもたらされた事実があるが（『類聚国史』巻一九九）、その崑崙人の同定にすら、唐人の知識にまたねばならず、木綿の栽培も定着せずに終わった。また時代は下るが、朝鮮では高麗の顕宗十五年（一〇二四）九月をはじめとして、大食（イスラム）商人の直接来朝した記録があるのに対し、日本で同様なことが確認されるのは、応永十五年（一四〇八）である。[47] 同じく中国大陸の東辺に位置し、終始何らかの交流のあった両国ではあっても、歴史を通じてこうした差異があったことは、充分認識される必要がある。朝霞錦は、その文化的落差を象徴する重要な一文物といわなければならない。

（1） 明石染人「太子間道の研究」（『染織文様史の研究』万里閣書房、一九三一年）参照。
（2） 「広東」が間道の宛字の一つであることについては、新村出「間道考」（一九三〇年初出、『新村出全集』(4)、筑摩書房一九七一年）、同「間道か広東か」（一九三一年初出、同全集(3)、一九七二年）参照。また間道の原義については、宮崎市定「間道新考」（『古代大和朝廷』筑摩書房、一九八八年）に詳しい。
（3） 明石染人注（1）論文、山辺知行「（旧法隆寺献納宝物）染織品」（MUSEUM七六号、一九五七年）。
（4） 上村六郎『色と染』（毎日新聞社、一九八〇年）第五章。

(5) 太田英蔵「法隆寺壁画の錦文とその年代」(美術研究所『法隆寺金堂建築及び壁画の文様研究』一九五三年)。
(6) 絣の原産地については種々の説があるものの、インド・東南アジアあたりとみるのが妥当のようである。西村兵部『インド・東南アジアの染織』(美術出版社、一九七一年)一一〇頁参照。
(7) 太田英蔵注(5)論文。
(8) 木内武男・沢田むつ代「法隆寺献納宝物広東大幡について」(MUSEUM三〇二号、一九七六年)、奥村秀雄「日本上代の幡について」(東京国立博物館編『法隆寺献納宝物 染織』Ⅰ、一九八六年)も、この説を確認している。
(9) 太田英蔵注(5)論文。『釈日本紀』巻十五(述義十一)は、天武天皇十年十月紀の「霞錦幡」について、『日本紀私記』を引き、「私記曰、師説、此幡之製、似㆓朝霞之色㆒。故名」とする。
(10) 『冊府元亀』は、同年三月に黒水靺鞨や黄頭室韋他が遣使して、これらの品を献じたと記すが、『唐会要』によって、中間に新羅朝貢のことを脱したと解すべきであろう。
(11) 日野開三郎「国際交流史上より見た満鮮の絹織物」(一九七二年初出、『日野開三郎東洋史学論集』(9)、三一書房、一九八四年)。
(12) 章宗源『隋書経籍志考証』(『二十五史補編』所収)巻十三参照。
(13) 新村出『朝霞随筆』序文(一九三三年初出)、同「朝やけ夕やけ、あけぼの夕ばえ」(一九五一年初出)、それぞれ『新村出全集』(12)(4)(筑摩書房、一九七三年、一九七一年)に再録。
(14) 榎一雄「職貢図巻」(歴史と旅、昭和六十年一月号)参照。
(15) 『通典』の「多蔑」、『新唐書』の「名蔑」について、陳佳栄他『古代南海地名匯釈』(中華書局、一九八六年)は「吉蔑」(クメール)の誤りとする。
(16) 林邑、真臘、狼牙修、驃などは周知のところであるが、赤土も扶南の別種、陀洹は堕和羅(ドヴァーラヴァティー)の西北、投和は真臘の南、丹丹は振州(海南島)の東南、多蔑(吉蔑)は陀洹の西に、それぞれあるという。
(17) F. Hirth and W. W. Rockhill, *Chau Ju-Kua*, 1911, p. 216は、「朝霞」をサンスクリット語の絹の音訳とするが、従えない。
(18) 南宋の周去非の『嶺外代答』(一一七八年撰)には、吉貝(木綿布)に関して、「南詔所㆑織、尤精好、白色者朝霞也。国王服㆓

白氎一、王妻服二朝霞一。唐史所レ謂白氎吉貝・朝霞吉貝、是也」とあるが、これは「唐史」云々の文からもうかがわれるように、『新唐書』などの記事から類推した解釈に過ぎないと思われる。従ってこれを根拠に、西村兵部注(6)前掲書が、朝霞は「きわめてうすい織りの綿布でつくった上衣」で「純白木綿のサリーに類したもの」とするのは妥当でない。

(19) 日野開三郎注(11)論文。
(20) 藤田豊八「狼牙修国考」(『東西交渉史の研究』南海篇、岡書院、一九三二年)、西村兵部注(6)前掲書。
(21) 「花」には文様の意味がある。
(22) 正倉院事務所編『正倉院宝物　染織』(下)(朝日新聞社、一九六四年)、松本包夫『正倉院裂と飛鳥天平の染織』(紫紅社、一九八四年)参照。
(23) 日野開三郎氏は、注(11)論文において、これらを同じ織成技法を用いた別種の織物とされているが、同時に双方が同一の染織品で、単に用字が異なっているに過ぎない可能性も高いことを認めておられる。
(24) 松原茂「『画像要集』―鳥羽僧正の虎の巻―」(古筆学研究所編『古筆と写経』八木書店、一九八九年)。
(25) 松原氏は、『画像要集』にみえる「白泥」を「白土のような白い顔料を指すのかも知れない」とされたが、これはやはり箔と泥の謂に解すべきであろう。
(26) 奈良六大寺大観刊行会『奈良六大寺大観』(5)(岩波書店、一九七一年)参照。
(27) 西村兵部注(6)前掲書一一〇頁。
(28) 東京美術学校編『法隆寺壁画』(一九二〇年)解説(同校編『南都十大寺大鏡』(2)法隆寺大鏡第二冊、大塚巧芸社、一九三四年も同文)、太田英蔵注(5)論文。
(29) 松本栄一『燉煌画の研究』附図、二〇一～二〇三図(東方文化学院東京研究所、一九三七年)。
(30) 大英博物館監修『西域美術』(1)(講談社、一九八二年)四六～四八図解説、世田谷美術館他編『大英博物館展』図録(一九九〇年)一五五図解説、R. Whitfield and A. Farrer, *Caves of the Thousand Buddhas*, G. Braziller, 1990, PL. 34～36.
(31) 丸尾彰三郎他編『日本彫刻史基礎資料集成　平安時代』重要作品篇(3)(中央公論美術出版、一九七七年)参照。本像の彩色については、東京国立博物館浅井和春氏の御教示を得た。
(32) 井上秀雄訳注『三国史記』(3)(平凡社東洋文庫、一九八六年)は、朝霞房を「朝霞紋様の錦の製作所」としている。

（33）小山富士夫「越州窯に関する詩文」（『支那青磁史稿』文中堂、一九四三年）。
（34）正倉院には、「東大寺」の墨書銘をもち、垂飾の縁に太子間道を用いた腰袢があるという。松本包夫『正倉院ぎれ』（学生社、一九八二年）一六二頁。なお秘錦の使用例は、関根真隆『正倉院文書事項索引』（吉川弘文館、二〇〇一年）八頁参照。
（35）『冊府元亀』巻九六八、『梁書』諸夷伝（扶南・百済）によれば、扶南の朝貢は大同五年（五三九）八月、百済は同七年三月に入朝している。
（36）桑田六郎「日南、林邑に就いて」（台北帝国大学文政学部史学科研究年報7、一九四一年）。
（37）足立喜六訳注『大唐西域求法高僧伝』（岩波書店、一九四二年）四三頁。
（38）日野開三郎「唐代における木綿布の生産」（一九七三年初出、注11前掲書）参照。
（39）同右。
（40）朝鮮における木綿布の生産は、高麗の恭愍王十三年（一三六四）頃に始まるとするのが通説であるが（小野晃嗣「本邦木綿機業成立の過程」一九四〇年初出、『日本産業発達史の研究』二二二頁以下、法政大学出版局、一九八一年）、それは古代の技術が中絶したあと、再興されたものと解せられる。
（41）内閣文庫架蔵の刊本による。
（42）秋山謙蔵「ビルマの孔雀」（『東亜交渉史論』第一書房、一九四四年）。
（43）たとえば南宋宝慶元年（一二二五）撰の『諸蕃志』においては、朝鮮のことを叙するのに、「新羅国」の項を立てている。
（44）陳高華編『隋唐画家史料』（文物出版社、一九八七年）参照。
（45）南方にも手を拍つのに合わせて舞う孔雀があったとみえ、『浄土三部経音義集』（『大正新脩大蔵経』57所収）巻四所引の『異物志』逸文に、「南方有二孔雀一、大如レ鶏、尾長二於身一、手拍則舞」とある。
（46）『日本書紀』推古天皇六年（五九八）八月朔日に新羅から孔雀が献じられたのを最初として、同書や『続日本紀』に、新羅使や帰国した遣新羅使によって孔雀の献じられた記事があるが、これらも純粋な中継品かどうか、なお検討の余地があると思われる。

なお浅井和春氏は、新羅の金銅仏の中に、東南アジアの仏像と類似した風貌の作例があることを指摘されているが、この類似が東南アジアの仏教美術の影響下に生じたとすれば、新羅文化と南方との深い関わりを示す傍証となる。浅井和春「欧米の

美術館所蔵　東アジア仏像探索記」(三)(国立博物館ニュース五一七号、一九九〇年)参照。

(47)　新村出「足利時代に於る日本と南国との関係」(一九一五年初出、『新村出全集』(5)、筑摩書房、一九七一年)参照。

なお Lee Hee-Soo, *Early Korea-Arabic Maritime Relations Based on Muslim Sources*, Korea Journal, Vol. 31 No. 2, 1991 は、イスラム文献に基づいて、九世紀またはそれ以前に朝鮮半島に到達・定住したイスラム人があったとするが、実地の見聞によらない多分に不確実な記述を根拠にしており、この結論には疑問が残る。むしろ唐に来往したイスラム商人の情報をもとにした『シナ・インド物語』第一巻(ヒジュラ暦二三七年=八五一〜八五二年成立)に、「我々の仲間で、彼らについて情報を伝えてくれる者も、この島(シーラー。新羅をさす)に行ったことのある者」もないとあるのを重視すべきであろう。

# 香木の銘文と古代の香料貿易

## 一　はじめに

法隆寺献納宝物の中に三点の香木があり、うち二点に墨書・刻銘・焼印のあることは古くから知られている。そのためこれらについての言及も散見し、既に一、二の研究もあるが、(1)これまでのところ徹底した研究はなされていないというべきであろう。筆者は、東京国立博物館法隆寺宝物室の客員研究員として実物調査の機会を与えられ、これらの香木について新しい知見を得ることができた。ここにその結果を述べ、あわせてこれら香木のもつ対外交易史上の意義をも論じてみようと思う。

なお三点の香木は、法隆寺献納宝物の中で、法一一二～一一四号の列品番号を与えられ、それぞれ「栴檀香」、「白檀香」、「沈水香」と呼称されている。法一一二号、法一一三号は、木心を残し表面を粗く整形された円柱状であり、法一一四号は樹幹の形をとどめる(図4‐1～3)。法量は左の通りである。

法一一二号　長さ六六・四cm　最大径一三・〇cm

法一一三号　長さ六〇・三cm　最大径九・〇cm

法一一四号　長さ九八・八cm

元来、白檀と栴檀は同一のものであるが、(2)今回、伝来の名称の当否を確認するため、北里研究所小曾戸洋氏の御紹介により、香料・薬物の鑑別に経験豊かな伊藤敏雄氏（ウチダ和漢薬社長）に見ていただいたところ、明らかに法一一二号、法一一三号は白檀（栴檀）、法一一四号は沈香と認められ、現在輸入される白檀・沈香の原材も、これらと大差ない形であるとの教示を得ることができた。[3] 伊藤氏によれば、視認による限り、法一一二号と法一一三号の間に著しい品質の差はなく、また法一一四号の沈香は格別上質のものとはみえないということである。

図 4-1　栴檀香（法 112 号）

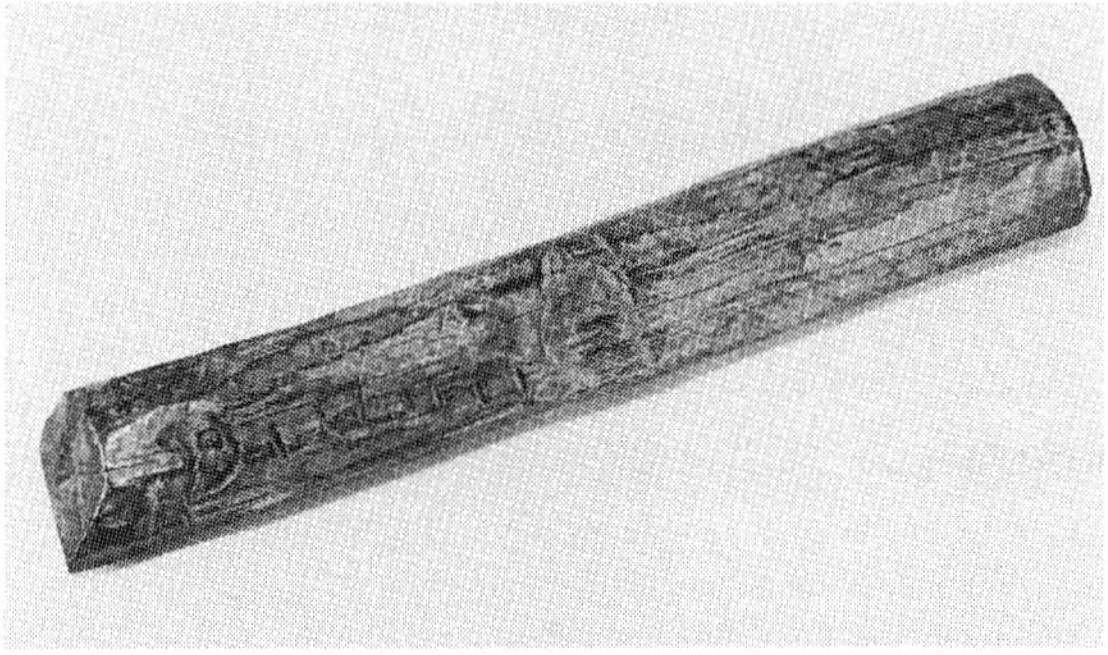
図 4-2　白檀香（法 113 号）

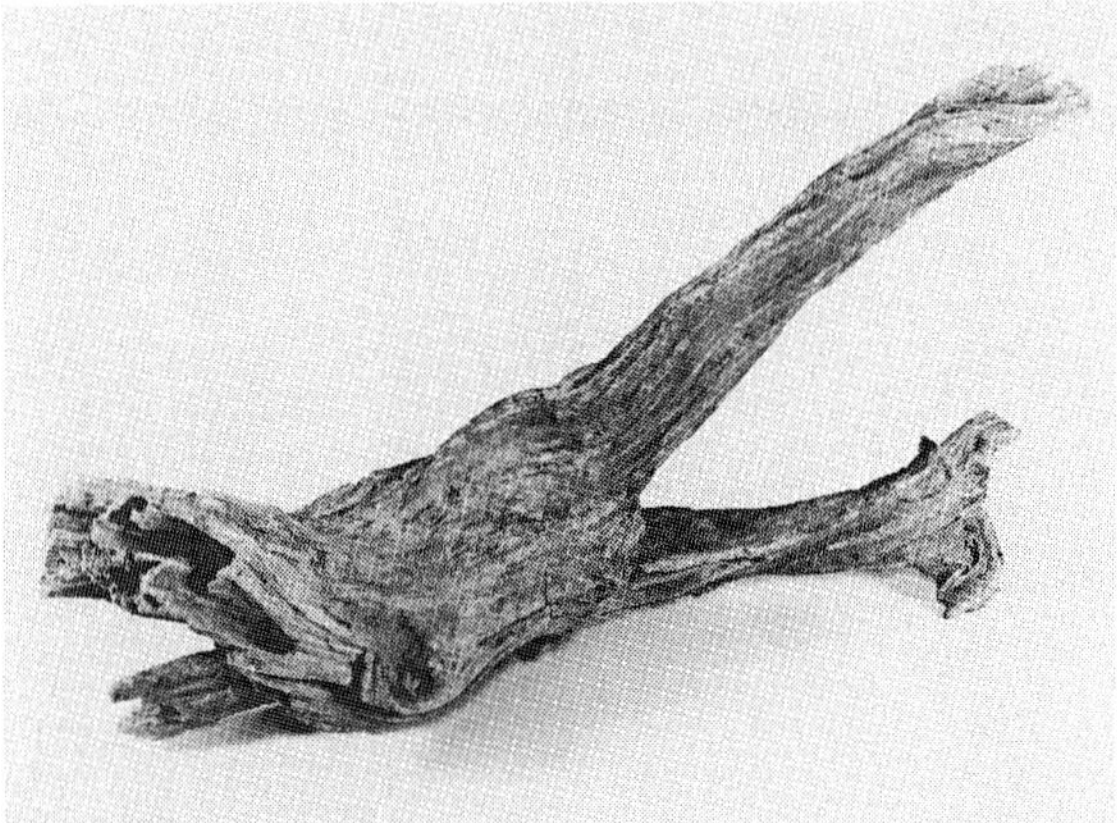
図 4-3　沈水香（法 114 号）

## 二　墨書銘と香木の伝来

墨書銘については、従来公表されている法一一二号、法一一三号のもの以外に、法一一四号にも存在することが、法隆寺宝物室の調査で明らかになっている。まずそれらを一括して左に掲げる。法一一二号、法一一三号の墨書には、年次未詳のものもあり、同一時の墨書を識別するにも困難が伴なうが、一応左の釈文のようにみておきたい。(4)

〔法一一二号〕

「廿三斤」（図4－4）

「仏」（図4－5）

「更定廿四斤五□（年カ）　三月四日仏」（図4－7）

「天応二年二月三日更定廿四□（斤カ）□□（緒カ）了」（図4－7）

「延暦廿年定廿五斤」（図4－8）

「□」（図4－6）

〔法一一三号〕

「塔」（図4－9）

「寺斤十斤先□（勅カ）」（図4－9）

「更定重十二斤八両字五年三月四日」（図4－10）

「天応□（二カ）年定十□□」（図4－11）

「白檀　延暦廿年定十三斤□□（小斤カ）」（図4－12）

「葛四斤九両」（この銘、木口にあり）（図4－13）

〔法一一四号〕

「斉衡二年定小廿一斤三両」（図4－14）

（図4－4〜12、14は赤外線テレビによる写真）

さて法一一三号の墨書を見ると、「字五年」の年記があり、これは天平宝字五年（七六一）をさすとみられる。[5] また法一一二号の「五年」も、日付が法一一三号と一致するところから、やはり同年としてよかろう。従ってこれら二点は少なくとも八世紀半ば以前、また法一一四号は九世紀前半以前に日本に入っていたことは確かである。一方、元文（一七三六〜一七四一）ごろの成立とみられる『法隆寺記補忘集』には、「沈水香」の名のもとに法一一二〜一一四号に相当するらしい香木が記載されていること、[6] 寛政三年（一七九一）刊行の『大和名所図会』巻三に、この三点が「沈水香」として図示されていること、天保七年（一八三六）に穂井田忠友が法隆寺で法一一二号、法一一三号を実見していること、[7] 明治八年（一八七五）の奈良博覧会物品目録に法一一四号が「沈水香法隆寺蔵」として図示されていること[8]などから、江戸時代後期にこれらが法隆寺にあったこともまちがいない。

問題は、これらが当初から法隆寺の什物であったかどうかであるが、その点について明確にできる材料がないのを遺憾とする。ただ法一一二号の「仏」、法一一三号の「塔」は、寺院の資財の区分を示すためのものであろう。これらの墨書の年代は不明であるが、「塔」は書風からみて明らかに奈良時代のものであり、「仏」も天平宝字五年の墨書と一連のものがある。従ってこの二点が本来法隆寺の蔵であったとして不自然ではない。例えば天平十九年（七四七）の法隆寺伽藍縁起并流記資財帳には、香料について次のような記載がみられる（〈　〉内は原文双行注。以下同じ）。

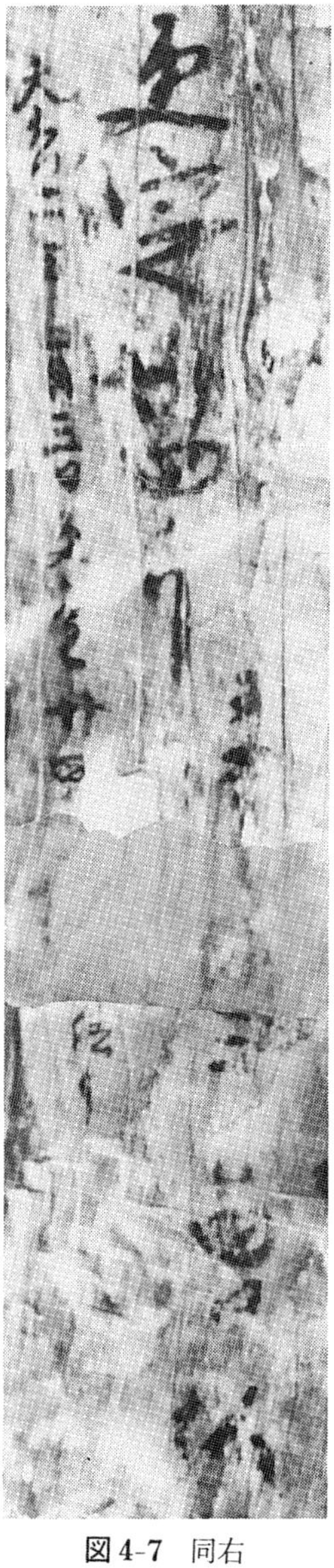

図 4-7　同右

図 4-4　法 112 号の墨書

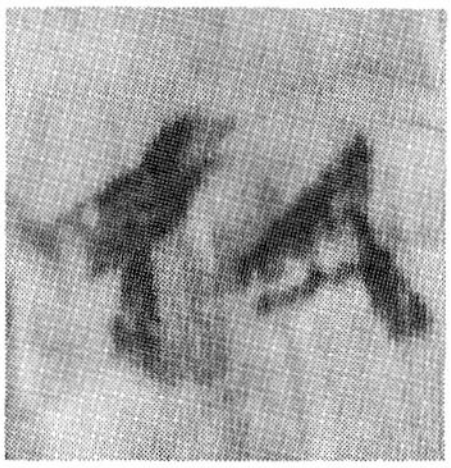

図 4-5　同上

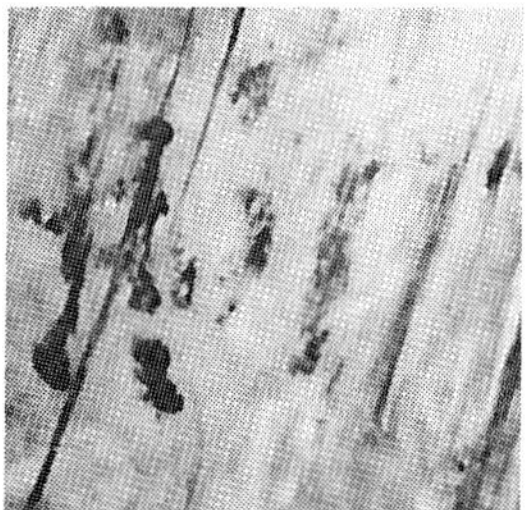

図 4-6　同上

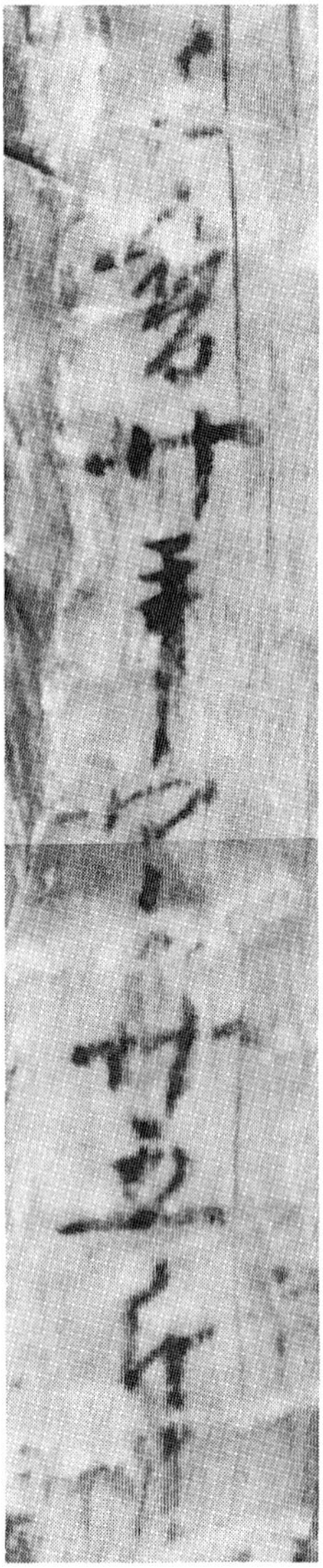

図 4-8　同前

図 4-9　法 113 号の墨書

図 4-10　同右

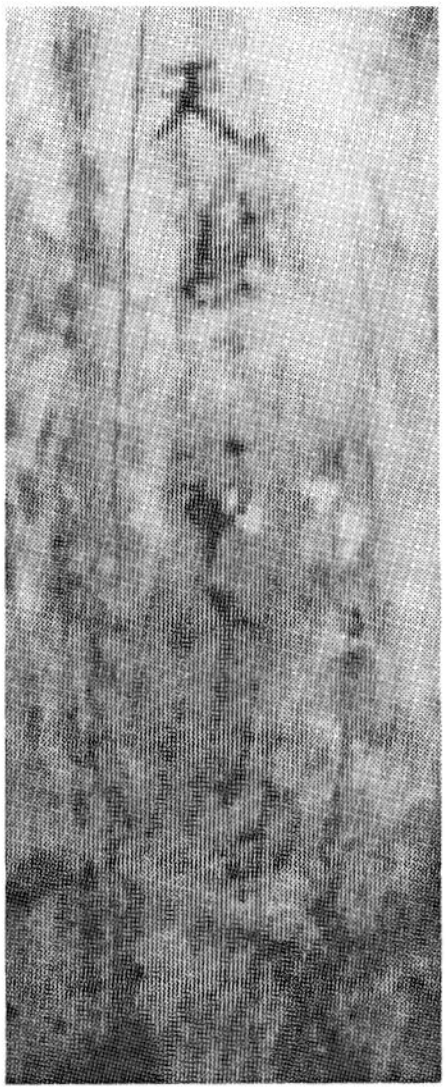

図 4-11　同右

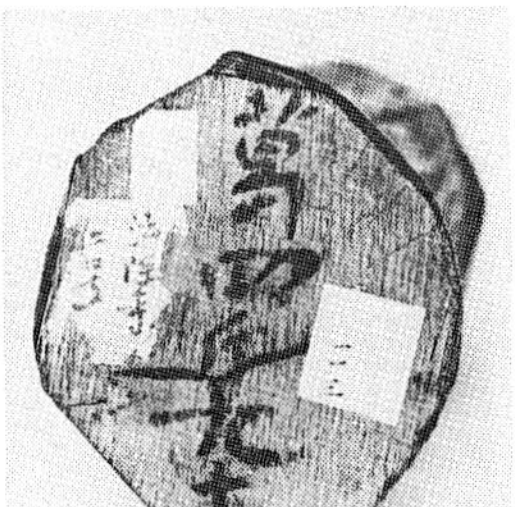

図 4-13　同右

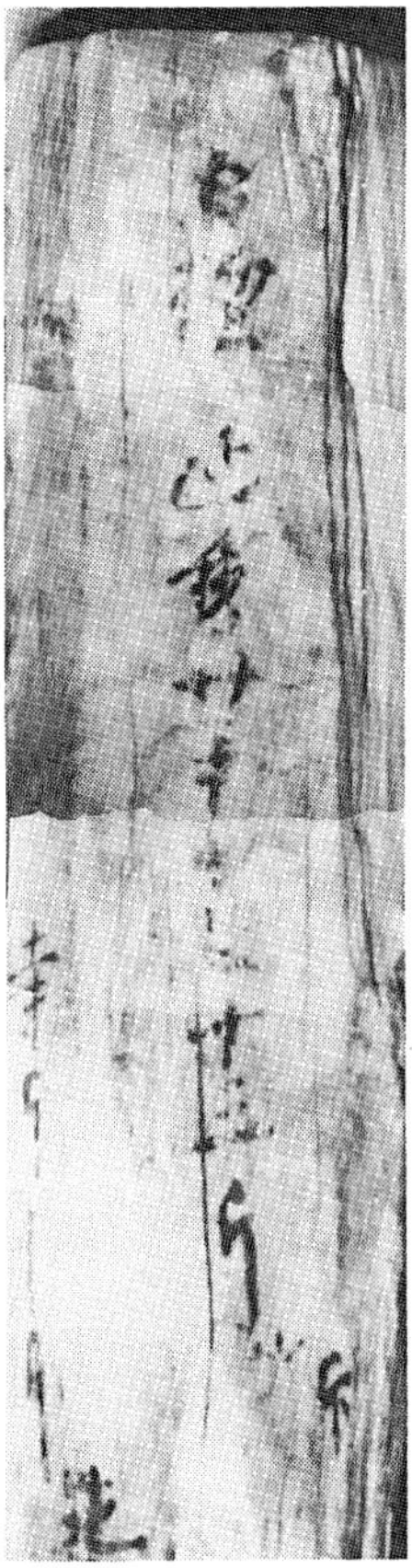

図 4-12　同右

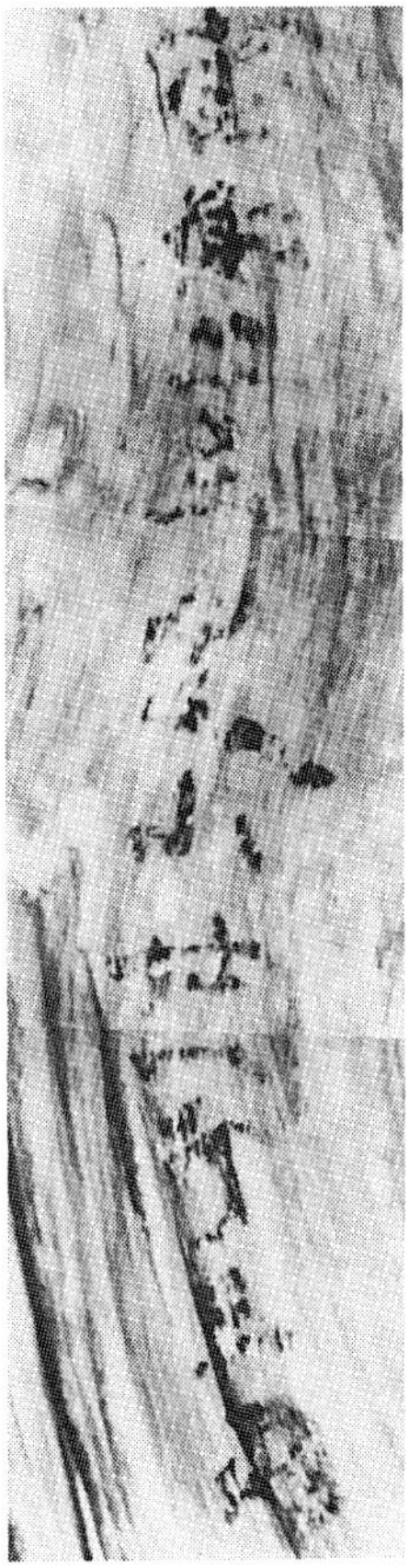

図 4-14　法 114 号の墨書

合香壱拾陸種
丈六分肆種（中略）
仏分壱拾種〈白檀香四百七両、沈水香八十六両〉
（中略）
聖僧分白檀香肆伯玖拾陸両
塔分白檀香壱伯陸拾両

しかも興味深いのは、塔分の白檀香一六〇両という数値が、「塔」の墨書をもつ法一一三号の「寺斤十斤」という量目と一致することである（一斤は十六両）。一体、法一一二号や法一一三号の「更定」云々という天平宝字五年の銘は、前回の検量を意識してのものであろうが、その前回の検量とは、墨書の位置関係からみて「廿三斤」（法一一二号）、「寺斤十斤」（法一一三号）と考えてよい。このことを念頭におくと、「寺斤十斤」は天平宝字五年以前の墨書であることがほぼ確実で、八世紀前半に溯る可能性もまた少なくない。もしこれが八世紀前半以前の数値とすれば、法一一三号は、資財帳記載の塔分白檀香そのものに当たるとも考えられる。他の香木について、資財帳記載との対応はたどれないが、資財帳の仏分白檀香や沈水香の中に含まれることも、充分ありうるであろう。

なお文献史料の欠落を埋めるものとして、これら三点の香木が「沈水香」と呼ばれてきたことは注目されてよい。この「沈水香」の称は『聖徳太子伝暦』推古天皇三年（五九五）四月の条にみえる左の所伝に起源をもつ。

夏四月、着二淡路嶋南岸一〈嶋人、不レ知二沈水一、以交レ薪焼二於竈一〉。太子遣レ使令レ献。其大一囲〈長八尺〉。其香異薫、太子観而太悦、奏曰、是為二沈水香一者也。此木名二栴檀香木一。生二南天竺国南海之岸一。夏月諸蛇相二繞此木一、冷故也。人以レ矢射。冬月蛇蟄、即折而採之。其実鶏舌、其花丁字、其脂薫陸、沈レ水久者為二沈水香一、不レ久者為二浅香一。而今陛下興二隆釈教一、肇造二仏像一。故釈梵感レ徳、漂送二此木一。即有レ勅、命二百済工一刻二造檀像一、作二観音菩薩高数尺一〈安二吉野比蘇寺一。時々放レ光〉。

この所伝は、推古天皇三年四月に淡路嶋に沈水香の大木が漂着したとする『日本書紀』の記事を増広したもので、もちろん事実ではないが、太子が観音像を刻ませた残余の香木は、法隆寺に残ったと考えられ、本来の材質とは関係なく、寺にあった香木がこれに当てられるようになった。それがいつまで溯るかは不明であるが、法隆寺僧顕真の『聖徳太子伝私記』(下巻)に引く寛元元年(一二四三)八月二十三日の日記に、

沈水香三〈其大者、長二尺許〉

とあるのは、おそらく最古の記事であろう。現存の三点の香木が推古朝漂着の沈水香とされ、それらが「法隆寺」ないし「太子」という雅名のもとに尊重されてきたことを思えば、(9)『聖徳太子伝私記』所見の「沈水香」が、現存の法一一二〜一一四号に当たる可能性は高いと考えられる。むしろこれらの香木が今日まで伝えられたのは、一にかかってこうした所伝があったためと推定され、これらが八世紀以来、法隆寺に存したとみることは極めて自然であろう。

伝来については以上の通りであるが、墨書に関しては、三点を通じ五回の検量が明らかにできることも注目される。この種の検量は、正倉院の薬物類にも例が少なくないが、(10)その年次を比較すると、天平宝字五年を除いて合致しない。従って統一的にこのような検量がなされたのではなく、献納宝物の場合、これらを蔵していた某寺(おそらく法隆寺)で独自になされた結果が記入されたのであろう。

ところで法一一二号、法一一三号の墨書に関しては、別にもう一つ問題がある。それは斤量が時代の下るにつれて増加している点である。このようなことは普通あるべきではなく、正倉院薬物の検量記載などでも、後代になるほど、出用の結果少ない数値を示す。かつてこの二点の香木を秤量した穂井田忠友は、延暦二十年の検量値を正しいと考え

たが[11]、確かに現在判明している奈良朝の一斤（小斤）の重さ二二四g[12]を基準とし、明治の切取りを考慮に入れると、宝字の重さでは過小である。やはり延暦の検量値が妥当なところであろう（表参照）。ただこれらの数値については、一斤の重さを異にする秤の存在を想定すべきかも知れず、あるいはまた江戸のものも含め、概数を記しているとも考えられる。法一一三号木口の銘の解釈と合わせ、しばらく疑いを存して後考に俟つこととしたい。

**表**　香木の重量の変遷　（単位 g）

| 香木＼年代 | 宝字5年（761） | 延暦20年（801） | 斉衡2年（855） | 天保7年（1836） | 現　在（1986） |
|---|---|---|---|---|---|
| 法一一二号 | 5376 | 5600 | | 5625 | 5468 |
| 法一一三号 | 2800 | 2912 | | 2925 | 2830 |
| 法一一四号 | | | 4749 | | 4647 |

（備考）　古代の1斤＝224 g，江戸時代の1匁＝3.75 g として換算.

## 三　刻銘と焼印

次に法一一二号、法一一三号の刻銘（図4-15・16）について検討する。この刻銘については、次にとりあげる焼印と並び、最も早くから注目されたところで、既に江戸時代の穂井田忠友や伴信友が韓字（朝鮮文字＝ハングル）説を出している。[13] しかしこれが誤解に基づく解釈であることは、すでに批判されている通りである。[14] また野里梅園編『摽有梅』[15]第一冊に法一一二号、法一一三号の拓本が貼込まれ、「天竺文字彫併焼印」と注記があるが、根拠をあげてはいない。注目すべきは、白鳥庫吉の示唆に基づいて古谷清の唱えたシリア文字説[16]であるが、これも具体的論証を伴なっておらず、一致する点も見出し難い。筆者は穂井田忠友の著作を通じて、かねてからこの刻銘に関心を抱いてきたが、今回実物の調査を踏まえて考えをめぐらすうちに、この刻銘がササン朝末期の銀貨やイスラム初期のササン朝スタイルの銀貨にみら

図 4-15　パフラヴィー文字の刻銘(法 112 号)

図 4-16　同上(法 113 号)

図 4-19　焼印合成図

図 4-18　同右(法 113 号)

図 4-17　ソグド文字の焼印(法 112 号)

れる銘字(パフラヴィー文字)と酷似していることに気付いた。[17] そこでイラン語を専門とされる上岡弘二氏(東京外国語大学教授)の御意見を求めたところ、この銘がパフラヴィー文字であることを確認していただくことができた。文意についてはは人名の可能性が強いようであるが、詳細は釈読をお願いした熊本裕氏による補説(一八四頁)を参照されたい。もう一つの懸案である焼印の文字(図4-17・18)に関しては、当初私には全く見通しが立たなかった。しかし刻銘との関連で御意見をうかがった吉田豊氏から、ソグド文字である旨、御教示を受けることができた。吉田氏の補説(一八五頁)にもある通り、この焼印文字の場合、重量または貨幣単位として読めるようであるが、香木そのものとの関係でなお問題が残る。

以上のように、釈読については、今後の検討に俟たねばならない点があるにしても、これら二種の文字が、それぞれパフラヴィー文字、ソグド文字と確定できたことは大きな収穫といえよう。刻銘や焼印の現状からみても、それらが後世の作為になるとは到底考えられない。またそれぞれの文字の書体も、七~八世紀のものとしてよいことが熊本・吉田両氏の検討で明らかにされている。これらの刻銘・焼印は、八世紀以前、日本に香木が舶載されるに先だって、いずれかの過程で刻入、押捺されたと確認してよかろう。両文字の遺存資料としては、日本はもちろん中国以東ではじめての例になる。

さらに注意されるのは、焼印が明らかに同一のものであり、刻銘もまたほぼ同文とみられることである(補説参照)。しかも刻銘・焼印は、法一一二号、法一一三号とも材の端近くほぼ同じ位置にあり、刻銘の文字の書き出しも、ともに材の端に遠い方から始まっている。これは二次的な切取りなどの結果、たまたま似た位置になったとみられるかも知れないが、前述の通り香木の重量は、八世紀以降、増えこそすれ減少してはおらず、切取りによる形の変化はあまりなかったと考えられる。従って刻銘や焼印の位置関係は、むしろ原状に近いと判断してよかろう。そうなれば刻銘・焼印は、落書など偶然の理由から恣意的になされたものではなく、また現状で完結しているとしなければならない。即ちもともと複数の同様な原材があり、それに対して一定の必要から、同文の刻銘と焼印がほぼ同じ位置に加えられていったと解せられる。もっとも焼印は、法一一二号と法一一三号で天地が逆になっているが、これは棒状の柄の先に印面が付いていて、押捺に際し逆転することもあったとすれば納得がゆく。また文字が墨書などではなく、刻銘・焼印という手間のかかる方法をとって表わされているのは、磨消を恐れてのことに他なるまい。おそらくこれらは、輸送途上での何らかの符丁か証明的な意味をもっていたのではなかろうか。

なお焼印ではないが、香木に対する印の使用例として、興味深い例が『シナ・インド物語』[18]にみえるので左に掲げる。本書は二つの部分から成り、第一巻は九世紀半ば、第二巻は十世紀初めの成立とされている。イスラム商人が、実地の見聞に基づいてインド・唐の事情を記した記録として史料価値は高い。

ムルターンという名の偶像について。この偶像はマンスーラ(現在のパキスタン南部、ハイデラバード付近)の近くに安置されている。インドの人々は何ヶ月もの行程をかけて、カーマルーン(インド東北のアッサム地方)産のインド沈香木をそこへと運ぶ。カーマルーンはこの沈香木が豊かにある地である。それは最も良質の沈香木で、この偶像のところにその木を持って行き、管理人に渡して、偶像に香を焚いてもらう。この沈香木のうちには、一マナーの値段が二〇〇ディーナールもするものがある。しばしばこの沈香木に押印されているが、その材質が柔らかいために刻印がめりこんでつくのである。商人たちはこの管理人たちからこの沈香木を買いつけるのである。

(『シナ・インド物語』第二巻、訳文六五頁)

ここでとりあげられているのは沈香であるが、この記述によると、沈香に刻印を打つことは古代インドで行われていたことがわかる。刻印が何の目的で打たれたのか、不明であるのは遺憾であるが、法隆寺の香木の焼印が決して特別なものでなかったことは確かであろう。おそらく貿易品としての香木に焼印を入れたり、荷主あるいは中継商人の名を刻んだりするのは、当時普通に行われていたことと推測される。前述伊藤敏雄氏の御教示によれば、現在インドから輸入される白檀にも木口に州政府の打った刻印（アルファベット綴字）がみられるとのことである。時代に大きな隔たりはあるが、類似の手法が今日もみられるのは興味深く、参考となろう。

また右の『シナ・インド物語』によると、沈香は単位重量あたりいくらと評価されている。竜脳香についても同様である（同書第一巻、訳文一九頁）。ソグド文字焼印の解読に当たられた吉田豊氏は、焼印の「半両」を、単位重量あたりの価格かとされたが、この記事はその可能性を強めるものといってよい。因みにこの価格のつけ方は現在でも同じである。

このようにみてくると、香木の文字は、その船載経路を考えるための有力な手掛りといってよい。次節ではこの事実の上に立って、その経路に関する私見を述べることにする。

## 四　栴檀（白檀）香の輸入経路

まず考察の前提となる法一一二号、法一一三号の産地であるが、栴檀（白檀）ということからして、インドないしインドネシアなどの熱帯アジアと考えてよかろう。[19] インドネシア産の場合も、宋代の文献などによれば、セイロン島方面に転送・交易されていたようであり、[20] 入手地を原産地に特定する必要はない。一方日本への搬入経路については、別に後述する通り、中国から日本へ伝えられたとみられる。従って問題は、熱帯アジアから中国へどのような輸入路が想定できるかということになろう。

文字の出自そのものが刻入・押捺された地に結びつくという前提に立てば、第一に考えられるのが次のルートである。

熱帯アジア→ペルシア→中央アジア→唐

この経路は一見地理的に不合理なようにみえるが、決してそうではない。インドの物産がローマ時代からペルシア湾岸に海路輸入されていたことは、『エリュトゥラー海案内記』（一世紀）にもみえる著名な事実である。とくにその第三十六節には、西北インドの港バリュガザからペルシア湾西岸のオムマナに向けて輸出される品として「白檀木」があげられてある。[21] このような通商路が一朝にしてなくなるとは考えられず、その担い手が変わっても存続していたとみるべきであろう。[22]

またペルシアを通じてインドの物産を輸入することは、唐代に確かに行われている。例えば『旧唐書』（巻一九八、西戎伝、波斯）をみると、インドに産する胡椒・華撥[23]が波斯の産物としてあげられている。これはインドの胡椒や華撥がペルシアを通じて唐にもたらされた結果、ペルシアが産地と誤まられたものであろう。[24] ソグド人の内陸アジアを中心とする中継貿易活動については、いまさら述べるまでもないが、ペルシアに入った栴檀（白檀）がソグド人の手を経て東方に運ばれる可能性は極めて強いといえる。[25]

しかし想定される輸入経路はこればかりではない。古来、熱帯アジアの香料は、海路中国の広州等に輸入される主要交易品として余りにも有名である。法一一二号、法一一三号の香木にしても、これが南海ルートを通じて中国へ入ったことは充分に考えられる。その場合、波斯による八世紀初めの南海貿易に言及した『往五天竺国伝』（新羅僧慧超撰）の著名な記事がまず注目されよう。[26]

土地人性、受（愛興カ）[27]二與易一、常於二西海一汎レ舶、入二南海一、向二師子国一、取二諸宝物一。所以彼国云レ出二宝物一。亦向二崑崙国一取レ金、亦汎二舶漢地一、直至二広州一、取二綾絹絲綿之類一。

この記述によれば、波斯の舶が師子国（セイロン）、崑崙（インドシナ・マレー・スマトラ）、唐の広州を結んで通商活動を行っていたことが知られる。この場合の波斯とは、その前段に、

此王（波斯国王）先管二大寔（大食）一。大寔是波斯王放（牧）駝戸。於レ後叛、便殺二彼王一、自立為レ主。然今此国、却被二大寔所一レ呑。

とある通り、ササン朝ペルシアの後裔を指す。波斯舶の積荷に香薬が含まれたことは、天宝八載（七四九）当時の広州の状況を述べた、『唐大和上東征伝』の次の記事から裏づけられよう。

江中有二婆羅門、波斯、崑崙等舶一、不レ知二其数一。並載二香薬珍宝一、積載如レ山。

なお、こうした有名な史料の他、ペルシア人の海上活動に関しては、戴孚の『広異記』、南海大蟹の話にも、次のような注意すべき記述がみえる。

近世有二波斯一。常云、乗レ舶泛レ海、往二天竺国一者已六七度。其最後、舶漂入二大海一、不レ知二幾千里一。至二一海島一。島中見二胡人衣二草葉一、懼而問レ之。胡云、昔与二同行侶数十人一漂没、唯己随レ流、得レ至二於此一。因レ爾採二木実草根一食之、得二以不一レ死（下略）。（『太平広記』巻四六四所引）

『広異記』は、八世紀後半の成立とみられる文学作品ではあるが、この話など、インド・中国間におけるペルシア人の活動をふまえたものに相違ない(28)。また前述の『シナ・インド物語』にも、サランディーブ（セイロン）島にゾロアスター教徒の居住していたことがみえる（同書第二巻、訳文六二頁）。ペルシア人のこのような海上活動は、セイロン島におけるアレキサンドリア商人とペルシア人との通商争いを記した、コスマス『キリスト教地誌』（六世紀半ばごろ成立）の有名な記事からすれば(29)、早くから行われていたと考えられる。ペルシア人の海上活動や、中国への香木の輸入がこうした形をとったとすると、その過程でパフラヴィー文字が記されても不自然ではなかろう。

問題はこの場合、ソグド文字の焼印をいかに解釈するかであろう。しかし文字を繰る人々が通商活動の展開に応じて移動することを考えれば、文字の使用される場所と文字の故郷とは離れていて差支えない。焼印となればなおさらである。周知の通り唐代の中国には多くの胡人が定住し、広州・揚州等、主な港湾都市には商胡の「胡店」も珍しくなかった。[30]「胡人」は一般に異国人を指し、[31]その概念は広いが、従来説かれている通り、その中でソグド人・ペルシア人の占める割合は高かったものとみられる。ソグド文字の焼印はもちろん、場合によってはパフラヴィー文字の刻銘も、香木を扱ったソグド人・ペルシア人によって、中国に入ってから押捺または刻入されたとも考えられよう。

また更に推測をめぐらせば、ソグド人そのものが南海貿易に参加していた可能性もなしとしない。ソグド人の貿易活動については、史料の残存状態を反映して、内陸アジアでの活動が注目されがちであるが、ソグド人が南海ルートでも通商に従事していたらしい徴証は存在する。例えばこれまた周知の事実であるが、[32]梁の『高僧伝』[33]巻一（訳経上）に載せる中国三国時代の外来僧、康僧会の伝をみると、康僧会の先祖は康居の人で、[34]世々天竺に居住し、その父が商賈であったところから、交趾に移り、そこで出家して呉に来たという。この所伝は時代は溯るが、香木に押捺されたソグド文字と合わせ考える時、頗る示唆にとむ。

また『シナ・インド物語』第二巻には、アラビア・唐間の海上貿易にたずさわったホラサーン商人の話もみえる。ホラサーンは、通常アム川以南の地をさすが、この場合は、「ホラサーンについて言えば、その国境はシナと接している。シナとソグドとの間は二ヶ月行程で、そこは通るのも困難な砂漠とはてしなく続く砂原があり、（中略）ホラサーン人がシナ人の国を襲撃しないのは、この砂漠があるからである」（訳文五六頁）とあるので、ソグド地方をさすとみてよい。

前引の『広異記』に現れる「胡人」も原住民とは考えられず、海上活動に従事したソグド人ではなかったか。ひるがえって考えてみれば、先にふれた波斯による胡椒その他の中継も、内陸ルートに限られたという保証はない。現状では前記の諸案のうち、いずれが正しいともにわかに確言はできないが、南海ルートの可能性が決して小さなものでないことを強調しておきたい。

なおペルシア人やソグド人の活動の結果、パフラヴィー文字やソグド文字が本国人以外に使用されたことも想定されないことではない[35]。ただその場合も、パフラヴィー文字やソグド文字の刻銘・焼印が使われたのは、これらの取引きがペルシア人・ソグド人の通商活動と深い関わりがあったればこそであろう。その点、刻銘・焼印が本国人以外の手になるものとしても、前述の検討結果は意義を失わないと考える。

最後に中国から日本への輸入経路について付言し、本節を閉じたい。日本への香木の輸入を考える場合、わが正史にみえる「波斯人」[36]その他の来朝記事を重視する考え方もありうるであろう。近年は、ペルシア人の日本への渡来を相当大規模なものとする見方も盛んである。また七～八世紀には、吐火羅国人、舎衛人[37]、婆羅門僧、林邑僧[38]、胡国人、崑崙国人[39]、瞻波国人などの異国人が、いろいろな形で来日している。中でも「波斯人」は、前述の『往五天竺国伝』や『唐大和上東征伝』の用字に鑑みると、南海の波斯[40]ではなく、明らかにペルシア人をさすとみてよい。しかしこれらの記録から、異国人の大規模な来日を想定するのはやはり疑問であろう。異国人の来日が恒常的であればあるほど、個々の事例は公的記録等に現れないとみるのが妥当ではあるまいか。むしろ個別の事例が正史その他に特記されたのは、それが珍しかったためと考える他はない[41]。以上のような理由から、これら異国人の来日を香木の輸入経路に関係づけることは避けておきたいと思う。こうした輸入貿易品の中継については、遣唐使や、あるいはそれ以上に朝鮮諸国の役割が重視されるべきである[42]。

# 五　むすび

法一一二号、法一一三号の香木を中心に、これまで検討を加えてきたが、その結果を要約すれば左の四点になる。

㈠これら二つの栴檀(白檀)香には、斤量の検定、資財の区分に関わる墨書の他、刻銘・焼印があり、刻銘にはパフラヴィー文字、焼印にはソグド文字が用いられている。

㈡墨書銘にみえる最古の紀年は天平宝字五年(七六一)であり、これ以前に舶載されていたことが確かめられる。また舶載後早い時期から法隆寺に伝存したとみて不都合はない。

㈢刻銘・焼印は、書体等からみて七・八世紀のもので、香木が貿易品として輸送される途上、何らかの必要があって刻入・押捺されたと考えられる。パフラヴィー文字・ソグド文字の資料としては、中国以東で確認できるはじめての例である。

㈣刻銘・焼印を手掛りにすると、香木は熱帯アジアから内陸アジア、または南海を経由するコースで中国に転送され、その過程にはペルシア人・ソグド人による中継貿易活動が大きく関与していたと考えられる。

香料や薬物は、前近代における最も主要な貿易品の一つであるが、消耗品・原料品という性質上、当時の品がそのまま伝わるのは珍しく、わずかに日本の正倉院宝物中にみられる遺例が注目されてきたに過ぎない。従ってその交易状況なども、推論に頼るところが大きかった。この点、本章で検討した白檀香二点は、貿易品としての流通過程をうかがわせる稀な例であり、文化交流史や貿易史上におけるその意義は、改めて評価し直される必要がある。また輸入栴檀香の一般的形態がこのようなものであったとすれば、栴檀(白檀)製の彫刻や工芸品の原素材のあり方を示唆するものとして、美術史的にも貴重な資料というべきであろう[43]。

(1) 覚賢『斑鳩古事便覧』(天保七年〔一八三六〕撰、たんこう舎編『法隆寺史料集成』⒂所収)、穂井田忠友『観古雑帖』(天保十二年〔一八四一〕刊、日本古典全集所収)、伴信友『仮字本末』附録(嘉永三年〔一八五〇〕刊、『伴信友全集』第三所収)、古谷清「旧法隆寺所伝香木彫刻の異体文字と烙印とに就きて(韓字説を駁す)」(考古学雑誌一―五、一九一一年)、東京国立博物館編『法隆寺献納宝物』(便利堂、一九七五年)、木内武男「法隆寺献納宝物銘文集成」(東京国立博物館紀要一三号、一九七八年)。

(2) 山田憲太郎『東亜香料史研究』(中央公論美術出版、一九七六年)三〇七頁以下。

(3) 但し白檀の輸入材については、装飾を兼ねて、円柱状の材の周囲にレリーフを施してあるものがあるという。

(4) なお本文に掲げた他に、各香木には左のような明治の切取りの際の墨書がある。

明治十一年四月九日切取(法一一二号)

明治十一年四月九日切取(法一一三号木口)

明治十一年四月六日切取(法一一四号)

(5) 正倉院の甘草袋や金石陵袋の墨書銘に同じ表記がみられる。松嶋順正『正倉院宝物銘文集成』(吉川弘文館、一九七八年)所収銘文三三五・三三六参照。また正倉院文書の道鏡牒にも「字七年」と記す(『大日本古文書』⑸四四七頁)。

(6) 法量からみて、同書に「一貫三百目」「一貫五百目」「七百八十目」とあるのは、それぞれ法一一四号、法一一二号、法一一三号に当たるか。なお同書には、天正八年(一五八〇)、織田信長により香木が切り取られたという所伝もみえる(補注)。

(7) 注(1)参照。同年成立の『斑鳩古事便覧』にもみえる。

(8) 高橋隆博「明治八・九年の「奈良博覧会」陳列目録について」(上)(史泉五六号、一九八一年)。

(9) 谷元淩問・藤野春淳答『香問答集』(寛政八年〔一七九六〕刊、『日本庶民文化資料集成』⑽、三一書房、一九七六年)参照。なお現在御物となっている法隆寺伝来の木画手筥は、天保年間の『御宝物図絵』などに「手筥の太子」とみえるところから、誤って聖徳太子所用の手筥という伝称をもつと解されていることがあるが、この『香問答集』などにも明らかなように、「太子」(香名)の残材を収めた手筥の謂である。

(10) 松嶋順正注(5)前掲書参照。

(11) 注(1)参照。

(12) 松嶋順正「正倉院宝物より見た奈良時代の度量衡」(『正倉院よもやま話』学生社、一九八九年)、中井公「奈良時代の分銅の発見」(れきし三〇号、一九九一年)。
(13) 注(1)参照。梶野良材『山城大和見聞随筆』(成城大学民俗学研究所『諸国叢書』(6)、一九八八年)に「名香も二本あり、高麗の草書にて文字あれどよめず」とあるのは、穂井田忠友などの説をふまえたものであろう。
(14) 古谷清注(1)論文。なお注(1)前掲『斑鳩古事便覧』は、神代文字説をとるが、問題とするに足りない。高田十郎「全浅香と沈水香」(『奈良百題』青山出版社、一九四三年)には「和漢の文字でもなく梵字でもない」といっている。
(15) 東京都立図書館蔵。加賀文庫四三〇六。全十冊。拓本・断簡・刷物・模写などの貼込帖で、編者野里梅園は大坂南組の惣年寄。林若吉編『従吾所好』(一九一二年)、幸田成友『日本経済史研究』(大岡山書店、一九二八年)六九五頁参照。
(16) 古谷清注(1)論文。佐伯好郎『景教碑文研究』(待漏書院、一九一一年)は、この説を祖述する。
(17) 筆者が一見したのは左の二書である。
**F. D. J. Paruck**, *Sāsānian coins*, **New Delhi, 1976 (reprint).**
**H. Gaube**, *Arabosasanidische Numismatik*, **Braunschweig, 1973.**
(18) 藤本勝次訳注『シナ・インド物語』(関西大学出版広報部、一九七六年)。
(19) 山田憲太郎注(2)前掲書参照。
(20) 同右。
(21) 村川堅太郎訳『エリュトゥラー海案内記』(生活社、一九四六年)。
(22) 米田治泰「ビザンツと西アジア文明」(山田信夫編『東西文明の交流』(2)、平凡社、一九七一年)三四〇～三四一頁。
(23) 山田憲太郎注(2)前掲書一三三頁以下参照。
(24) 同様なことは、竜脳・薫陸香について既に指摘されている。山田憲太郎注(2)前掲書四四頁、九四頁、一三六頁など参照。
(25) 竜谷大学蔵の西域文書(大谷探検隊将来)中に唐天宝二年(七四三)の交河郡市估案があり、トルファンの市場で、「白檀香」の取引きされたことが知られる(池田温『中国古代籍帳研究』東京大学出版会、一九七九年、四五九頁)。ただトルファンへの輸入経路は明らかでなく、内陸アジアルートを経由した証と断ずることはできない。
(26) 藤田豊八『慧超往五天竺国伝箋釈』(『大日本仏教全書』(113)遊方伝叢書第一所収)。

(27)「與易」が「興易」の誤りであろうことは、羽田亨「「興胡」名義考」(『羽田博士史学論文集』(上)歴史篇、一九七五年)に説かれている。なお羽田氏は挙げておられないが、「興易」の語は『唐律疏議』(名例33疏、衛禁87疏)にみえ(奈良女子大学松尾良樹氏の御教示による)、敦煌の変文にも用いられている(蔣礼鴻『敦煌変文字義通釈』上海古籍出版社、一九八一年)。

(28)同じ『広異記』の「径寸珠」(『太平広記』巻四〇二所引)にも海路帰国する「波斯胡人」が登場する。この話の存在については松尾良樹氏の御教示を得た。

(29)米田治泰注(22)前掲論文。

(30)石田幹之助「西域の商胡、重価を以て宝物を求める話」、同「胡人買宝譚補遺」(『増訂 長安の春』平凡社、一九六七年)参照。

(31)『南史』巻四〇、鄧琬伝付劉胡伝に、劉胡はもと面坳黒、胡に似るを以て、「坳胡」と名づけられたとある。この場合の「胡」はあるいは黒人(崑崙人など)をも含むか。

(32)羽田明『中央アジア史研究』(臨川書店、一九八二年)第三部第二章、「ソグド人の東方活動」参照。

(33)『大正新脩 大蔵経』(50)所収。

(34)康居はシル川北方の都市。ただ康国(サマルカンド)と混同されることも多い(桑原隲蔵「隋唐時代に支那に来住した西域人に就いて」一九三四年初出、『桑原隲蔵全集』(2)、岩波書店、一九六八年)。康という姓は通常康国出身者をさすので、ここも康国の意か。

(35)平安前期までの輸入漢籍を載せた『日本国見在書目録』小学家の条に「波斯国字様一巻」が見えることはよく知られている。その「波斯国字」はパフラヴィー文字を指す可能性が強いであろうが、こうした書物が撰述されていることは、唐代人にとって少なくともこの文字が、全く無縁の存在でなかったことを物語るであろう。なお西安からは、漢字とパフラヴィー文字で綴られたペルシア人の墓誌(咸通十五年、八七四年銘)も出土している。陝西省文物管理委員会「西安発現晩唐祆教徒的漢、婆羅鉢文合璧墓志―唐蘇諒妻馬氏墓志―」(考古一九六四年九期)、伊藤義教「西安出土漢蕃合璧墓誌蕃文解読記」(西南アジア研究一三号、一九六四年)。この墓誌については、吉田豊氏の御教示を得た。

(36)『続日本紀』天平八年(七三六)八月庚午(二十三日)条。

(37)以上、『日本書紀』白雉五年(六五四)四月条。吐火羅・舎衛の比定については、井上光貞「吐火羅・舎衛考」(『古代史研究の世界』吉川弘文館、一九七五年)に詳しく、それによれば、吐火羅は東南アジアのドヴァーラヴァティー、舎衛はインドのスラーヴァスティに当てられる。

（38） 以上、注（36）に同じ。

（39） 以上、『唐大和上東征伝』。瞻波は占城である。崑崙人については『日本後紀』延暦十八年（七九九）七月庚午（二十八日）条にも、漂着のことがみえる。

（40） 南海の波斯をめぐる諸説については、鈴木靖民『古代対外関係史の研究』（吉川弘文館、一九八五年）第三編、「ペルシア人李密翳をめぐる臆説」参照。

（41） 注（39）でふれた『日本後紀』の崑崙人漂着記事によれば、はじめ何国人かわからず、大唐人にたずねて崑崙人と判明したという。のちに日本語に習熟した本人は、「天竺人」と名乗ったというが、インドシナあたりも広義の天竺であり、双方は矛盾するものではない。ところで、少なくとも鑑真随行者中に崑崙人があり、その渡来がはじめてではなかったにも拘らず、このような経過をたどったのは、渡来が稀であったことを示すであろう。これは他の異国人の記事を考える上にも、示唆的である。

（42） 拙稿「鳥毛立女屛風下貼文書の研究―買新羅物解の基礎的考察―」（『正倉院文書と木簡の研究』塙書房、一九七七年）、本書「正倉院文書からみた新羅文物」、同「遣唐使の文化的役割」など参照。

（43） 古代における白檀材の丈量を示す史料としては、貞観十三年（八七一）の安祥寺伽藍縁起資財帳に「白檀香一支〈本径七寸五分、末径五寸五分、長三尺五寸〉」という例がある。

（一八〇頁補注） 享保元年（一七一六）の序を持つ『古梅園墨譜』には、「洗水香」として三点が図示されている。

〔追記〕 本稿の発表後、家島彦一「法隆寺伝来の刻銘入り香木をめぐる問題―沈香・白檀の産地と七・八世紀のインド洋貿易」（アジア・アフリカ言語文化研究三七号、一九八九年）が出て、古代・中世の香料貿易をめぐるイスラム史料が多数紹介されている。

なお本稿初出時には、補説として熊本裕・吉田豊両氏による刻銘・焼印についての論考を併載させていただいたが、両氏の御諒解を得て、次に再録する。

〔補説1〕

## Pahlavi 刻銘について

熊本裕

法隆寺献納宝物の法一一二号及び法一一三号に刻まれた語は、多少の摩滅にもかかわらず、きわめてはっきりした中期ペルシア語(広義のPahlavi)の後期の書体、即ちLate Sassanian cursiveといわれるものと認めることが出来る。二つの刻銘は細部で多少相違するが、基本的に同一語が意図されていたと見なされるべきである。同一種類の対象に、大部分一致するが文字が一つだけ異なる二つの単語を刻むことは説明しがたいからである。このことは刻銘を理解するための唯一の状況的手がかりと言える。銘文自体の理解のためには様々な困難がある。まず、木片に刻むと言うことは、現存の中期ペルシア語(ないしは中期イラン語一般)の資料に例を見ない。石に刻まれた碑文やパピルス文書の字体とこの刻銘の字体が多少異なるとすれば、その理由の幾ばくかはこの様な材質的条件によるとも考えられる。第二に、一単語のみの刻銘で、文脈が存在しない。これは貨幣銘や印章銘のあるものと同一の条件である。最後に後期の中期ペルシア語特有の、一文字が場合によって多音価をあらわしうるという事情がある。

刻銘自体は、bwhtwdy[bōxtōy]と読める。第一(右端)の文字bの末尾が左へ長く延びて語末に及ぶのは、碑文を始めゾロアスター教系中期ペルシア語(狭義のPahlavi)の写本にみられる。その末尾が語末の文字に結び付けられた例も、例えばBerlin papyriのNo. 51(O. Hansen, "Die mittelpersischen Papyri der Papyrussammlung der Staatlichen Museum zu Berlin", *APAW* 1937, No. 9, Taf. 19)や、より早くはDura-Europos(C. J. Brunner, *JAOS* 92, 1972, 495参照)の彩壁碑文にみられる。第二字の縦線はw/n/rであり、第三字は、後述の最終字と大きさの点で明らかに区別され、d/g/yの連続と言うよりはむしろ'/hとみなされるべきである。第四字tは、法一一二号ではゾロアスター教の書物のtに近く、法一一三号では縦線を一本欠くようにも見えるが、それが単なる誤りでなければ、初期の碑文や貨幣銘にみられる字体のtとも見なしうる。第五字は第二字に同じ。その次の最終字は、sか、d/g/yの連続、ないしは語末位の-ykともよめる(特に法一一三号の左端字の上部が丸く左へ曲がっている点)。sで終わる単語はギリシア語からの借用以外には問題にならず、選択は後二者に限られる。

さて、ここでこの刻銘が如何なる性質のものかが考慮されなければならない。この香木が銀器等に匹敵する貴重品だとすると、この場合も銀器等と同様に、所有者名(通常後にNPŠE[xwēš]「~の所有物」が続く)、量目(ソグド文字の焼印についての補説参照)、材質などが記されるものと期待される。これらのうちもっとも重要なのは所有者名であろう。中期ペルシア語の人名を総合的に扱ったP. Gignoux, "Les noms propres en moyen-perse épigraphique", dans P. Gignoux et al. ed., *Pad Nām i Yazdān, Études d'épigraphie, de numismatique et d'histoire de l'Iran ancien,* Paris 1979, 35-100によれば、通常の派生形容詞を形成する-yk[-īg](例えばこの場合*bwht'yk)に終わる人名は極めて少なく、このタイプの存在は疑わしい(p. 64)。他方、より豊富にみられるのは、*uka(＞-ōg)や*uya(＞-ōy)の様な接尾辞に終わる人名である(p. 64-66)。なかでもbwhtwk'[bōxtōg]という名は実際に見いだされるが、この香木の場合、sのように見える最終字の右半分は、その上部の曲がり方からしてkとは見なしがたい。またBōxtōgの第二例として引かれた大英博物館の印章CG一六も、実際はkの字に相当する部分が破損して失われており(P. Gignoux, "Cachets sassanides du British Museum", dans *Varia* 1976(=Acta Iranica 12), Téhéran-Liège 1977, 132. 及びA. D. H. Bivar, *Catalogue of the Western Asiatic Seals in the British Museum, Stamp seals II; the Sassanian Dynasty,* London, 1969, pl. 8)、bwhtw[d]yと読むことも可能である。以上の理由からこの香木の刻銘もbwhtwdy[bōxtōy]という人名と解することを提案したい。

## 〔補説2〕

### ソグド語の焼印について

吉田豊

東野氏の報告によれば、ソグド文字の焼印は[1]、円柱状の香木に押捺されているので、その精確な字形を知るには二つの香木の焼印を合成しなければならない。東野氏によって作成された合成図(図4-19)によれば、焼印は四・四×三・三㎝の方形の枠に囲まれており、各々が三文字から成る二行の銘と、十字形から成り立っている。ソグド文字を含む焼印は、管見の及ぶ限りこれが初めての例である。

焼印中の六個の文字から判断する限り、その字体は一般に草書体(cursive script)と呼ばれているものである。この字体は八世紀初めに書かれたムグ文書では既に用いられているので、七世紀には成立していたものと考えられている[2]。ソグド文字は右から左へ横書きされることも縦書きされることもあるので、この焼印の文字が本来横に読まれていたのか、縦に読まれていたのかはわからない。

第一行は、確実にnym「半(分)」と読むことができる。第二行では、最初の二文字の読みsy-は確実である。初頭のsは、š

とは区別できる字形で書かれている。最後の文字には、-'、-n、-rの三通りの読みが可能である。しかしそのうちのどの読みにも難点がある。すなわち、-'或いは-nと読むには、左下（縦書きと解すれば右下）に伸びた「尾」が短かすぎるし、-rと読むにはこの文字に特徴的な角ばった「頭」が見られない。従って、どの読みを採るかは内容から判断しなければならない。

第一行の**nym**「半（分）」は、次に何らかの単位を表わす語がつづくことを想定させるが、現存のソグド語文献中には、**sy'**, **syn**, **syr** という単位は在証されない。しかし**syr**に関しては、近世ペルシア語（NPと略す）に**sēr**（>**sīr**）、新コータン語に**sera-**, **etc.** という[3]、究極的にはギリシア語の*στατήρ*に遡る重量の単位が存在する。それ故ここでは、全体を**nym syr**と読むことを提案したい。しかしソグド語には、同じ語源の**st'yr**という一般に用いられている語が存在しているので、ソグド人が本当に**syr**という単位を用いていたかどうかについては疑問が残る。[4]

NPの**sēr**は約七五**g**に相当する重量の単位であるが、[5] モンゴル時代には中国語の両に当る貨幣の単位としても用いられていた。[6] 同様にコータン語の**sera-**も、サンスクリットの**pala-**に相当する重量の単位として以外に、価値の単位としても用いられていた。[7] ところでこの二つの焼印は、本来重量が余程異なっていたと考えられる二本の香木に押捺されているので、各々の香木の全体の重量、または値段を示しているものとは考えられない。むしろ、ここでは記されていないが、香木の売買の際に最も一般的に用いられていた単位重量当りの値段（或いは単位値段当りの重量）を示すものではないだろうか。その場合には、この焼印は香木の品質を示すものともなり得るので、本来重量が異なる香木に押されていたとしても不思議はない。[8] しかし現在のところ、この焼印の**syr**が実際にどれ程の重量或いは値段を示すものであったのかはわからない。なお、焼印の中の十字形については、香木を扱っていたソグド商人の一種のトレードマークであるという解釈が可能であるかもしれない。[9]

（1） 東野氏注（1）前掲の古谷清論文三二頁に掲載された大谷探険隊将来のマニ教文書は、中世ペルシア語の讃歌と、パルティア語による地獄の描写を含むものである。この文書については別に論文を用意している。

（2） ソグド文字の起源及び字体の変化については、『言語学辞典』（三省堂）の拙稿「ソグド文字」を参照されたい。

（3） このコータン語形の存在を御指摘下さった**N. Sims-Williams**博士に感謝する。なお中央アジアの諸言語におけるギリシア語*στατήρ*に由来する語については、**H. W. Bailey**, *Dictionary of Khotan Saka*, **Cambridge**, **1979**, **p. 418** の**satīra-** の項を参照せよ。そこにはコレズム語形（'）**str**（**y**）**k**も含めることができる。

（4） また、これをペルシア語からの借用語であると解するにしても、中世ペルシア語**s**（**a**）**tēr**（ササン朝下では約一六**g**に当る。cf. W. B. Henning, *Bulletin of the School of Oriental and African Studies* 24, 1961, p. 354)からの音韻変化という点からは説明のつかないNP sērが、八世紀に使われていたかどうかも不明である。NP sērについては注(6)に引用する前田直典の論文も参照。

(5) W. Hinz, *Handbuch der Orientalistik*, I Abt., Erg. I, Heft 1, *Islamische Masse und Gewichte*, Leiden, 1970, p. 33参照。

(6) 前田直典「元代の貨幣単位」(『元朝史の研究』東京大学出版会、一九七三年)一九～三九頁参照。この点は森安孝夫氏から教示を受けた。

(7) Bailey, *ibid*.

(8) 品質を示すものではないかとするこの解釈は森安孝夫氏によるものである。

(9) 筆者は初めこれを漢字の数字「十」と読み、ソグド語のnym syrに相当する漢語の単位を示すものと考えた。例えば1 syrを七五gと考えれば、1/2 syrはほぼ唐代の十銭(3.73 g×10)に当る。しかしsyrの実体が明らかではないので、ここではこの解釈は採用しない。

# 椰子のひさご

## 一　はじめに

一九九一年の正倉院展に、「椰子実」が出陳された（図5）。「椰子実」という名称は、正倉院展の展観目録に従ったのであるが[1]、正確にはココヤシの子殻で作られた容器である。この容器については、従来松嶋順正氏による紹介があったが[2]、実物が公開されたことはなかった[3]。私は松嶋氏の紹介を通じてこの品の存在を知り、実物、写真とも未公開のまま、とりあえず、古代における南方文化の一影響として言及したことがあったが[4]、実物が公開されたのを機に、あらためてこの品の意義を考えてみることとしたい。何分にも伝来についての史料は零細であり、関連史料も多いとはいえないが、この資料の重要性に鑑みれば、臆測をも加えつつ、及ぶ限りの検討を加えておくことは無駄ではないであろう。

**図5**　椰子実（正倉院宝物）

## 二　形状と関連史料

まず最初に、この容器の形状を、松嶋氏の紹介、展観目録の解説及び展示会場での実見結果などによってみておく。前述の通り素材はココヤシの実の殻であって、これに一孔をうがち、その開口部を中心に彩色を加えて人面を表現している。松嶋氏によれば、眼、鼻は自然の皺襞を利用して彩色を施したものというが、展観目録では「眉、目、鼻の形をわずかに彫り加え」とあって、これらを人工的な加工とみているようである。顔面以外の表面は、光沢があるものの生地のままとみられる。内面には墨色の塗料が塗られているのがみえるが、この塗料は一部剥落しているらしく、生地のみえる個所もある。この塗料については、展観目録に「黒漆のようなもの」とあるが、表面の彩色も含め、その性質は明らかでない。直径は一一・八㎝という。工芸品としては、極めて簡素なものといえよう。

松嶋氏はこの容器を、建久四年（一一九三）の開検目録(5)にみえる「海蠲子」に比定された上で、「海蠲子」は、『和名抄』に「和名夜之」とみえ、『色葉字類抄』に「ヤコ、又ヤシノヒサコ」とみえる「海髑子」の誤りであろうとされている。従うべき見解であろう。これ以前に溯る史料はないようであるが、これによって少なくとも平安時代以前には、この容器の正倉院に入っていたことが判明する。

ではこの容器は、いつごろのものと考えられるであろうか。いまのところ建久の目録より溯る史料はないようであるが、平安時代の文献に、左のような椰子の器物がみえることは注目される（〈　〉内は原文双行注。以下同じ）。

(イ)『延喜式』造酒司、諸節雑給酒器

金銀杓三柄〈七月、加二耶子一柄一〉（中略）右五位已上料（下略）

(ロ) 前唐院資財実録[6]

轆轤桶一合〈納二丹等一〉　夜子瓠一口

(イ)の『延喜式』の記事は、節会の際、五位已上に酒を給する時の用具を列挙したうちの一項で、「耶子」の杓がみえる。この「耶子」は椰子に通ずるとみてよいであろう。『類聚名義抄』(仏部下本、九一丁裏)に「椰」をあげ、「音耶、椰子、木名」とし、カツラの訓を付すが、この訓が孤例であることや、椰子の実から酒杓を作ることが、慧琳『一切経音義』(巻三五、椰子果の項)にもみえることからして、「耶子」は椰子と考えられる。『延喜式』が撰上されたのは延長五年(九二七)であるが、その条文は既にあったものを集成したという性格が強く、むしろ八・九世紀に溯るものが少なくない。この条文の制定年代は明らかではないが、やはり平安前期以前に溯るとみてよいであろう。一方、(ロ)の前唐院資財実録は、慈覚大師円仁の住房であったとされる比叡山の前唐院の仏具・調度などを書き上げた目録である。その大部分は円仁の将来にかかる品々であった。円仁の将来した経典等が前唐院に保管されるようになったのは、十世紀末の良源座主による前唐院再興以来のことのようで、これらの仏具・調度等も、そのころから前唐院に収納されていたとみてよかろう[7]。この実録の作成年代は明らかでないものの、経典類の目録が十一世紀末には成立していたことをみると[8]、それを下らないと考えられる。さて、ここにあげられた「夜子瓠」は、『和名抄』(二十巻本)の「夜子」という表記から類推して、やはり椰子の瓢であろう[9]。この品は円仁将来品とはされていないが、再興前唐院の性格からして、円仁ゆかりの品である可能性は高いとみられる。顔料を入れた轆轤びきの桶と並記されているのは、これが何らかの容器であったことを示唆していよう。

(イ)(ロ)の史料にみえる椰子の杓や椰子の瓠は、いずれもどのような形態のものか不明であるが、(イ)の杓は、おそらく椰子の子殻を半截したような容器であり、(ロ)の瓠は完形をとどめた容器と考えられる。『和名抄』では杓は「比佐古」、瓢は「奈利比佐古」とあるが（器皿部、木器類）、狩谷棭斎が述べているように、古くはともにヒサゴであったとみられる。[10]『東大寺諷誦文稿』（平安初期成立）にみえる「瓠（ヒサ〔コ〕）」の例[11]は、これを裏づけるであろう。この場合は死者の首が白い髑髏となることを「白瓠」（白きヒサコ）と表現しているのであるが、これはその形が完形のヒサゴに似ていたからであると考えられる。従って「夜子瓠」は、装飾の有無は別にして、正倉院の椰子の実に近いものであったとみられる。

以上にとりあげた諸史料から判断すれば、正倉院の椰子の実の容器も、恐らくは椰子のヒサゴと呼ばれるべきものであり、その年代は、平安末期よりさらに古く溯る可能性が充分考えられよう。

## 三　産　地

次の問題は、この容器がどこで作られたかである。いったいココヤシの子殻は、後述するように、自然のままでも顔を連想させる特徴を備えており、ココという言葉も、尾長猿の頭のように見えるところから、ポルトガル人がこう呼んだものである。[12]従って産地を考えるに当たっては、古代の日本や中国において、椰子がどのように認識されていたかをみておく必要があろう。

古代日本における言及としては、『和名抄』の記事がまずあげられる。[13]この記事は『和名抄』独自の文ではなく、『和名抄』の参照した『本草和名』（十世紀初めごろ撰）によるものとみられるので、[14]左に二つの文を対比して掲げておこう。

海髑子、崔禹錫食経云、海髑子〈和名夜子〉、此物含二神霊一、見レ人即没二海中一。似二髑髏一而有二鼻目一、故以名之。

（『和名抄』巻十九、鱗介部、亀貝類。十巻本では和名を「夜之」に作る）

海髑子〈音徒木反。此物含二神霊一、見レ人即没在二海中一。似二髑髏一而有二鼻目一。故以名。出二崔禹一〉、和名也之。

（『本草和名』第十六巻、虫魚類）

しかし『本草和名』にしても、中国南北朝時代の崔禹錫『食経』[15]を引いて文を立てたに過ぎない。ただ海髑子の和名が「也之」ないし「夜子」とされているのは、おそらく「椰子」の音から来ているとみられる。[16]『本草和名』や『和名抄』では海髑子を魚貝の類としているにも拘らず、これを椰子の実に結びつける知識は存在したとみてよい。ただ、和名が真の意味での和名でないことからすると、これも日本で独自に形成された知識かどうかは疑わしいであろう。その後も『類聚名義抄』や『色葉字類抄』などの古字書に、椰子・海髑子などが採録されるが、先行書の記事の継承に終わっているというべきである。

そこで中国に眼を転じると、南北朝時代以前のまとまった記述として、北魏、賈思勰『斉民要術』巻十の「椰子」の項があり、『異物志』『南方草物状』『南州異物志』『広志』『交州記』『神異経』の諸書を引いている。撰者賈思勰が断っているように、この巻の植物は、「中国」のものではないが「其の名目を存し、其の怪異を記す」というのであるから、北朝人のよく認識するところであったとはいえない。これらの諸書の記事も、何らかの類書からの孫引きである可能性も考えられる。ただその中の『異物志』の記事に、「又有如両眼処、俗人謂之越王頭」（また両眼の処の如き有り、俗人これを越王の頭と謂う）とあるのは、人面との関わりで注意される。[17]「越王頭」についての言及は、唐代の『酉陽雑俎』（前集巻一六）にもみえるが、晋の嵇含撰という『南方草木状』巻下（椰樹）には、この越王の頭をめぐる説話的記述がみえている。[18]同書は宋代以降の偽書ともいわれ、にわかに晋代のものとすることはできない[19]が、類似の説話がすでに古く形成されていたとみてよかろう。

南朝においても椰子は珍しかったらしく、梁の陶弘景の『本草経集注』[20]にも採られていない。なお撰述の事情は明らかでないが、前述した『本草和名』所引の崔禹錫『食経』の記事も、南北朝期の知識として注目できる。『本草和名』は、この海髑子を虫魚類の項にあげており、これは『食経』の分類に従ったものであろうから、海中に漂う椰子の実の殻を、貝の一種と認めたのであろう。海の髑髏というとらえ方は、やはり人面を意識したものとして、一応注意されるが、椰子の実が極めて縁遠い品であったことを物語っている点も、看過できない。なお『斉民要術』の諸文献に並行するものとして、晋の李彤の『字指』や魏の李登の『声類』もあげられるが(いずれも慧琳『一切経音義』巻八一、椰子の項所引)、これらに現れる椰子の説明も、字書上の知識にとどまった可能性が強い。

唐代になっても、蘇敬の『新修本草』には椰子は未載である。[21]『大唐六典』(巻三)や『元和郡県図志』(巻三四・三七・三八。巻三五・三六は欠巻)、『新唐書』地理志にみえる嶺南道の貢賦中にも、椰子はみえない。『経史証類大観本草』[22]から、椰子が開元二十七年(七三九)撰の陳蔵器『本草拾遺』に採録されたらしいこと、また『海薬本草』にも記事があったことが知られる。[23]『大観本草』によれば、北宋の『開宝本草』(開宝七年〔九七四〕、重定本成立)に至って、正統的な本草に椰子が初めて採られたようである。以下、北宋末以降の『証類本草』に「椰子」が立項されてゆく。椰子はまた本草書以外でも、南宋の趙汝适『諸蕃志』[24](宝慶元年〔一二二五〕撰)に登場してくることは周知のところである。椰ないし椰子に言及した中国文献は、この他北宋までに限っても、左太沖の「呉都賦」(『文選』巻五所収)、呉の『荊揚以南異物志』、唐の『嶺表録異』など少なくないが、全体の傾向をうかがうには、以上の諸例で大過ないであろう。

このようにみてくると、椰子の実と人面との親近性が早くから言及されているものの、一般に古代の中国人が、実物に則してどれほど椰子の実を知り、人面との関係を認識していたかは疑問といわなければなるまい。先にみた日本古代の状況からいって、椰子の実を用いた器などは使用されたかと思われるが、日本の場合から判断しても、その使用は限られており、広範なものであったとは考えにくい。人面、人頭との関係も「怪異」の一つとして受けとられたとみるべきではなかろうか。

そこでより具体的に正倉院の容器について考えてみると、その原料の入手、製作過程に関しては、次のような可能性を想定できる。

(1)椰子の実が日本に漂着した場合。
　(イ)果皮付きのまま。
　　(a)中央に貢上された後、加工。
　　(b)地方で加工された後、貢上。
　(ロ)子殻のみ。
　　(a)(b)同右。
　(ハ)製品として。
(2)椰子の実が日本に舶載された場合。
　(イ)果皮付きのまま。中央で加工。
　(ロ)子殻のみ。
　　(a)日本で輸入後に加工。
　　(b)中国文化圏で加工済み。
　　(c)原産地に近い南方で加工済み。

松嶋順正氏は、正倉院の椰子の実を漂着物とし、展観目録の解説もこれを支持しているようである。(25)日本沿岸に漂着する椰子の実が、古くから少なくなかったこと[26]を考えると、その可能性は確かに存在しよう。しかし私は、(1)説の成立する余地は低いと考える。柳田国男も述べているように、漂着した椰子の実は、その地域の限られた人に利用される程度で、そのものについての明確な認識があったとは考えにくい[27]。先にみた通り、古代の中央での認識も顕著なものではなかった。この状況は海外事情に通じた特殊な知識人[28]の場合を除いて、近世でも変わらず、博学を以て知られた狩谷棭斎も、『和名抄』の海䴴子については、「按、海䴴子・夜之、並未詳[29]」とするのみである。このような中では、漂着した現地で椰子の実が中央へ貢上すべきほどの財物的価値を認められたかどうかは頗る疑問であり、とくに(1)(イ)のような果皮付きの場合は、ほとんど考慮の外に置いてよいと思われる。中央でもこうした珍しい漂着物があることが把握されていたかどうかは疑わしく、その珍稀さが中央で意識されておれば、南島の赤木のように[30]貢上などに関する何らかの古代史料が残っていてもよいであろう。それに対し(1)(ロ)のような子殻が漂着した場合は、比較的可能性があるかと考えられるが、平素見なれない子殻から、人面を連想することができたかどうか、それを加工して賦彩することまで行われうるかどうか、疑問なしとしない。内部の塗料やその剝落部から見える生地の状態が、長期の漂流を感じさせない新鮮さを保っていることも、この疑問を助長する。また(1)(ハ)の場合を考えるのは、彩色の残存などからいって無理であろう。

そう考えると、やはり(2)説のような舶載品の可能性を重視せざるをえなくなる。ただその場合も、(2)(イ)や(2)(ロ)(a)は、(1)説でみたと同様の理由から、除外できよう。かくて問題は、(2)(ロ)の(b)か(c)に絞られてくると考える。そこで(b)であるが、前に述べた中国十一世紀ごろまでの椰子に対する認識や利用状況を念頭におけば、中国文化圏であのような加工、造形がなされたとするには、やはり違和感がある。これは日本での加工とした場合にもいえることであるが、人面の描法や意匠感覚は、日本を含めた中国文化圏のものとは異質といわざるをえないのではあるまいか。やはり正倉院の容器は、椰子の実の原産地に近い場所での製作と考えるべきように思う。

## 四　南方の製品との比較

ここで注目されるのは、現代に近い時期の南方の製品に、この容器と技法・感覚の類似するものがあることである。まず図6の容器は、今世紀初め、ミクロネシアのカロリン群島（トラック諸島）で採集された水入れ、図7も同時期にマーシャル群島で採集されたと推定される水入れである。[31]元来ココヤシの実は、先端部（枝に付いている部分）から果皮を剝ぐと、一つの発芽孔と二つの退化子房痕をもつ子殻の面が現れる[32]（図8〜10）。これがさながら猿面を想起させることは先にふれた。完熟しないココヤシの実は、子殻内に液状の胚乳をたたえており、それが飲料となることは古くから文献にみえるが[33]、その場合の飲み口に利用されるのが、前述の発芽孔である。この部分は薄い皮膜があるだけで、子殻そのものが薄くなっており、容易に穿孔できる。図6、7の水入れは、いずれもこの発芽孔を大きく広げて容器の口としており、図6の方が子殻表面を丁寧に磨いているという差はあっても、同工のものといえる（図7の品にかぶせられた網状の袋や、図6に附属する紐は、携帯の便宜のため付けられたものである）。正倉院の容器が、これと同じ方法で作られていることはいうまでもなかろう。従って眼に当たる個所は前述の退化子房痕を利用したものであり、人工による加工の結果ではない。

ところでこれらの水入れは、とくに人面としての造形を行っていないが、同じミクロネシアの製品に、子殻で作った図11のような面がある。この椰子の面は、私の叔父梅之が昭和十七年（一九四二）ごろ、マーシャル群島の原住民から贈られたもので[34]、彩色も油性塗料によったかとみられる新しい作品である。従って正倉院の椰子の実とにわかに関

**図6**　トラック諸島の水入れ東京大学理学部人類学教室蔵（国立民族学博物館寄託）

**図7**　マーシャル群島（推定）の水入れと樹葉製の栓　同右

**図8**　ココヤシの実　大阪市立自然史博物館蔵

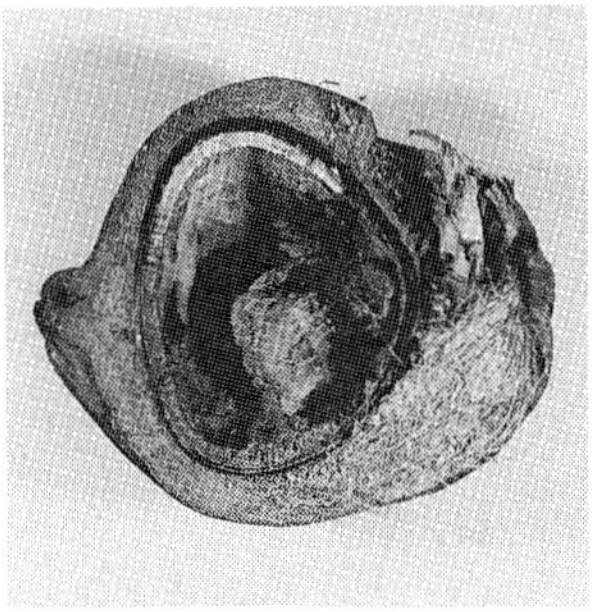

**図9**　ココヤシの実（断面）の発芽状況　同右

**図10**　ココヤシの子殻（果皮を除いたところ）　同上

**図11**　マーシャル群島の面　著者蔵

係づけることができないのは無論であるが、子殻の退化子房痕や発芽孔の拡大部を利用して、積極的に人面を造形している点で、双方の間に共通点のあることは看過できない。ここにとりあげた新しい事例は、いずれも私が気づいたり、教示をうけたものに過ぎず、同様な製品が他にも存在するかも知れない。しかし正倉院の容器にみられるような加工、造形が、ココヤシの実に日常的に接し、その胚乳を飲料とする生活の中から、極めて自然に導かれる性質のものであることは、これら限られた新しい実例からも充分に認められるであろう。椰子の実を主要食料とするミクロネシアの諸島などでは、当然のことながら椰子の実に対する親しみも格別のものがあり、実の成熟段階に対応して固有の称呼がある。(35) 椰子樹の起源をめぐって、マーシャル群島の原住民の間に、椰子の実は元来ある女性の生んだ子であり、そのため子殻に眼と口があるとする民話があるのも偶然ではあるまい。(36)

正倉院の椰子の容器については、使用されている顔料や塗料の性質など、なお問題は残っているが、以上のような考察をふまえ、一応インド・東南アジア・太平洋の諸島を含む南方産と考えておきたい。本来の用途は明らかでないが、内塗りが施されていることからすると単なる水入れではなく、香料など何らかの粒状のものが入れられたとも考えられよう。

## 五　むすび

日本古代には、第二節で述べたように、椰子の子殻製の器具が確実に存在した。しかしそれが全て正倉院の椰子の実のように、特殊な装飾を加えられていた保証はなく、むしろ生地に近い簡素な形をとる場合も多かったかと憶測される。ただそのような品にあっても、正倉院の椰子の実同様、やはり製品として輸入された可能性が強い。即ち『延喜式』の耶子の杓は、節会における五位以上の料として規定されており、前唐院の夜子瓠は、円仁ゆかりの前唐院に資財として納置されている。この事実は、それらの器具や容器に重器・宝物としての価値が認められていたことを示しており、それは舶載品とみるとき、最も理解しやすいからである。正倉院の椰子の実は、古代のこの種の製品を今に伝えるものであって、間接的にせよ、南方文化との関わりを示す貴重な実例といえよう。

(1) 奈良国立博物館『平成三年　正倉院展』(一九九一年)一〇六〜一〇七頁。
(2) 松嶋順正「「ヒョン」とは何か」(『正倉院よもやま話』学生社、一九八九年、「正倉院宝物「ヒョン」」として一九八六年初出)。松嶋氏は、これより先、松本楢重編『正倉院雑談』(奈良観光事業株式会社出版部、一九四八年)一八九頁でも、この品にふれておられる。
(3) 松嶋氏も記されているように、明治十五年(一八八二)の正倉院御物陳列図にはこの品が画かれており、その写真は、後藤四郎編『正倉院の歴史』(日本の美術一四〇号、至文堂、一九七八年)の第一〇五図にみえる。
(4) 拙著『正倉院』(岩波新書、一九八八年)一〇六頁。
(5) 「東大寺勅封蔵目録記」上(『続々群書類従』雑部)所載、東大寺勅封蔵開検目録、木地厨子の条。
(6) 『天台霞標』五編巻之一(『大日本仏教全書』一二五冊所収)。
(7) 佐藤哲英「前唐院見在書目録について」(天台学会『慈覚大師研究』一九六四年)、小野勝年「「前唐院見在書目録」とその解説」(大和文化研究一〇―四、一九六五年)参照。
(8) 同右。
(9) 「瓠」は『伊呂波字類抄』に、「弧(ヒサコ)に同じ」とある。
(10) 狩谷棭斎『箋注倭名類聚抄』巻四、八六丁。
(11) 『東大寺諷誦文稿』第一〇三行目。
(12) リンスホーテン『東方案内記』(大航海時代叢書Ⅷ、岩波書店、一九六八年)四四五頁。
(13) 『和名抄』に先立つ『新撰字鏡』にも、「椰・梛〈二形作。以遮・似嗟二反。椰子木果、各出二交州一。葉背而相向也〉」の記載があるが、これは王仁昫『切韻』や『広韻』の文に類似し、『切韻』からの転載であろう。上田正『切韻逸文の研究』(汲古書院、一九八四年）一一八頁参照。

（14）源順「倭名類聚鈔序」に、「大医博士深江輔仁奉勅撰集新鈔倭名本草」があげられている。

（15）崔禹錫『食経』については、岡西為人『宋以前医籍攷』（台北、古亭書屋、一九六九年）一三三二頁参照。なお『本草色葉抄』（弘安七年〔一二八四〕、惟宗具俊撰）の「海髑子」条に引く同書には、「此物」云々の上に「主崩中血痢」の一句があるが、いかなるテキストに拠ったか明らかでなく、竄入の可能性も考えられる。この引用については、北里研究所真柳誠氏の教示を蒙った。

（16）『本草和名』及び『和名抄』にみえる胡荽の和名「古之」ないし「古邇之」は、胡荽の音から来ているとみられる。狩谷棭斎注（10）前掲書（巻四、六九丁）参照。

（17）三国時代から南北朝時代には、南海・西域の物産を扱った各種の『異物志』があり、この『異物志』を特定することは困難である（ほぼ同文の『異物志』は、『太平御覧』巻九七二、椰の項に引用）。各種『異物志』については、石田幹之助『南海に関する支那史料』（生活社、一九四五年）五三頁以下、内田吟風「『異物志』考―その成立と遺文―」（鷹陵史学三・四合併号、一九七七年）参照。内田論文については、山田慶児氏の御教示による。

（18）その文は次の通りである。「昔林邑王与二越王一有二故怨一。遣二侠客一刺得二其首一。懸二之於樹一、俄化為二椰子一。林邑王憤レ之、命剖以為二飲器一。南人至レ今効レ之。当二刺時一、越王大酔。故其漿猶如レ酒云」。話の筋からみて、この場合の越は安南地方を指すものであろう。

（19）陳連慶「今本《南方草木状》研究」（文史第十八輯、一九八三年）、華南農業大学農業歴史遺産研究室編『《南方草木状》国際学術討論会論文集』（農業出版社、一九九〇年）参照。

（20）岡西為人訂補『本草経集注』（南大阪印刷センター、一九七二年）による。

（21）岡西為人『重輯新修本草』（学術図書刊行会、一九七八年）による。

（22）木村康一・吉崎正雄編『経史証類大観本草』（広川書店、一九七〇年）。

（23）『海薬本草』の性格や撰述年代は明らかでないが、唐代後期の著作らしい。岡西為人注（15）前掲書一三〇九頁参照。

（24）藤善真澄訳注『諸蕃志』（関西大学出版部、一九九一年）二八七頁。

（25）注（1）（2）に同じ。

(26) 石井忠『漂着物事典　海からのメッセージ』(海鳥社、一九八六年)参照。本書については、国立民族学博物館の秋道智彌氏より教示をうけた。
(27) 柳田国男『海上の道』(一九六一年初出、『柳田国男集』(1)一三頁、筑摩書房、一九六三年)。
(28) たとえば長崎の西川如見は、『増補華夷通商考』(宝永五年、一七〇八)において椰子についての簡単な解説を付している(巻三、交趾、巻四、インデヤ)。
(29) 狩谷棭斎注(10)前掲書巻八、四五丁裏。
(30) 山里純一「律令国家と南島」(続日本紀研究二四五号、一九八六年)参照。
(31) これらの資料の存在については国立民族学博物館の吉田憲司氏から教示をうけた。また資料の調査・撮影にあたって同館標本資料係の太田和子氏のお世話になった。なお染木煦『ミクロネシアの風土と民具』(彰考書院、一九四五年)二八五頁には、同様な水入れの実例について言及がある。
(32) ココヤシの実の植物学的所見に関しては、大阪市立自然史博物館の岡本素治氏より教示をうけた。
(33) 『斉民要術』巻十(椰の条)、『シナ・インド物語』(藤本勝次訳注、関西大学出版広報部、一九七六年)一二頁、『経史証類大観本草』巻十四(椰子)、リンスホーテン注(12)前掲書など。
(34) 本人が戦死しているため、正確な収得地は推定による他はないが、同時に入手したカヌーの縮小模型は、マーシャル群島の大型カヌー(染木煦注31前掲書八八頁所載のもの)に酷似しており、同諸島での収得とみてまちがいないと考えられる。
(35) 染木煦注(31)前掲書七六頁他。
(36) 同右一〇五頁。

# ラピス・ラズリ東伝考

## 一 はじめに

日本古代の文物中に、さまざまな異国の材料を用いたものがあることは周知の事実であるが、その一つにラピス・ラズリがある。ラピス・ラズリは、アフガニスタンのバダクシャン地方その他に産する濃青色の貴石であって、正倉院の宝物にも、中倉の紺玉帯(1)や南倉の斑犀鈿荘如意(2)にその使用例がみられる。即ち紺玉帯は、その名の通り巡方・丸鞆がラピス・ラズリで作られ、如意の方は、この石を柄頭に嵌め込んである。この他にも、中倉にはラピス・ラズリを珠算玉型に加工したものがあり(3)、また螺鈿鏡の鏡背には、トルコ石と共にラピス・ラズリの砕片を使用した例が報告されている(4)。

このように、おそくとも奈良時代において、ラピス・ラズリを用いた器物が我国に知られていたことは疑いないが、ラピス・ラズリは当時日本でいかに呼ばれ、またどのような形で舶載されたのであろうか。ラピス・ラズリの原産地は、長く前記のバダクシャン地方が代表的であったから(5)、この疑問に答えることは古代における東西交渉の一断面をとりあげることにもなろう。ことは必ずしも容易でなく、充分な回答を示せるわけでもないが、対外貿易史研究の一環として、この問題に関する私見を記してみたい。

## 二　ラピス・ラズリと金青

唐代以前に限った場合、ラピス・ラズリの漢名として従来から確実視されているのは、瑠璃（琉璃）である。瑠璃は、サンスクリット語でラピス・ラズリを意味するヴァイズリアの音訳「吠瑠璃」の省略形である。ただ瑠璃は、ガラスの普及にともなって、もっぱらガラスをさすようになった。一方、唐代以前の漢文史料にみえる「金精」をラピス・ラズリとする説も有力であるが[6]、蓋然性は高いとはいえ、確認はできない。ラピス・ラズリが通常いかに呼ばれたかということは、日本古代だけでなく、隋唐代においても問題である。

この点に関して管見に入った注目すべき見解は、南方熊楠のものである。南方は、ガラスの漢名をテーマにした「古谷氏の謝意に答え三たび火斉珠について述ぶ」（上）[7]において、金青は紺青と同じで、いずれもラピス・ラズリを表わす語であることを主張している。南方によれば、金青（紺青）は即ち群青であって、ラピス・ラズリの他、銅青石（碧銅鉱）、呉須（酸化コバルト）なども指す、複合的な概念の語であったという。南方の論は確証を伴なうものではなく、この解釈を認めるにはなお充分な検討を要する。しかし金青（紺青）がラピス・ラズリを指すこともあるとする点は、日本の古代史料に金青の名がしばしばみえるだけに、ゆるがせにできないといえよう[8]。

とくに興味深いのは、現在の中国の研究者にも、同じような理解を示す人があることである。即ち樊錦詩氏は『〔中国敦煌展〕図録』[9]の解説において、同展に展示されたラピス・ラズリの塊（図12）を、敦煌文書（S三五五三）にみえる「金青」に比定されている。樊氏はラピス・ラズリの別名として、無条件に天然群青（ウルトラマリン）、仏青、回青、金精、藍赤をあげており、これまた検討を要する点を含むが、従来日本での俗称とされてきた「金青」の語を敦煌文書中に指摘されたことは、当面の問題を考察してゆく上に見逃せないと考える。私は以上のような先学の所説に導かれつつ、まず「金青」の意味を考えることから考察をはじめることとしたい。

## 三　金青

金青については、これまで顔料としていくつかの考察がなされてきている。従来の研究でほぼ確認されているのは、

㈠紺青ないし群青色を呈すること。(10)

㈡「金青」は日本独自の称呼らしいこと。(11)

㈢化学成分は塩基性炭酸銅(天然には藍銅鉱として産出)と考えられること。(12)

などである。これらのうち㈠は問題ないとしても、㈡㈢については疑問がある。即ち前述の通り敦煌文書には「金青」がみえ、㈡は明らかに誤りである。また㈢は、塩基性炭酸銅を成分とする金青があったとしても、他の化学組成をもつ同様な青色顔料が別にあり、それが「金青」の名のもとに呼ばれることを否定するものではない。そこで従来の知見とは別に、日本・中国の資料から金青の条件を帰納してみると、左のようになる。

㈠顔料として使用されること。

㈡玉として用いられたこと。

**図12**　敦煌出土のラピス・ラズリ塊
敦煌文物研究所蔵

㈢海外からの輸入品であったこと。

以下それぞれについてみてゆこう。

まず顔料としての使用は改めて説くまでもないことで、正倉院文書に多くの例をみる。[13] 一、二関連資料をあげると、既に周知のものではあるが、正倉院に左のような墨書のある白絁の袋が残っている。[14]

「中金青十四斤十二両大
用一両二分小又用二両」

「今定卅斤八両□袋」

他に「上胡紛」の袋もあるが、どちらも麻布ではなく白絁で作られており、貴重な顔料をこの種の絁袋に入れたことが知られる。なお先にもふれた通り、樊錦詩氏は、敦煌文書（S三五五三）にみえる金青を、朱砂と共に現れることから顔料とみなされている。[15] しかし後述するように、これは疑問であろう。今のところ中国史料には、金青を明確に顔料として用いた例を見出せない。

次に玉として用いられた点については、従来注意されていないが左の通り明証がある（〈　〉内は原文双行注）。

金青玉御呪珠参連　　納蒔絵筥一合有縫立

一連〈琥珀辻　水精琥珀珠算〉

一連〈琥珀辻　水精珠算〉

一連〈水精対辻　水精并青珠呪算〉

（『仁和寺御室御物実録』）

『仁和寺御室御物実録』[16]は、仁和寺に納められた宇多法皇の御物を天暦四年（九五〇）十一月十日に勘録したものである。この「金青玉」は呪珠の材として使用されている以上、顔料とは異なり玉の形をとっていたと考えられる。因みに『実録』には、他にも多くの呪珠があげられているが、その素材中には、黄玉・紫玉など、色名を冠する玉がみえる。従ってこの「金青玉」も、単なる群青色のガラス玉とも解せられそうであるが、それならば、前掲の呪珠の双行注にみえる「青珠」のような表現ですむはずである。この場合「青玉」や「紺玉」でなく「金青玉」とあるのは、他に呪珠の素材として現れる桃花石・琥珀・水精などと同様、ある貴石をさすと解すべきであろう。

金青の玉としての用法は中国にも存在する。前の敦煌文書（S三五五三）の例がそれである。以下にこの全文を掲げよう（図13）。

今月十三日於牧駝人手上赴将丹弐斤半・馬牙珠両阿果・金青壱阿果、 咨 和尚、其窟乃繁好画著、所要色択多少在此、覓者其色択阿果、在麹□（稷カ）袋内、在此取窟上来、縁是東頭消息、兼算畜生、不到窟上、咨啓 和尚、莫捉其過

この文書は、某人から或る僧侶に充てた書状であって、牧駝人（駱駝使い）に託して丹二斤半、馬牙珠二顆、金青一顆を呈上する旨が記されている。当時の俗文の形をとるため、文意に難解な個所も残るが、ここにみえる「金青」は

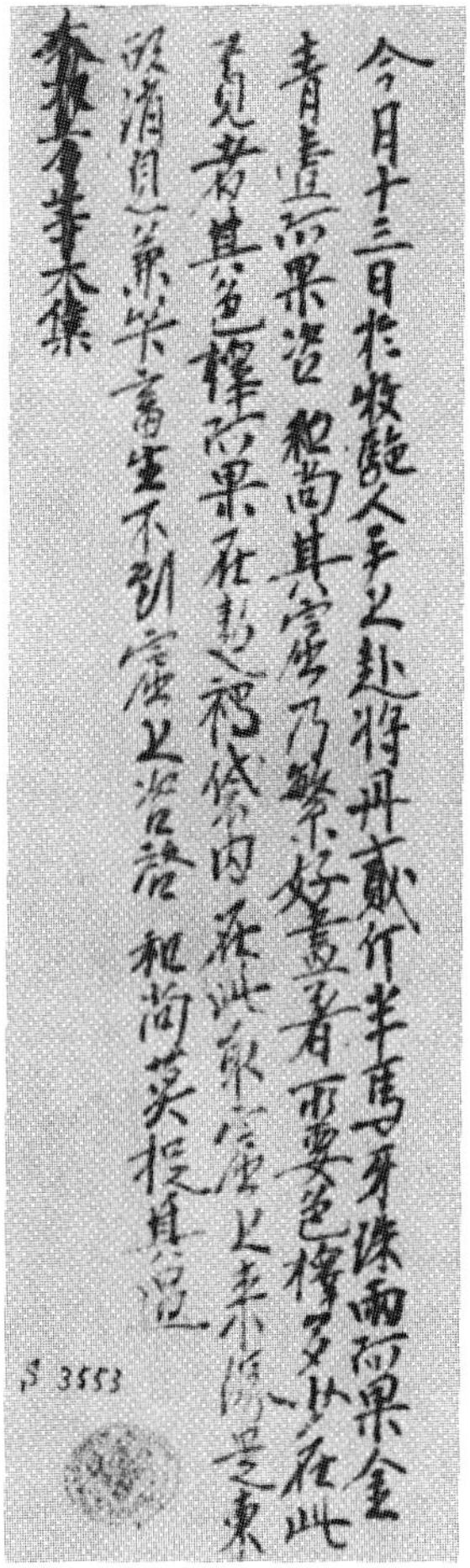


**図13** スタイン将来敦煌文書（S 3553） 大英図書館蔵

玉と解すべきものである。というのは、顔料であることが明らかな朱砂の場合、「二斤半」と重量で記してあるのに対し、金青は馬牙珠と共に「阿果」単位でみえる。馬牙珠は、おそらく青緑色の貴石、馬価珠に通じ[17]、「阿果」は球状のものをさす単位で「顆」の意であろう。

もちろんこのような球状のものが、砕かれて顔料となったことも当然想定できる。前引の書状においても、馬牙珠や金青は色択(色沢＝顔料か)に当てるべく進上されたことが読みとれる。また『小右記』に引かれた宋商周文裔の書状も、この間の事情を示すといえまいか[18]。

進上
翠紋花錦壱疋
小紋緑殊錦壱疋
大紋白綾参疋
麝香弐臍
丁香伍拾両
沈香佰両
薫陸香弐拾両
可梨勒拾両
石金青参拾両
光明朱砂伍両
色色餞紙弐佰幅

絲鞋参足

右、件土宜、誠雖二陋尠一、為レ備二縁礼一、所二進上一、如件。

万寿五年十二月十五日　　　宋人周文裔儔且

進上右相府殿下

これは長元二年（一〇二九）三月二日に、右大臣藤原実資に伝達された周文裔の書状であって、実資への進上物が列記されている。このうち「石金青」は、光明朱砂と並んであげられているので、顔料の金青とみてよかろうが、そこに「石」の字が冠せられているのは、これが全くの細粉ではなく、ある程度塊状をとどめたものであったことを推測させる。「石金青」という名称の背後には、玉としての金青の存在が想定されているといってよかろう。

最後に金青が海外からの輸入品であったことであるが、金青は『続日本紀』文武天皇二年（六九八）九月乙酉条に、近江・上野より献ぜられたことがみえ、『扶桑略記』延久二年（一〇七〇）四月十二日条にも備前より出来のことがあるので、日本にも産したようにみえる。しかし完全に国産品でまかなわれたものでないことは、天平勝宝四年（七五二）の買新羅物解にその名の見えることから明らかであろう。またかつて秋山光和氏が指摘された通り[19]、正倉院文書にみえる金青及びその一類である空青の価格は、同黄・朱砂など輸入に依存した諸顔料とならぶ高水準にある。おそらく国産の金青はあくまで代用品の位置を出ず、純正の金青は輸入に負うたのであろう。

## 四　ラピス・ラズリ

以上三点にわたって金青の条件をみてきたのであるが、これをラピス・ラズリのもつ特質と比較した場合、どのようになるであろうか。

第一にラピス・ラズリもまた、顔料に使用されたことが注意される。樊錦詩氏は、北魏から宋代にかけての敦煌壁画に、青色顔料としてのラピス・ラズリの使用がみられることを述べておられる。[20] またアリバウムによれば、ソグディアナのピャンジケントの壁画にも同様な用例がみられるという。[21] その他バーミヤーンやキジルの壁画に例があることは、周知のところであろう。[22] 日本での明確な用例を指摘できないのは遺憾であるが、さほど大規模ではないにしても、今後用例が確認されることは考えられるであろう。

第二に、練物を含めた玉としての使用は、古代オリエントをはじめとして有名であり、[23] いまさら多言を要しない。日本での実例は本章の冒頭に指摘した。中国でも後漢の金銅製蓋付硯(南京博物院蔵)[24]や隋の李静訓墓出土の頸飾[25](中国歴史博物館蔵)に嵌め込まれた例がある。

第三にラピス・ラズリの産地であるが、これは冒頭にもふれた通り、アフガニスタンのバダクシャン地方が有名である。他にシベリアのバイカル湖南岸やパミール高原からも産出し、コータンからも出たというが、[26] 古来著名なのは、このバダクシャンであったといってよい。このうちコータンの場合などは、原産地ではなく中継品であった可能性も残るであろう。ともあれ日本はもちろん中国においても、ラピス・ラズリが輸入にまたねばならない品だったことはいうまでもない。その交易の様相については、古代オリエントを中心に少なからぬ研究もあるが、[27] 東方への輸出はあまり関心をもたれてきたとはいえない。[28] しかし先にふれた後漢の蓋付硯、隋の頸飾、それに正倉院の紺玉帯・如意などが、すべて製品として西方からもたらされたとは、到底考えられない。必ずや原石ないし顔料としての輸入があったはずである。

このようにみてくると、ラピス・ラズリのもつ特色は、金青のそれとよく類似していることがわかる。私はとくに

「金青」が玉の名としてみえる例（前引敦煌文書及び『仁和寺御室御物実録』）のあることを重視したい。金青が普通いわれるように、藍銅鉱を原料とする色料とするならば、それが玉として、又は玉の名称として現れることは理解しにくい。この点からすれば、少なくとも「金青」の概念中にラピス・ラズリが含まれるのは、ほぼ確実とみてよかろう。またラピス・ラズリには、冒頭にも述べた通り、他に特定のよく使用される漢訳称呼がみあたらない。従って「金青」は、なお他の物質をさす場合があるとしても、七〜八世紀以降ではラピス・ラズリをさすことが少なくなかったと考えるべきである。「青」が「精」に通ずるとすれば、「金精」もラピス・ラズリとしてよいかも知れない。

## 五　むすび

ラピス・ラズリの漢名、和名が明らかでないため、ラピス・ラズリ輸入の実態は従来ほとんど明らかではなかった。しかし以上の考察に大過ないとすれば、ラピス・ラズリの輸入状況は、「金青」関係の史料から、ある程度うかがえることになる。日宋貿易にまつわる史料は先にもとりあげたが、奈良時代に溯った場合、第一に注意されるのは、先にも少し言及した天平勝宝四年の買新羅物解であろう。この史料については、かつて詳しく論じたことがあるので、ここには再説しないが、同年来日の新羅使がもたらした貿易品を購入するため、貴族らの提出した購入申請書と考えられる。[29] そこには、新羅からの輸入品として金青が二例みえるが、[30] いずれも前後の品目からみて、顔料と判断される。これがラピス・ラズリである可能性は一応考えてよかろう。唐からの直接輸入もあったに相違ないが、それ以外に、こうした新羅経由のルートも存在したことが注意される。

日本古代では、今のところ玉としての形を示すらしい「金青」「金青玉」の例は、前掲『仁和寺御室御物実録』以外に見当たらない。おそらく一般に、舶載「金青」の多くは顔料で、古代におけるラピス・ラズリ原石の輸入は少なかったのではないかと思われるが、この点は、ラピス・ラズリを嵌入した製品の産地比定にも直接関わる問題であり、なお今後の課題としておきたい。

(1) 正倉院事務所編『増補改訂 正倉院宝物』(朝日新聞社、一九八八年)中倉、図版一〇。
(2) 同右(同右、一九八九年)南倉、図版一〇三。
(3) 大賀一郎他「昭和二十八、二十九、三十年度正倉院御物材質調査」(書陵部紀要八号、一九五六年)。
(4) 同右。
(5) 石黒孝次郎「ラピス・ラズリ考―附ラピス・ラズリ作品新資料紹介―」(オリエント二〇―一、一九七七年)参照。
(6) **B. Laufer, *Sino-Iranica*, Chicago, 1919, p. 520.** 榎一雄「バダクシァンのラピス＝ラズリ」(『シルクロードの歴史から』研文出版、一九七九年)参照。
(7) 『南方熊楠全集』六(平凡社、一九七三年)所収。
(8) 金青とラピス・ラズリの関係は、渡辺明義「古代の彩画材料と技術―奈良時代を中心として―」(鈴木敬先生還暦記念会『中国絵画史論集』吉川弘文館、一九八一年)でもふれられているが、顔料の「金青」に、名称上、青金石(ラピス・ラズリ)の影響を想定しているだけである。しかし「青金石」という称は中国・日本の古い文献には見えず、この想定は成立困難であろう。
(9) 一九八五年十月から翌年三月にかけて、東京富士美術館その他で開催された展観のカタログ。
(10) 野間清六「奈良朝に於ける顔料の種類」(上)(国華六一九号、一九四二年)、渡辺明義注(8)論文。
(11) 前注野間論文。
(12) 山崎一雄「正倉院絵画の技法と材質」(正倉院事務所編『正倉院の絵画』日本経済新聞社、一九六八年)、永嶋正春「粉地彩絵八角几の彩色」(正倉院事務所編『正倉院の木工』日本経済新聞社、一九七八年)。
(13) 野間清六注(10)論文、渡辺明義注(8)論文。
(14) 松嶋順正編『正倉院宝物銘文集成』(吉川弘文館、一九七八年)一六九頁。

(15) 注(9)に同じ。
(16) 尊経閣叢刊(一九三二年)の複製による。『続々群書類従』第十六に活字化されているが、誤植が多い。
(17) 馬価珠については、明の曹昭の『格古要論』(百部叢書集成、『夷門広牘』所収)巻之中に、「青珠児。出二西蕃諸国一。色青如レ翠」とみえる。
(18) 『大日本古記録』(小右記(8))所収。
(19) 秋山光和「日本上代絵画における紫色とその顔料」(美術研究二二〇号、一九六二年)。
(20) 注(9)前掲書。
(21) L・I・アリバウム著、加藤九祚訳『古代サマルカンドの壁画』(文化出版局、一九八〇年)一三五頁。
(22) 山崎一雄「西域壁画の顔料について」(『古文化財の科学』思文閣出版、一九八七年)、小口八郎『シルクロード―古美術材料・技法の東西交流―』(日本書籍、一九八一年)。
(23) 古代オリエント博物館『ラピスラズリの路』(一九八六年)参照。
(24) 講談社・文物出版社編『中国の博物館』(4)南京博物院(講談社、一九八二年)六三図。
(25) 中国社会科学院考古研究所編『唐長安城郊隋唐墓』(文物出版社、一九八〇年)。熊存瑞「隋李静訓墓出土金項鏈、金手鐲的産地問題」(文物一九八七年一〇期)は、この頸飾の製作地をパキスタンないしアフガニスタンとする。
(26) 榎一雄注(6)論文参照。
(27) 同右。
(28) 簡単ではあるが、原田淑人「正倉院宝物雑考(その二)」(『東亜古文化論考』吉川弘文館、一九六二年)、同「宝石」(『東亜古文化説苑』一九七三年)に言及がある。
(29) 拙稿「鳥毛立女屏風下貼文書の研究―買新羅物解の基礎的考察―」(『正倉院文書と木簡の研究』塙書房、一九七七年)。
(30) 同右拙稿付載　文書釈文14・15。

# 第三部　唐文化の受容と選択

# 上代文学と敦煌文献

## 一　はじめに

万葉人が、どのような舶載の典籍をいかに読んで、その述作に取りいれたかという問題は、今後なお考察を深めていかねばならない課題であるが、従来からこの方面の研究上、比較資料として重視されてきたものに敦煌発見の古文献がある。これまでの研究では、我国上代に行われた典籍と敦煌の典籍との間には、種類や内容に類似点の少なくないことが指摘されている。たしかに双方の資料は、ともに唐文化の余映を伝えるものとして、あい補い綜合して理解される必要がある。しかし双方の間に大きな相違があることも明らかな事実である。残存典籍の種類一つをとっても、そのことは明瞭である。上代における漢籍受容の検討に当たっても、この相違を見逃してはならないであろう。(1)にも拘らず、これまで共通点が脚光を浴びてきたのは、研究の重点がテキストや語彙の比較に置かれてきたことと無関係ではあるまい。しかし典籍の受容の問題は、テキストや語彙の個別研究をこえて、広く文化史的な観点からとりあげられる必要がある。本章では、そのような視点にたって日本と敦煌の典籍をめぐる三つの問題点を選び、万葉人の漢籍受容の特色を論じてみることとした。

## 二　道教経典

近年上代における道教の影響が盛んに論じられるようになり、道経の普及・浸透についても、これを積極的に認めようとする論者が見かけられる。[2] もしこうした認識に誤りがないとすれば、万葉人の読書範囲や述作を考える上にも、道経の存在を無視することはできない。しかしこのような認識は果たして正しいであろうか。既に疑問も呈されているが、筆者なりの検討を加えてみたい。

この点に関して示唆深いのは、敦煌における道経の残存状況である。敦煌文献中の道経については、すでに大淵忍爾氏による総括的な研究がある。[3] それによると、経典名の明確なもの、同定できるものを合わせ、九〇種にのぼる道経が確認されている。敦煌文献が仏教寺院関係のものを中心としていることからいえば、この残存状況は、主として唐代敦煌における道経の普及の広さを示すと評価してよかろう。

日本において、これに比すべき同時代の直接資料はない。しかし平安前期までの漢籍受容の総決算ともいうべき『日本国見在書目録』は、当面一つの基準となろう。この目録の道家の項をみると、六二種の典籍名が見える。ただこの内の『荘子』『列子』などは、もともと中国の古典が道教にも取り込まれたものであり、純粋の道経というのは憚られる。[4]『荘子』その他が道教の成立後も、それと無関係に知識人の読むところとなっていたことは、改めていうまでもない。そこで同目録の道家の書目から、『荘子』『列子』『鬻子』『鶡冠子』等と、その末書を除けば、残るところは『老子』とその注疏・解題類（二一種）、及び『本際経』（太元真一本際経）『太上霊宝経』『消魔宝真安志経』（消魔宝真安志経）『太上老君玄元皇帝聖化（紀）経』『老子化胡経』の計二七種程度にとどまる。『老子』の注疏類は、敦煌よりもかえって『見在書目録』に多いが（敦煌では十二種）、これは日本人の撰述書や中国南北朝時代の雑多な末書が含まれるためであろう。日本では、それ以外の純然たる道経の極めて少ないのが特色である。『見在書目録』の成立は唐代末期に当たるが、ほぼ同時代の敦煌での状況と比べれば、ここに大きな差が認められよう。もっとも現存する『見在書目録』は略抄本であるが、道家の項は、項目の下に「四百五十八巻、如レ本」と注記があるので、収録書数に著しい省略のあるようなことは考えられない。[5] ただ『見在書目録』に載らない道経が他になかったという証はない。そこでもう一つの比較資料として、日本における古写本の残存状況を検討してみよう。

日本では、印刷文化が遅れて興ったこともあって、中世以前の古写本が多数残されている。いま、重要文化財に指定されている経部の古写本について整理したのがつぎの表である。[6] 指定品に限定したのは、あくまで便宜的な理由からであるが、中世以前の古典籍については、指定品によって、量的にも質的にも大体の傾向はつかめるであろう。事実この表にあらわれた残存典籍の種類は、上代の学問の傾向とよく合致しているのに気づく。『論語』『孝経』（末書を含む）の残存例が圧倒的に多いのは、両書が入門書、初学書として広く行われたことと無関係ではなかろう。『千字文』『急就章』が残るのも同様な理由によると思われる。次節でとりあげるが、同じ小学書において、『玉篇』が多く残存する一方、『切韻』が全くないのも、意味のあることである。表には省いたが、集部の書では『文選』『白氏文集』が圧倒的に多い。その原因は改めて言うまでもあるまい。こうみてくると、表示した書物は、多少の例外はあるにせよ、おおむね上代・中古においてよく読まれた書であり、学問・文学

**表**　経書・小学書の重要文化財件数

| 書　名 | 件数 |
|---|---|
| 周　易 | 1 |
| 　周易注 | 1 |
| 古文尚書 | 5 |
| 毛　詩 | 5 |
| 周礼注 | 1 |
| 礼　記 | 1 |
| 　礼記注 | 1 |
| 春秋左伝 | 6 |
| 論語集解 | 10 |
| 　論語義疏 | 2 |
| 古文孝経 | 7 |
| 　孝経述議 | 1 |
| 大　学 | 1 |
| 中　庸 | 1 |
| 説　文 | 1 |
| 玉篇（原本） | 6 |
| 注千字文 | 1 |
| 急就章 | 1 |
| 篆隷文体 | 1 |

（版本及び版本転写本は除く）

の傾向を反映しているといえる。その中にあって、道経の指定品がないのは、おそらく偶然ではなかろう。[7]『日本国見在書目録』の所載状況からみて、上代における道経の舶載は決して多くなかったと考えられるが、たとえ他にあったとしても、全体としてその普及・播読は盛んであったとはいえないであろう。なお一般に仏典や道経の場合、必ずしも播読を目的としない書写が信仰的動機から行われたことは周知のとおりである。しかし道経については、日本ではこうした書写もなされなかったらしく、敦煌における状況とは異なって、道経の写経が存在しない。

以上のような相違点に着目すれば、本節の冒頭で述べたような、道経の広範な舶載を予想する見解は頗る疑わしい。この点に関して注意されるべきは、日本の遣唐使の道教に対する態度であろう。

たとえば天平五年(七三三)に入唐した中臣名代(遣唐副使)が、帰路についたのち、遭難して唐へもどり、再度帰国しようとした時に、次のような申請を行っている。

(開元)二十三年閏十一月、日本国遣其臣名代来朝、献表懇求老子経本及天尊像、以帰于国、発揚聖教、許之 (『冊府元亀』巻九九九、外臣部、請求)

(二十三年閏十一月、日本国、其の臣名代を遣わして来朝し、表を献じて懇ろに老子経本及び天尊像を求む。以て国に帰り、聖教を発揚せむとなり。之を許す)

すでに杉本直治郎氏が論ぜられたとおり、名代の再入唐は開元二十三年(七三五)三月のことと考えられ、右掲の「二十三年閏十一月」は、名代の上表か、上表が許可された年次を示すとみられる。[8]すなわち名代は、帰国にあたって本国で道教を発揚するため、老子経本と天尊像を請うたことになる。しかし名代の帰国をめぐる『続日本紀』の記事には、これに関係するような記事が全くみられない。また日本古代における道教の神像の存在についても、史料はないようである。安藤更生氏は、これを「唐側の押売り」と解しておられるが、[9]中臣名代の自発的意志から出たものでないことは確かであろう。あるいは名代は、こうした役割を買って出ることによって、老子を皇宗と仰ぐ唐朝の意を迎え、一行の再出発に対する唐の許可と協力を獲得しようとしたのではなかったか。いずれにせよ、名代の道教発揚に対する熱意は見せかけのものであり、真意はむしろ逆のところにあったと考えられる。なお名代が将来することを願い出た「老子経本」というのは、通常のテキストではなく、玄宗御注本であろう。玄宗による『老子道徳経』の注は、この年開元二十三年の三月に頒示されている。(10)

このような日本側の態度は、天平勝宝五年(七五三)、鑑真招請の際における遣唐使の行動からも明確に看取できるが、これについては安藤更生氏の書に詳しい。(11)

ともあれ遣唐使の態度をみるとき、日本はいわゆる成立道教(教団道教)の受容に消極的というよりも、これを拒否していたといって差支えない。(12) 開元二十六年(七三八)、新羅に唐使邢璹が派遣され、『老子道徳経』がもたらされていること(『三国史記』新羅本紀、孝成王二年四月条)、さかのぼっては武徳七年(六二四)、高句麗王高建武のもとに天尊像と道士がつかわされ、『老子』の講義を王以下が聴いたこと(『旧唐書』高麗伝)などを参照すれば、(13) 半島の諸国とは、ここに著しい差が見出される。大陸と地理的にも隔絶した日本には、このような選択を行う自由が残されていたといってよかろう。日本が教団道教を拒んだ理由は明らかでないが、日本の古代文化に大きな影響を与えた百済に、成立道教が受容されていなかったことがまず注意される。(14) また道教の教祖に擬された老子が、同じ李姓であるために唐の帝室の祖とされていたことも重要であろう。(15) 日本にとって、このような性格を含む道教を信奉することは、唐室の祖先崇拝を日本に持ちこむことと受けとられたのではあるまいか。いずれにせよ、敦煌と日本における道経の残存状況の違いは、大局的にはこのような歴史的条件を反映したものであったといえよう。(16)

## 三 『玉篇』と『切韻』

上代における字書の受容についての研究は、近年『玉篇』『切韻』をめぐって盛んであり、『玉篇』が述作に及ぼした影響も論議されている。[17] ところでこの字書に関しても、敦煌・トルファンの状況と日本との間に、大きな差異のあることは、あまり注意されていない。即ち敦煌・トルファンの写本には多数の『切韻』が存在するのに対し、日本の古写本には『切韻』は絶無で、かわりに中国には存在をみない原本『玉篇』[18]の写本が比較的多く存している。[19] もちろんこれは現状での比較の問題であって、必ずしもそれがそのまま上代の実情であったと考えるわけにはいかない。現に九世紀にまとめられたとみられる『令集解』には、周知のとおり『玉篇』『切韻』双方からの引用が多く存在する。また九世紀末に成立した『日本国見在書目録』に、『切韻』のテキストが幾種か挙げられているのもよく知られた事実であろう。ただ前記のような写本の残存状況もまた、ある一定の意味を含んでいることは当然考えられてよいはずである。本節では、そのような相違がもつ意味をさぐってみたい。

まず考察の素材として、先にもふれた『令集解』をとりあげる。『令集解』は律令の諸注釈を集成したものであるが、年代の明確な最古の注釈は、天平十年(七三八)ごろに成立したとされる古記[20]である。古記は『玉篇』に依拠した注釈の多いことで注目されているが[21]、既に指摘されているように、『切韻』からの引証も存在する。また古記に次いで古い注釈で、延暦六~一〇年(七八七~七九一)ごろに成立したとされる令釈[22]にも、『玉篇』『切韻』からの引用が豊富に認められる。『令集解』引用の諸注釈の中でも、この両書は平安初期以前に成ったものとして、上代における中国字書の受容を考える上に重要な史料といってよかろう。

ところで、前記のような古記・令釈の成立年代からすると、『玉篇』『切韻』は奈良時代前半から相並んで我国の知識層に受容されていたようにみられる。しかし簡単にそのように考えてよいかどうかは問題であろう。古記・令釈における『玉篇』『切韻』の引用については、既に林紀昭氏に詳しい検討があるので、これによりながらその具体的な状況をみてみよう。(23) まず古記・令釈がある文字の音を注記するのに『玉篇』『切韻』のいずれに依拠しているかを調べると、古記には次のような特徴が認められるという。

(一)『玉篇』の引用は、ほぼ古記の全体にわたってみられる。

(二)『切韻』の引用には偏りがあり、集解の巻立てで巻一から巻六前半に集中する。

これに対して令釈では、『玉篇』の利用は逆に巻六前半以前に集中し、それ以降の巻々では『切韻』の利用が圧倒的である。即ち字音の注記という場合に限ってではあるが、古記における辞書の利用は『玉篇』が主で、『切韻』については本格的とはいえないのに対し、令釈では『玉篇』以上に『切韻』が利用されているといってよい。

古記と令釈のこの差異は、何によって生じているのかという疑問が当然生じてこよう。従来の研究にあっても、この点は明らかにされていない。古記の撰者が、ある個所では『切韻』の引載を妥当とし、他の個所では『玉篇』によることを妥当としたということも、理論的には考えられるが、既に指摘されているとおり、古記の音注は、それに伴う訓詁の内容に関係なく、圧倒的に『玉篇』に依拠する傾向が強い。(24) 従って字音の注記にあたり、古記の撰者が特に『切韻』と『玉篇』を使いわけたとみるのは困難であろう。しかも典籍としてのヴォリュームは『玉篇』より『切韻』の方が少なく、入手・閲覧の便では『切韻』の方がまさるかにみうけられる。以上のことを勘案すると、利用の偏りに問題が残るとはいえ、古記が一応の完成をみた奈良時代前半には、まだ『切韻』の利用がそれほど盛んではなく、奈良時代後半に入って本格化したとの見方も可能となろう。そう考えれば、令釈における積極的な『切韻』の使用は、その発展として位置づけられる。

しかし以上のような見方は、あくまで推測の上に立つものである。ここで観点を変えて、『切韻』の受容史という面から、この推測の当否を検証してみることにしたい。

『切韻』の明確な舶載年代を伝える史料は、今のところ存在しない。ただ周知のとおり、『切韻』は漢字を韻によって分類・排列した字書であって、その利用には、中国の漢字音、とりわけ隋・唐の標準音に対する理解を必要とする。従って日本における音韻学の水準をみることによって、『切韻』受容の程度も、おのずからうかがえるということになろう。そこで関係史料を通覧してみると、たとえ早くから『切韻』が舶載されていたとしても、その習学が容易でなかったことは、次のような事実から知ることができる。

まず第一に、七世紀末から八世紀初めにかけて、唐人の続守言、薩弘恪が音博士として史料にみえることである。[25] 音博士にこのような人選が行われたのは、当時正統的な中国漢字音を習得、駆使できた日本人が少なかったためと考えるのが妥当である。同様な状況は仏教界でも存在したようで、『続日本紀』養老四年(七二〇)十二月癸卯(二十五日)の詔によると、経典の転読や唱礼にあたっては、従来の慣用によらず、唐僧道栄や入唐学問僧勝暁らの発音に従うべきことが命ぜられている。[26]

第二に注目されるのは、このような傾向が奈良朝末期に至っても、あまり変化しなかったとみられることである。『続日本紀』神護景雲元年(七六七)二月丁亥(七日)条には、音博士従五位下の袁晋卿が、従五位上に昇叙されたことがみえる。袁晋卿は、天平七年(七三五)、遣唐使に従って来朝した唐人で、『文選』『爾雅』の音を修めていた。[27] 晋卿は「両京(長安・洛陽)の音韻を誦し、三呉(呉郡・呉興・丹陽)の訛響を改」めた(『性霊集』巻四、為藤真川挙浄豊啓)というが、遣唐学生の往来にも拘らず、当時の日本の音韻学は、なおこのような唐人の存在を必要としたことが知られよう。

平安時代に入って、延暦十一年(七九二)閏十一月辛丑(二十日)には、

勅、明経之徒、不レ可レ習二呉音一。(28) 発声誦読、既致二訛謬一。熟二習漢音一。(『日本紀略』)

として、明経の徒に対し訛音を正して漢音に習熟すべきことが勅せられており、翌十二年四月丙子(二十八日)には、

制、自今以後、年分度者、非レ習二漢音一、勿レ令二得度一。(同右)

と、年分度者に対しても、得度の条件として漢音の習得が義務づけられている。またこれより先、儒教経典の読みを修めただけで、官人としての出身資格を与える読書出身人の制があったが、延暦十七年(七九八)二月十四日にこれに改正を加え、その要件として呉音ではなく漢音による読みを挙げたのも、同様の措置である(桃源瑞仙『史記桃源抄』巻九所引、同日付太政官宣)。

これらはいずれも、儒仏の学生の間に在来のいわゆる呉音が蔓延しており、唐代の標準音を学ぶことがいかに困難であったかを、逆に示すものといってよい。(29) ただこのような命令が下された背景として、漢音習得の要求をある程度実現可能にする状況が生まれてきていたことも確かであろう。弘仁八年(八一七)四月丙午(七日)に至って、左のような漢語生の設置が勅されているのも、標準音教授の体制を、日本の人材によって確立しようとしたものであったと考えられる。

勅、云々、宜下択二年卅已下、聴(聡カ)令之徒(30)、入色四人、白丁六人一、於二大学寮一、使上レ習二漢語一。(『日本紀略』)

また平安初期以降、音博士が日本人より出るようになるのは、桃裕行氏の論ぜられたとおりであり、(31) その史料上、最も早い例は、弘仁末年の六人部門継である。(32)

以上のように史料をたどってくれば、八世紀における音韻の学は概して低調であり、なお唐人の力に頼る面の少な

くなかったことが判明する。このような状況下では、たとえ『切韻』が舶載されていても、それが広範に利用されたとは考えにくいといわねばならない。その中にあって注意すべきは、伊予部家守の事蹟である。家守は明法家としても有名で、これを令釈の撰者に擬する説のあること[33]は周知のとおりである。ところで『日本紀略』延暦十九年（八〇〇）十月庚辰（十五日）条にみえる彼の卒伝には、左のような記述がある。

宝亀六年（七七五）、兼補㆓遣唐㆒、習㆓五経大義并切韻・説文・字躰（林カ）㆒。[34]

ここには、家守が唐にあって習学した書として『切韻』があげられている。おそらく従来唐人に頼ることの多かった音韻の学を、実地に学ぶことが家守入唐の目的の一つとして、意識されていたのであろう。入唐して唐の音韻を習得するという試みは、家守に始まるわけではなく、儒教あるいは仏教の分野で、当然早くからなされていたと考えられる。さきにふれた養老四年十二月の詔に、発音の模範として入唐学問僧勝暁があげられているのはその一証といえる。また信憑性には劣るが、下道真備が天平七年（七三五）、唐より「漢音」を学んで帰朝したとする伝え[35]のあることも参考となろう。ただ先にもみたとおり、それらの試みは、ただちに唐代標準音の全面的な受容に結びつくことはなかったとみられ、平安初期になって漸くその気運が生じてきている。このような事情を念頭に置くならば、『切韻』を学んだ伊予部家守の帰朝は、やはり重視されなければならない。少なくとも彼による『切韻』の習得と、その成果の紹介は、日本人による『切韻』の本格的受容の第一段階になったと考えてよかろう。

以上の考察をふまえ、もう一度『令集解』における『切韻』引用の問題にたちもどってみると、その引用のあり方は、日本における中国音韻の受容過程とよく符合することが知られる。先にも推測したとおり、古記の『切韻』引用は副次的なもので、令の注釈書における本格的な『切韻』の利用は、八世紀末に成立した令釈に始まると考えてよい。令釈が職員令に限って『玉篇』を多く利用しているのは、その部分における古記の『切韻』使用に対置する意味から出たことであろう(36)。令釈の撰者が伊予部家守であるかどうかはなお問題が残ろうが、そこには家守に始まる『切韻』受容の気運が反映されているとみてよい。

このように考えると、日本の古代には、中国字書としてまず『玉篇』が受容され、やや遅れて八世紀末ごろから『切韻』の本格的受容が始まったということになる。その理由については様々なことが考えられるであろうが、根本的には、『玉篇』が部首引きの字書であるのに対し、『切韻』が音引きの字書であったことに起因すると考えるべきであろう。『切韻』は、漢字を韻によって分類・排列している関係上、韻を知らないものには利用が困難であるが、『玉篇』ならば韻を知らなくても偏旁によって文字を求めることができる。これについて興味深いのは、『新五代史』巻四十、韓建伝にみえる左の挿話である(37)。

建、初不知書、乃使人題其所服器皿牀榻、為其名目、以視之、久乃漸通文字、見玉篇、喜曰、吾以類求之、何所不得也、因以通音韻声偶、暇則課学書史

(建、初め書を知らず、乃ち人をして其の服する所の器皿・牀榻に題せしめ、其の名目と為し、以てこれを視る。久しくして乃ち漸く文字に通ず。『玉篇』を見て喜びて曰く、「吾、類を以てこれを求むるに、何ぞ得ざる所あらむや」と。因りて以て音韻声偶に通じ、暇あれば則ち書史を課《こころ》み学ぶ)

韓建は、下級軍人より成り上がった文盲の人物であったが、『玉篇』ならば文字が類をもって集めてあり、求める字を見つけだすことができると喜んだわけである。古代の日本人が中国字書に対した状況も、これと大差なかったとみてよい。今日においても、漢和辞典の使用と中国語辞典の使用が全く異なる次元の行為であるように、『玉篇』と『切韻』の利用には質的な差が存在したといえよう。従来説かれているように、『玉篇』が多くの先行字書や注疏の訓詁を集成した、一大類書の趣きを持っていたことも、その利用を広範なものとした一要因ではあったろう。しかし

もし『玉篇』が音引きの字書であったならば、はたしてどの程度利用されたか、疑問なきをえない。

平安時代以降、日本でも音韻の教養は一応知識人の間で一般化し、『切韻』の諸本を集成した『東宮切韻』のような書が菅原是善によって編せられている。詩作の基礎として『童蒙頌韻』のような初学書が現れたことも看過できない。またこれと並行して諸書の注釈や書き入れなどに、『切韻』による訓詁がみられることは周知のとおりである。[38]

しかし中国人と実地に接する機会の稀な古代日本にあっては、『切韻』の学が本格的に受容された後においても、前述の大勢に根本的変化がなかったことは容易に推測できる。敦煌・トルファンの写本には、音通に起因する本文の異同が珍しくないが、[39] 日本の写本には、字形の類似に基づく、いわゆる魯魚の誤りはあっても、その種の本文異同は皆無といって差支えない。これも漢字の受容が、もっぱら日本風の読み書き中心になされた結果である。その点古代人にとって便利なのは、やはり『玉篇』であったろう。先に敦煌・トルファンと日本では、『玉篇』『切韻』の写本の残存状況に大きな違いのあることを指摘したが、この問題も、そのような事情を考えるとき、はじめてよく理解できる。字書のように実際的な書物の受容は、こうした文化的背景の考察を抜きにしては論じられないというべきであろう。[40]

なお補足して注意しておきたいのは、改めていうまでもないことながら、韻書の習学が詩作と深い関りを持っている点である。これまでの検討結果からするならば、八世紀代半ばごろまでの韻書の受容は決して充分であったとはいいがたい。このことは、当時の詩作人口や詩の水準を考える上に、考慮されてよいであろう。もちろんこうした問題は、なお多方面からの検討にまたねばならないが、韻書受容の状況も一つの手掛りを与えてくれると思われる。

## 四 『王梵志詩集』

これまでみてきたのは、敦煌と日本で残存状況に顕著な差異のある典籍であったが、双方に同一の典籍が普及、残存した例があるのは周知のとおりである。こうした共通する面については比較研究も盛んであるが、石塚晴通氏も戒められているように、(41)双方の資料を結びつけて論ずるには、資料の性格をふまえた充分な配慮が必要であろう。ここでは『万葉集』との関連で、近年注目を集めている『王梵志詩集』について、私見を述べておこう。

王梵志は隋から初唐ごろの人で、(42)その詩集といわれるものが、敦煌文献の中にいくつか存在している。日本にも、少なくとも九世紀には、『王梵志詩』二巻ないし『王梵志集』二巻という形で、その作品が舶載されていた(『日本国見在書目録』)。菊池英夫氏は、その詩の表現中に山上憶良の歌文に共通するところがある点に注目され、憶良の述作には王梵志の詩集が参照されたことを推定された。(43)もしこれが事実とすれば、万葉人の確実に読んだ書物が新たに一つ確認され、しかもその姿を敦煌文献中にみることができることとなる。

ここには改めて掲げないが、菊池氏が『王梵志詩』と憶良歌文の類似として挙げられた諸点は、確かに万人を首肯させるものがあり、菊池氏が考えられたような可能性を私も否定するつもりはない。ただそこに直接の影響関係をみようとする場合、類似しているというだけでなく、一方が他方に影響を及ぼしたという確かな傍証が必要であろう。この点を抜きにして結論を急げば、他の事実が見落とされてしまう恐れもなしとしない。

事実、王梵志以前にも、人間の苦しみに仏教的な視点から目を向け、平易に表現した作家は存在する。たとえば梁～北周の僧亡名などはその一人であろう。亡名については既に先学の研究があり、その出身・思想に関してはそれらに譲るが、[44] ここで注意を喚起しておきたいのは、亡名の詩に左のようなものがあることである。

老　苦

少時欣日益　老至苦年侵
紅顔既罷艶　白髪寧久吟
階庭惟仰杖　朝府不勝簪
甘肥与妖麗　徒有壮時心　（『広弘明集』巻三十、『大正新脩大蔵経』52）

この詩は老官人の作に擬して老いの苦しみを詠じたものであり、「五苦詩」と題する連作中の一つである。これをたとえば、憶良の「哀二世間難一住歌」に比べてみてはどうであろうか。

世の中の　すべなきものは　年月は　流るるごとし　とり続き　追ひ来るものは　百種に　せめ寄り来る　娘子《おとめ》らが　娘子さびすと　韓玉を　手本《たもと》に巻かし　よち子らと　手携はりて　遊びけむ　時の盛りを　留みかね　過ぐしやりつれ　蜷《みな》の腸《わた》　か黒き髪に　何時の間か　霜の降りけむ　紅の　面の上に　いづくゆか　皺が来りし　ますらをの　男さびすと　剣大刀　腰に取り佩き　さつ弓を　手握り持ちて　赤駒に　倭文《しつ》鞍うち置き　這ひ乗りて　遊びあるきし　世の中や　常にありける　娘子らが　さ寝《な》す板戸を　押し開き　い辿り寄りて　ま玉手の　玉手さし交へ　さ寝し夜の　いくだもあらねば　手束杖　腰にたがねて　か行けば　人にいとはえ　かく行けば　人に憎まえ　老《お》よし男は　かくのみならし　たまきはる　命惜しけど　せむすべもなし　（『万葉集』巻五、八〇四番）[45]

「娘子」と「ますらを」を対比して描くところは異なるが、「紅顔」の変貌、「白髪」「杖」など、亡名の詩と発想や素材に類似の点があることは一見して明らかである。[46] 亡名詩末尾の「甘肥与妖麗、徒有壮時心」も、「甘肥」（美食）

についての言及を欠くとはいえ、壮年期の猟色を回顧する点で、憶良の歌と共通する。

しかもこのような亡名の作品は、部分的にもせよ、憶良の時代に確実に舶載されていた。即ち聖武天皇が天平三年（七三一）に書写した『雑集』（正倉院蔵）に、亡名の作になる「宝人銘」が収録されている。[47]『雑集』については、近年聖武天皇の侍読的地位にあった憶良との関係が論じられているが、[48]確言はできないとしても、憶良が亡名の作品に接していた可能性は少なくない。また時期は明らかでないものの、亡名の別集が舶載されていたことも確かである。既に説かれているとおり、『日本国見在書目録』にみえる、

無名師集十
無名集十
無名集十八

などには、亡名（無名）の別集が含まれているとみてよい。[49]

ただ以上のように述べたからといって、ただちに亡名の作品が憶良の述作に影響を与えたと断ずるつもりはない。たとえば前掲の詩にしても、亡名がとりあげたのは「五苦」であったが、憶良は「哀㆓世間難㆒住歌」では「八大辛苦」に言及している。また現存作品が少ないこともあって、亡名が現実の社会、とくに「貧窮」といった主題を作品化したかどうかは確かめられない。しかし亡名を含め、詩文を作った仏門の人物は、早くから少なくなかったはずである。釈家の作品が、正統的な中国文学の流れの中では、常に軽視されてきたことを考えると、今は亡佚したそのような作品の中に、憶良の述作の範となったものがなかったとは言い切れないであろう。

その点で興味深いのは、王梵志の詩の中に、亡名の「五盛陰」詩（『広弘明集』巻三十）に多少の改変を加えただけの作品があることである。[50]

先去非長別
後来非久親
新墳将旧塚
相次似魚鱗
茂陵誰弁漢
驪山詎識秦
千年与昨日
一種併成塵
定知今世土(士)
還是昔時人
焉能取他骨
復持埋我身
(『広弘明集』)

前死未長別
後来非久親
新墳影旧塚
相続似魚鱗
義陵秋節遠
曽逢幾箇春
万劫同今日
一種化微塵
定知見土裏
還得昔時人
頻開積代骨
為坑埋我身
(『王梵志詩集』[51])

他の俗文学でも、亡名その他の釈家の詩をとりこむ例は少なくないようであるが、[52]少なくともこれは、王梵志の作品が必ずしも王梵志独自の発想から出たものとは限らないことを示していよう。しかも右に掲げた王梵志の詩は、P三四一八やP三七二四の写本に含まれており、菊池英夫氏は、これと同系統とみられる写本の諸作品が、憶良の述作に影響を与えたと想定されている。見方を変えれば、憶良と王梵志の作品が共通の述作の源をもつことも、充分に考えられるといわねばならない。

なお亡名の「五盛陰」詩については、もう一つ注目すべきことがある。それはこの詩が、智証大師円珍の撰した『辟支仏義集』巻下に左のように引用されている事実である。[53]

古詩云、先者非二長別一、復《（後カ）》来非我親、新墳将旧家《（塚カ）》、相次似魚鱗、茂陵誰弁漢、驪山識《（ママ）》秦、千年興作日、一種併灰塵、定知今代士、還是昔時人、焉能取他骨、後時埋我身

『広弘明集』所載の本文とはやや異なり、[54]誤脱も含まれているとみられるが、王梵志の詩ではなく、亡名のそれであることは明らかである。さまざまな考え方ができようが、ほぼ内容の等しい詩が『王梵志詩集』にあるにも拘らず、円珍が亡名の詩を引いたのは、日本における『王梵志詩集』の普及を考える上に一つの示唆を与えるものではあるまいか。円珍の時代からすれば、王梵志の詩も「古詩」であることに変わりはなかったはずで『王梵志詩集』からの引用でも差支えないところであろう。またこうした事実の存在から推せば、『懐風藻』の群書類従本などの末尾に置かれた「亡名氏」の詩も、直接釈亡名と関わるか否かはともかく、『寒山詩』などとの類似から、簡単に後人の補入とする[55]のは一考を要すると思われる。

ともあれ憶良の述作の資を考えるに当たっては、『王梵志詩集』に限定することなく、六朝～初唐の仏教的詩文に広く留意してゆくべきであろう。

## 五　むすび

最後に本章で論じたことがらを要約し、結びとしたい。

㈠敦煌に比して、日本に道経の残存が稀であるのは、上代における成立道教排斥の政策と無関係ではない。

㈡日本に原本『玉篇』の古写本が伝わり、敦煌等に多い『切韻』の古写本が無いのは、日本における漢字・漢文の受容のあり方を反映している。

㈢山上憶良の述作に『玉梵志詩集』の直接的影響があるとするには、なお問題が残る。

本章にとりあげた問題点は、右のとおり極めて限られたものでしかないが、本章が、上代の日本と中国の間に横たわる大きな文化的差異に、いささかでも注意を促す機縁となれば、これに過ぎる喜びはない。

（1）かつて発表した拙稿「美努岡万墓誌の述作―『古文孝経』と『論語』の利用をめぐって―」（『日本古代木簡の研究』塙書房、一九八三年）は、この点を手掛りに経書の受容を論じたものである。

（2）最近の研究動向については、福井文雅「道教思想の研究と問題点」（秋月観暎編『道教研究のすすめ』平河出版社、一九八六年）、高山繁「日本古代の道教」（雄山閣出版編『古代史研究の最前線』一九八七年）参照。

（3）大淵忍爾『敦煌道経』（目録編）（福武書店、一九七八年）。

（4）大淵忍爾氏も、敦煌の道経を整理するに当たって、これらを除外されている。なお『見在書目録』には、天文・暦数・五行・医方などの項を中心に、道術関係の典籍が多数著録されている。しかしこれらについても類似の事情があるので、本章の考察からは除く。いうまでもなく大淵氏も、この種の典籍を対象外とされている。

（5）矢島玄亮『日本国見在書目録―集証と研究―』（汲古書院、一九八四年）では、実際には道家の項に四八七巻が著録されているると算出している（同書二六四頁）。

（6）文化庁『重要文化財』⒆（毎日新聞社、一九七六年）、同㉚（一九七七年）による。それ以降指定の分は、雑誌『月刊文化財』に掲載されているが、関係の物件はない。

（7）指定品に匹敵するものとして、正倉院聖語蔵の『老子』（河上公注）残巻や高山寺蔵『荘子』（郭象注）残巻があるが、一般に残存例は少ない。

（8）杉本直治郎『阿倍仲麻呂伝研究』（育芳社、一九四〇年）四六〇頁。

（9）安藤更生『鑒真大和上伝之研究』（平凡社、一九六〇年）八一頁。

(10)『冊府元亀』巻五三、帝王部、尚黄老、『唐会要』巻三六、修撰。なお開元二十一年ないし二十年とする史料もある。池田温「盛唐之集賢院」(北海道大学文学部紀要二七号、一九七一年)参照。
(11)安藤更生注(9)前掲書二七七頁。
(12)吉備真備撰と伝える『私教類聚』に「仙道不用事」の一章があるのは、同様な態度の表れであろう。岡田正之『近江奈良朝の漢文学』(養徳社、一九四六年)一一八頁参照。但し『私教類聚』が真備の真撰かどうかは、直木孝次郎氏の述べておられるように多大の疑問がある。同氏『わたしの法隆寺』(塙書房、一九七九年)一二四頁参照。
(13)窪徳忠「朝鮮の道教」(『中国宗教における受容・変容・行容』山川出版社、一九七九年)参照。
(14)『周書』異域伝(百済)に「僧尼寺塔甚多、而無道士」とある。
(15)『唐会要』巻五十、尊崇道教、参照。
(16)空海『三教指帰』の存在は、以上の所説に抵触するかのようであるが、本書の場合、道教が儒・仏との相対的関係で論じられていることは注意を要する。三教対比の論は、中国に唐以前からあり、これに関する『広弘明集』のような文献も、早くから日本に受容されていた。また『三教指帰』の出典は、『文選』『抱朴子』などを主とし(小島憲之『上代日本文学と中国文学』(下)、塙書房、一九六五年、一四四三頁以下)、道経の顕著な影響は見出しにくい。少なくとも『三教指帰』成立の背景に、広範な道経の受容があったとはいえないであろう。
(17)関連の論考は多いが、とりあえずは左の諸研究参照。
小島憲之『国風暗黒時代の文学』中(上)(塙書房、一九七三年)
林紀昭「『令集解』所引反切攷」(大阪歴史学会編『古代国家の形成と展開』吉川弘文館、一九七六年)
京都大学令集解研究会「『令集解』に於ける『玉篇』利用の実態」(鷹陵史学三・四号、一九七七年)
(18)旧ソ連科学院レニングラード分院所蔵の敦煌文献中に、『玉篇』に比定されている断片がある。メンシコフ編号一五一六号(DX一三九九号)。ただし陳祚竜『敦煌古抄文献会最』(新文豊出版公司、一九八二年)所載の図版によれば、これは確かに部首引き字書の断簡ではあるが、反切や引用典籍名がみられず、原本『玉篇』の写本とはみなしにくい。なお高田時雄「玉篇の敦煌本」(京都大学教養部 人文三三集、一九八七年)は、この断簡を原本『玉篇』の節略本と推定し、これと一連とみられる断片がスタイン収集中にもあること(S六三一一)を指摘している。高田氏は陳祚竜氏の著書に言及されていないが、写真を比較するに、両断簡は同一写本の一部とみてよかろう。その後、高田氏もこの点に気づき、「玉篇の敦煌本・補遺」(人文三五集、一九八八年)を発表されている。

(19) この点については、拙稿「敦煌遺書と日本の古写本」(出版ダイジェスト一一五九号、一九八六年三月)で略説した。その後、小島憲之氏が「海東と西域」(『万葉以前』岩波書店、一九八六年九月)の末尾で、残存状況の違いに言及されているが、論の重点は、初出論文以来、日本と西域の類似を強調される点にあり、相違の意義にはふれておられない。

(20) 古記の成立年代については、岸俊男「班田図と条里制」(『日本古代籍帳の研究』塙書房、一九七三年)参照。

(21) 注(17)に同じ。

(22) 令釈の成立年代については、井上辰雄「「令集解」雑考―「令釈」「穴記」を中心として―」(坂本太郎博士古稀記念会編『続日本古代史論集』(中)、吉川弘文館、一九七二年)参照。

(23) 林紀昭注(17)論文。

(24) 京都大学令集解研究会注(17)論文。

(25) 『日本書紀』持統五年(六九一)九月壬申(四日)条。天智天皇二年二月是月条によれば、続守言は百済に捕虜となった唐人であり、経歴からみて薩弘恪もその可能性が強い。

(26) 小谷博泰氏は、この詔や『続日本紀』天平二年(七三〇)三月二十七日条の記事をあげて、養老・天平ごろでも、学者・帰化人等を除き、漢語についての能力はさほど高くなかったか、とされている。同氏『木簡と宣命の国語学的研究』(和泉書院、一九八六年)五九頁。

(27) 『続日本紀』宝亀九年(七七八)十二月庚寅(十八日)条。

(28) 国史大系本は「呉音」を「音」に作る。いま山田孝雄氏所引の古写本による。山田孝雄『国語の中に於ける漢語の研究』(宝文館出版、一九四〇年)一二八頁。

(29) 『叡山大師伝』(『伝教大師全集』(5))によれば、最澄が延暦二十一年(八〇二)に入唐還学生に任ぜられたとき、上表して「未習㆓漢音㆒、亦闇㆓訳語㆒、忽対㆓異俗㆒、難㆑述㆓意緒㆒」と言ったのに対して、義真を訳語として同道することが許されたという。義真は「幼学㆓漢音㆒、略習㆓唐語㆒」った人物であった。これなども参考とするに足りよう。

(30) 「聴令」は「聡令」の誤りとみるべきこと、桃裕行『上代学制の研究』(吉川弘文館、一九八三年復刊)一二二頁による。

「聡令」は、学令第二条、医疾令復元第二条などにみえる。

(31) 桃裕行前注書。

(32) 『叡山大師伝』(注29前掲)に、最澄の「門徒」として「六音博士門継」があげられている。同書は最澄示寂(弘仁十三年、八二二)後、まもなくの撰とされる。桃氏前掲書は、この記事にふれていない。

(33) 井上辰雄「令釈をめぐる二、三の問題」(続日本紀研究十—八・九、一九六三年)。

(34) 平子鐸嶺「草堂独断」(『増訂仏教芸術の研究』国書刊行会、一九七六年)は、「躰」を「林」の訛とする。

(35) 『扶桑略記』天平七年四月辛亥(二十六日)条。

(36) この点については、林紀昭注(17)論文参照。

(37) 本文は中華書局標点本による。

(38) 詳細は上田正『切韻逸文の研究』(汲古書院、一九八四年)。他に一例を挙げると、九世紀半ばごろの撰述とみられる『日本感霊録』の反切は、『玉篇』よりも『切韻』に合致する例が多い。辻英子『日本感霊録の研究』(笠間書院、一九八一年)参照。

(39) たとえば、竜晦「唐五代西北音与卜天寿《論語》写本」(考古一九七二年六期)、松尾良樹「敦煌写本に於ける別字」(アジア・アフリカ言語文化研究一八号、一九七九年)参照。竜論文は、金谷治編『唐抄本鄭氏注論語集成』(平凡社、一九七八年)にも翻訳転載されている。

(40) なおこのような状況は、基本的には朝鮮の場合も同様であったはずであるが、果たして朝鮮でも、部首引きの字書が一般には受けいれられ易く、字書の代名詞として「玉篇」が用いられたという。崔南善『朝鮮常識問答—朝鮮文化の研究—』(相場清訳、宗高書房、一九六五年)二一九頁。

(41) 石塚晴通「『唐抄本鄭氏注論語集成』に寄せて—辺境文化論の試み—」(月刊百科一三九号、一九七四年)。

(42) 潘重規「白話詩人王梵志の出生時代について」(岡村繁教授退官記念『中国詩人論』汲古書院、一九八六年)、朱鳳玉『王梵志詩研究』(上)(台湾学生書局、一九八六年)参照。

(43) 菊池英夫「山上憶良と敦煌遺書」(国文学　解釈と教材の研究二八—七、一九八三年)、同「中国古文書・古写本学と日本—東アジア文化圏の交流の痕跡—」(唐代史研究会編『東アジア古文書の史的研究』唐代史研究会報告Ⅶ集、刀水書房、一九九〇年)。

(44) 陳祚竜「新校重訂敦煌古鈔釈亡名的「絶学箴」」(『敦煌学海探珠』(下)、台湾商務印書館、一九七九年)、小野勝年「聖武天皇の「雑集」に収録された宝人銘」(横田健一先生還暦記念『日本史論叢』同記念会、一九七六年)。

(45) 訓読は小学館、日本古典全集本による。

(46) 「杖」に関しては、『出曜経』巻二(『大正新脩大蔵経』(4)所収)にも、「少時意盛壮、為レ老所レ見レ逼、形衰極枯槁、気竭憑レ杖行」と、類想がみえる。

(47) 小野勝年注(44)論文。『雑集』全巻の写真は、一応の釈文を付して『書道芸術』(11)(中央公論社、一九七六年)に収められている。

(48) 佐藤美知子「憶良の「日本挽歌」の前置詩文について—聖武天皇宸翰『雑集』との関係—」(国語と国文学、昭和六十一年十一月号)参照。

(49) 小野勝年注(44)論文、矢島玄亮注(5)前掲書参照。
釈亡名の詩の受容ということでは、『千載佳句』引用の詩句の中に、作者を「亡名」と注記されるもののあることも注意される(金子彦二郎『平安時代文学と白氏文集—句題和歌・千載佳句研究篇—』増補版、培風館、一九五五年)。しかしそれらの中に、現存の亡名の作品と合致する句はなく、仏教的な内容の句もみられない。『千載佳句』が唐詩から取材していることともあわせ、同書の「亡名」は文字どおり失名の意に解すべきであろう。なお『宋高僧伝』巻十七(『大正新脩大蔵経』(50)所収)に、盛唐から中唐の僧無名の伝がみえるが、伝には詩文述作のことは見えず、この人物は該当しないと考えられる。

(50) 項楚「敦煌文学雑考」(一九八七年初出、『敦煌文学叢考』上海古籍出版社、一九九一年)、同『王梵志詩校注』(上海古籍出版社、一九九一年。「王梵志詩校註」として一九八七年初出)六〇三頁に指摘。

(51) 前注『王梵志詩校注』に拠る。

(52) 項楚「敦煌文学雑考」。注(50)参照。

(53) 『大日本仏教全書』智証大師全集(2)、五〇頁。

(54) 「今世士」(『広弘明集』)を、「今代士」に作るのは、唐の太宗の諱をさけて「世」を「代」に作った本に円珍が拠ったからであり、またこの引用によって「士」は「士」の誤りとみることができる。

(55) 小島憲之校注『懐風藻　文華秀麗集　本朝文粋』(日本古典文学大系、岩波書店、一九六四年)解説参照。

# 敦煌と日本の『千字文』

## 一　はじめに

敦煌文献のもつ意義の一つとして、唐代を中心とする庶民資料の豊富さがあることは、何人も異論がなかろう。漢文文献という分野一つをとっても、単に多種の鈔本がみられるというだけでなく、そこに下層の人々によって書写され使用された通俗書・訓蒙書の類が、多く存在することを見逃すわけにはゆかない。本章では、敦煌文献の一特色たる、それら訓蒙書について、種類と内容などを概観し、とりわけ訓蒙書中でも重要な役割を果たした『千字文』について、日本の資料との関連を含め、やや詳しく説き及んでみたいと思う。

## 二　訓蒙書の範囲

最初に問題となるのは、訓蒙書というものをいかなる範囲で考えるかである。伝統的な概念である「小学書」が、これに当たるとするのも一案であろうが、ここでは当時の実態をうかがう意味で、敦煌の学生たちによって書写された書物の種類から、その範囲を調査してみる。

まず敦煌写本のうち、スタイン、ペリオ収集中から、学仕郎（学士郎）、学郎、学生、学士などによって書写された

ことが判明する典籍をあげれば、左のようになる。(1)

古文尚書　P二六四三
毛詩　P二五七〇
孝経　S七〇七　S七二八　S一三八六
論語　P三七八三　*P三四四一　*P三七四五
論語集解　P二七一六　P三九七二　*P二六一八
残卜筮書　P三三二二
開蒙要訓　S七〇五　S五四六三　P二五七八　P三一八九
吉凶書儀　P二六四六　P三六九一
兎園策　S六一四
百行章　P二八〇八
太公家教　S一一六三　P二八二五　P三五六九　P三七六四　P四五八八
武王家教　S四七九
厳父教　S四三〇七
雑抄　P三六四九
俗務要名林　P二六〇九
事森　P二六二一
秦婦吟　S六九二　P三三八一　P三七八〇

詠孝経　P三三八六　P三五八二　P二六三三
孔子項託　S二九五
鷰子賦　S二一四
子虚賦・滄浪賦　P二六二一
弐師泉賦・漁父賦歌　P二七一二
李陵与蘇武書　S一七三　P二四九八　P三六九二
王梵志集（王梵志詩）　S七七八　P三八三三
敦煌二十詠　*P三八七〇
金剛般若波羅密経　P三三九八

敦煌文献の奥書等にみえる某寺学仕郎、某寺学郎、某寺学生などが、敦煌地方の仏寺の私塾に学ぶ学生であったことは、那波利貞氏が詳かに論じられたところである。(2) 別に「沙州学士」（S二三六九）、「沙州敦煌学士」（S四〇五七）、「沙州学郎」（P三三六九）、「敦煌郡学士郎」（P二五七八）、「帰義軍学士」（P二六八一）など、州県学などの学生らしいものも散見するので、単に学仕郎、学士などとのみあるものは、公私の別を確かめることが困難である。右の一覧では、より一般的な状況をみるという意味で、州県学等の例を省き、単に学士郎などとある公私不明のものは、*印を付して一応あわせ掲げた。周知の通り、学仕郎の書写本から、当時の啓蒙書・初学書を推定するという試みは、これまた那波氏によって一部なされている。ただ那波氏の場合、対象はペリオ収集中の写本に限られており、スタイン本を含めて検討してみることは無駄ではなかろう。

前記の一覧をみてまず注意されるのは、那波氏がペリオ本について指摘されたと同様、書目が外典で占められていることである。[3] 一般に書物が書写される場合、自らの学習のためだけでなく、他から依頼を受けて写されるということもありうる。現に前掲の書の中にも、そのようなものが全くないとはいえないであろう。しかし前掲のような書目の偏りは、大部分が学仕郎の習学に関わることを推定させる。

このことは、書写奥書の中に、学習の意図を明記した例があることからも裏付けられる。すでに那波氏の言及されたものを避けて、一、二例を示せば、『武王家教』（S四七九）の、

〔乾〕符六年（八七九）正月廿八日、学生呂康三読誦記

は、学生が暗誦、書写したことを明らかにする。またS七〇五の『開蒙要訓』とP二八二五の『太公家教』は、ともに同人の書写で、それぞれ次のような奥書を有する。

大中五年（八五一）辛未三月廿三日、学生宋文献誦、安文徳写　（S七〇五）

大中四年庚午正月十五日、学生宋文顕読、安文徳写　（P二八二五）

いずれも学生宋文顕（献）が読誦したものを、安文徳が書写したわけである。

次に前掲書目の内容に目を向けると、那波氏が論じられた、いわゆる俗書・初学書が多いだけでなく、経書も含まれる。しかもそれには一定の傾向がうかがえるようで、すなわちその多くが『孝経』と『論語』で占められている。この二書が、初学の儒教書として用いられてきたことは、吉川忠夫氏が、諸史料をあげて論じられている。[4] これは、早くからこの両書が、専攻をこえて基本的書物とされたためであるが、その伝統をうけて、唐の学制でも、『孝経』『論語』は国子監における兼習書に指定されている。多くの通俗書の中に、この二書が特に目立って現われてくるのは、やはり学仕郎たちの学習と無関係ではなかったからであろう。

なお経書では、他に『古文尚書』と『毛詩』があるが、魏の鍾会が四歳で『孝経』、七歳で『論語』、八歳で『詩』、

十歳で『尚書』を課せられたという史料（『三国志』魏書巻二八、鍾会伝裴松之注所引『母夫人張氏伝』）などを参照すれば、これらも比較的初学の経書というべく、名の見えるのは偶然でないとも考えられる。

このようにみてくると、スタイン本、ペリオ本を問わず、学仕郎らによって書写されている書物は、何らかの意味で初学書・訓蒙書的性格を備えたものといって差支えない。従って訓蒙書という概念を、あまり狭く限定すると、却って当時の教育・学習の実態を充分にとらえられない恐れがあろう。問答体・書簡体・韻文形式の各種訓蒙書はもちろんのこと、初歩の経書・書儀・字書・類書・算術書・通俗文学書などの類も、広義の訓蒙書として把握しておく必要がある。さらに前記の一覧に直接現れてはきていないが、それらの諸書と同じ巻・冊に書写されている書も、教育・学習とのつながりを追及されるべきであろう。

ところでここに付言しておきたいのは、とくに国史・国文学研究者の場合、日本と敦煌が共に唐帝国の辺境に位置することに注目し、その学問・文学等における類同性を強調する提言が少なくないことである。確かにこの点は、訓蒙書のみならず、広く敦煌文献全般を考察する上に常に留意されるべき視点であることを失なわない。事実、後段でとりあげる『千字文』の場合をみても明かなように、日本伝存の旧鈔本をはじめとする諸資料は、敦煌文献の解明に役立つこと大である。逆に敦煌文献との比較は、日本の古文献の研究に欠くことのできない場合が多い。

ただかつて論じたことがあるように、日本と敦煌の学問には、歴史的条件の相違からくる決定的な違いが存する場合もみられる。即ち訓蒙書の一つというべき『孝経』について、敦煌発見の写本と八世紀以前日本で行われたテキストを比較すると、敦煌では、御注本を除けば『今文孝経』と、その鄭玄注しかみられないのに対し、日本では、『古文孝経』とその注釈『孝経述議』が行われていた。日本で御注本が盛行するようになるのは、九世紀以降のことである。双方の間には、大局的にいって今文系テキストと古文系テキストという差異が明瞭に認められる。なおこれほど明らかではないが、『論語』についても同様な現象がある。敦煌では、鄭玄注が単独で盛んに用いられているのに対し、日本上代では、鄭玄注が単独で行われた徴証は見当たらない。詳論は省略するが、これは両地の学問の基づくところに相異があったためと考えられる。敦煌では北学系のテキストが、日本では南学系のテキストが行われたといってよかろう。(5)

このような問題の存在を念頭に置くと、敦煌と日本古代の文化的類同を論ずるにあたっては、今後むしろ、両者の歴史的条件の違いをふまえた、肌理細かな検討が要求されることになろう。(6)

さて訓蒙書については、すぐれた諸研究の存在にも拘らず、研究の現状は必ずしも満足すべきものとはいえない。特に訓蒙書の個別研究は、基礎的作業として、まだまだ積み重ねられねばならないであろう。そのためには、『孝経』『論語』について行なわれている、

陳鉄凡編『敦煌本孝経類纂』燕京文化事業股份有限公司、一九七七年

金谷治編『唐抄本鄭氏注論語集成』平凡社、一九七八年

のようなテキストの集成、『太公家教』における入矢氏の労作(7)のような校本作成作業も不可欠である。訓蒙書の代表ともいえる『千字文』も例外ではない。(8)次に『千字文』についての問題点を検討してみようと思う。

## 三　敦煌文献中の『千字文』

さて先掲の学仕郎による写本中には、『千字文』は現われていない。しかし奥書をもたない『千字文』写本は、敦煌文献中に多く存在している。(9)しかもそれらの中には、『太公家教』と共に書写されている例(S三八三五、S六一七

三)、『孝経』と一巻をなす例(P三四一六)がある他、完全な写本ではなく、落書の形で書きつけられた例が多数存在する。それらは、既往の目録類には記述がないか、簡単にふれられているに過ぎないが、管見に入っただけでも、

S二八九四　三二八七　三九〇四　四七四七　四九〇一　五一三九

P二〇五九　二四五七　二六四七　二六六七　二七五九　二七七一　三一一四　三一六八　五五四六

をあげることができる。これほど多く落書の形で残存する典籍は、他に例をみない。『千字文』の訓蒙書としての流布を示すといえよう。

また関連して注目されるのは、『千字文』の各字を重複して多数書写した例が存在することである。たとえば先にもふれたS六一七三は、『太公家教』の裏面に習字したもので、ジャイルズの目録では単に「習字」としているが、実は『千字文』の「白駒食場」末尾より「信使可覆」の「信」までを、ほぼ各字一行ずつ習書した断簡である。誦習していた字句をそのまま習字したためであろう、「白駒食場」の「場」を「長」に、「靡恃己長」の「長」を「場」に誤っている。またS五七二三も、これまで同定されていない『千字文』の習書である。これも「徳建名立、形端表政《ママ》、空谷伝」の十一字分をとどめるだけの断片であるが、やはり同じように、各字を一～二行ずつ書き連ねてある。この習字で特色があるのは、各行冒頭の一字が他よりも一きわ大きく書かれていることである。これらは他の字と同筆であるが、墨色はやや異なっているようである。恐らく最初に、『千字文』本文を紙の上端に沿って一字ずつ書き、これを見ながら、その下に習書を行なっていったものと考えられる。なおジャイルズが既に指摘し、小川環樹氏もとりあげているが、S五七八七も『千字文』の習字である。これらは、『千字文』の訓蒙書としての性格をよく表わす例といえよう。因みに、これらと同様な形の『千字文』習字は、トルファンからも出土しており(10)、また日本の藤原宮木簡にも類似の形式の『千字文』習書があって(11)、その学習方法の共通性が注意される。

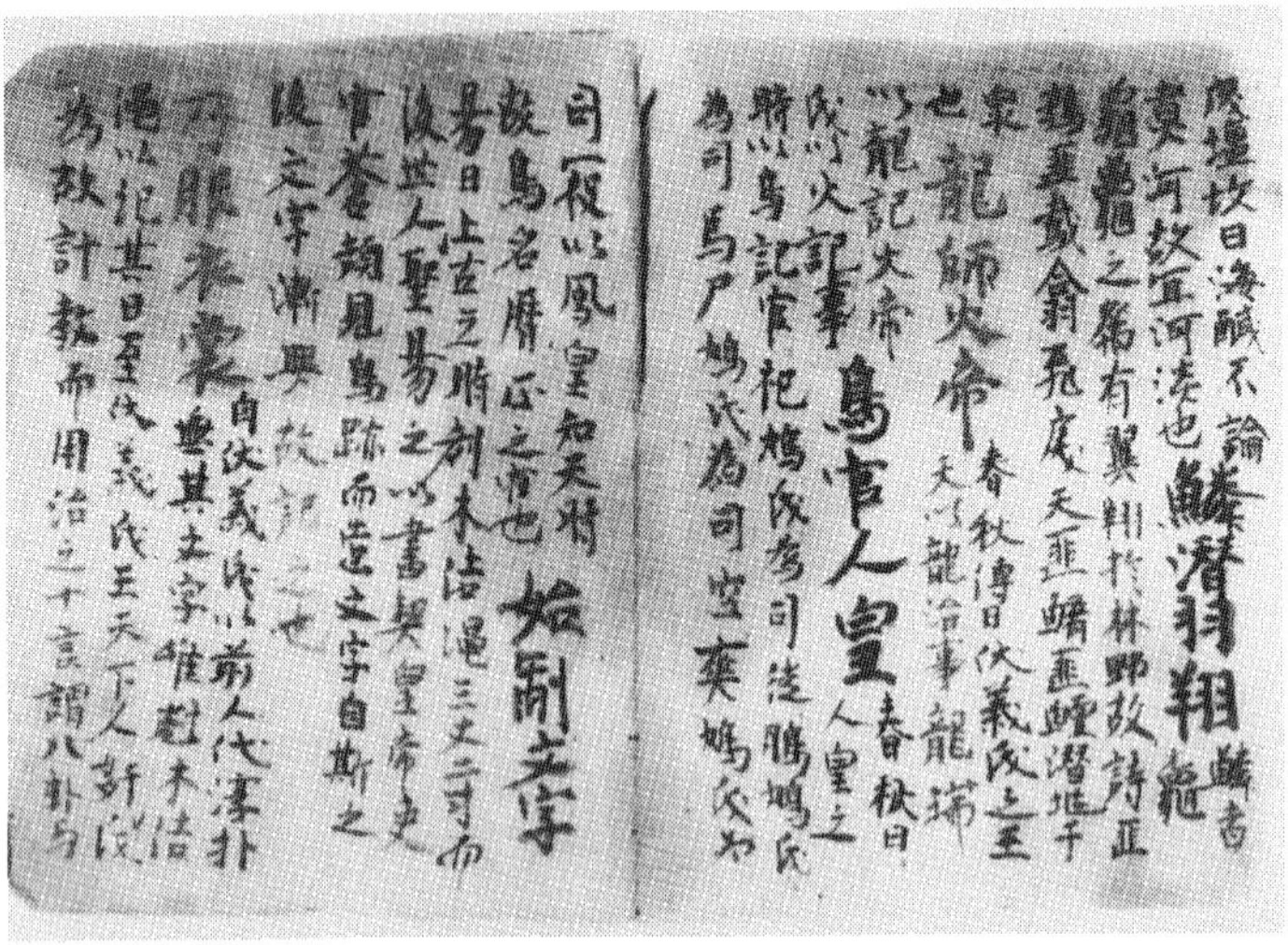

図 14　注千字文(S 5471)

図 15　注千字文(P 3973)

ところで漢籍の学習には、本文と注が一体のものとして学ばれるのが普通である。訓蒙書の場合も例外でなかったことは、『蒙求』『李嶠百詠』等によって明らかであろう。『千字文』についても、敦煌から二つの有注本が発見されている(S五四七一、P三九七三)(図14、15)。いずれも首尾を欠いた残欠であるため、注者の名は不明である。S五四七一は冊子本で、中間一部破損があるが「珠称夜光」の注から「詩讃羔羊」の注までを存する。P三九七三は巻子本の断簡で、本文の「推位譲国、有虞陶堂(ママ)」から、同じく本文「尺璧非宝」までが残る。ただし「弔民伐罪」の注と「知過必改」の間に約半行分の空白があり、この間に入るべき「弔民伐罪」の注の大半と「周発殷湯」以降「男効才良」の項を脱している。この両本は幸いに重複する部分がかなりあり、そのため二つが同一の注であることが判明する。S五四七一は既往の研究にも言及されているが、このペリオ本に関しては、これまでこれに言及した研究者はないようである。(12)

さて『千字文』の注は、隋・唐の著録にも何種か見えるが、敦煌での通行が確実視されているのは、それら著録に未見の李暹の注である。即ち訓蒙書『雑抄』(P三六四九)中に、「経史何人修撰製レ注」として、

千字文 鍾繇撰 李暹注 周興嗣次韻

とみえる。李暹の注は、敦煌のみならず広く行われたらしく、『日本国見在書目録』にもこれを載せている。S五四七一の『注千字文』を李暹注に比定する、小川環樹氏や山崎誠氏の見解があるのも、(13)一概には否定できないであろう。ただ李暹注については、古くから種々の議論があり、その性格が明らかとはいえない。敦煌の有注本を検討する前提として、次にこの問題を解明しておくこととする。

## 四　李暹の『注千字文』

従来、李暹注の考察にあたって資料とされてきたのは、日本伝存の『千字文』古注である。それには冒頭に「梁大夫内司馬李邏」による「註千字文序」が冠されている。この「李邏」は、『経籍訪古志』(巻二)の指摘やペリオの所説(14)の通り、「李暹」の誤りと考えてよかろう。

しかしながら李暹注には、明らかに蕭梁以後の知識による記事があり、その成立年代をめぐって、

一、梁代の撰であるが、後人の増補・改作があるとする説(小川環樹、山崎誠)

二、九世紀頃の撰とする説(ペリオ)

三、五代梁の撰とする説(須羽源一、長沢規矩也、伏見冲敬(15))

などが対立している。ところが近年、日本伝存の一古写本が公開され、この議論に結着をつけることも不可能でなくなった。

その古写本とは、現在上野淳一氏の有に帰している『注千字文』一巻である(16)(図16)。この写本には、建仁二年(一二〇二)の本奥書と、弘安十年(一二八七)の書写奥書があり、内容は、従来の李邏注と異なる点が少なくない。この上野本については別に論じたので(17)、詳細はそれに譲るが、簡単にその結果を述べると、この写本では、まず巻首に、

千字文　趙倢人暹李序注

の内題がある。「倢」は「趙」の偏旁を入れ換えた文字、「暹李」も氏名逆になっているが、これは趙人李暹の序と注の意と考えられる。

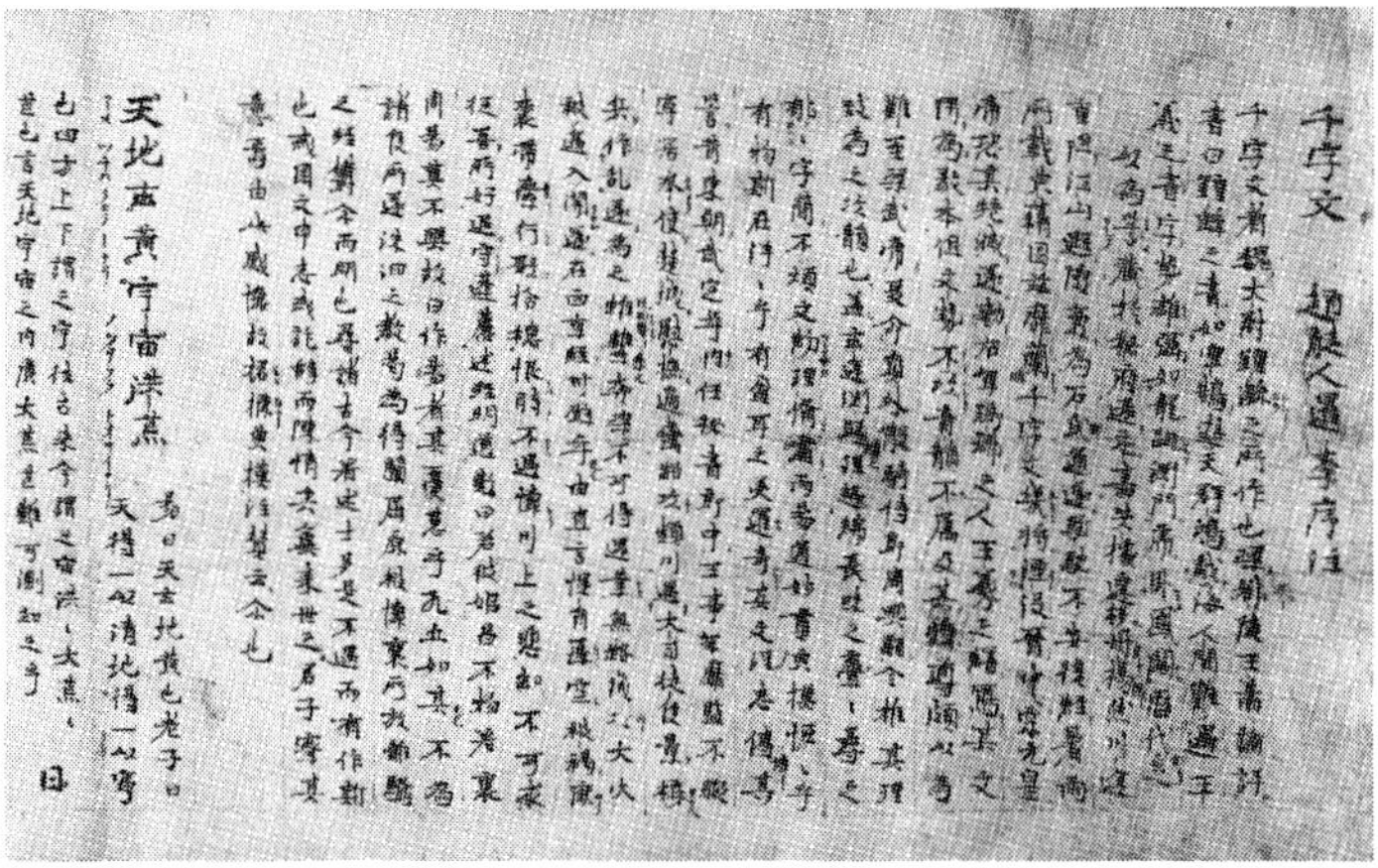

**図16**　注千字文　上野淳一氏蔵

次に序の内容をみると、本書成立の経過を記して次のようにいっている。

遅奇其文理、志伝其訓、昔東朝武定年内、任秘書郎中、王事靡監(盬)、不暇寧居、奉使楚城、慰撫辺蛮、路次頴(潁)川、遇大司徒侯景称兵作乱、遂為之維縶奔梁、不可得還業(鄴カ)、無路歳次、大火被逼、入関遂在西京、経卅余年、由直言悞旨屢空、被褐鹿裘帯索、行歌拾穂、恨時不遇、懐川上之悲、知不可求、従吾所好、退守蓬蘆、述経明道、(中略)由此感懐、故捃摭典模、注賛云爾也

(遅、その文理を奇とし、その訓えを伝えんと志す。昔、東朝の武定年内、秘書郎中に任ず。王事盬《もろきこと》なく、寧居《やど》に暇あらず。使いを楚城に奉じ、辺蛮を慰撫す。路、頴川に次り、大司徒侯景の兵を称《あ》げ乱を作《な》すに遇う。遂にこれがために維縶せられ、梁に奔り、鄴に還るを得べからず。路、歳次無く、大火に逼らる。関に入りて遂に西京にあり、三十余年を経たり。直言旨を悞《あやま》り、屢々空しきに由り、被褐鹿裘にして索を帯し、行歌して穂を拾う。時の不遇なるを恨み、川上の悲みを懐けり。求むべからざるを知り、吾が好むところに従いて、退きて蓬蘆を守り、経を述べ道を明かにす。(中略)この感懐により、故に典模を捃摭し、注賛すとしか

いうなり）

即ち撰者李暹は、もと東朝（東魏）の武定年間（五四三～五五〇、梁武帝大同九～隋文帝大宝元）に、秘書省の郎中の地位にあったが、楚城へ奉使の途次、穎川でたまたま侯景の乱（五五七）に会い、帰ることができず、遂に関中に入り、西京（長安）にとどまって三十余年を過ごしたころ、『注千字文』を撰したという。

李邏序は、梁代のものと認めるには疑問があったが、それに対し、この序文の語る撰述の経過は事実と認めてよいと考えられる。上野本の附注の体例が、『千字文』の二句を一対にして注する整った形態を保っていることや、「百郡秦并」の注に、

至後漢末霊帝之時、犴（奸）臣曹操、康（秉カ）政易官方（号カ）、以州在郡県上、自魏慕（簒）漢位、因茲不改、至於今日
（後漢末、霊帝の時に至り、姦臣曹操、政を秉りて官号を易う。州を以て郡・県の上に在り。魏、漢の位を簒《うば》いてより、これによりて改めず、今日に至る）

とあって、南北朝に行われた州―郡―県の地方制度を前提とした注になっていることなどは、その証といえよう。

以上のことから、上野本の李暹注は、序・本文とも原撰時の面影をよく保持しており、その成立年代は南北朝時代末期であったと推定できる。

## 五　敦煌本の『注千字文』

さて、以上のような性格をもつ李暹注と、スタイン本・ペリオ本の注との関係はいかがであろうか。これについては、小川環樹氏の所説[18]を発展させた山崎誠氏の研究[19]がある。山崎氏は、小川氏と同様、敦煌本としてS五四七一だけ

しかとりあげていないが、上野本や李邏注と比較されて、上野本を増補したものがスタイン本や李邏注であり、特にスタイン本と李邏注の間には、共通性が高いことを論じられた。確かにスタイン本には、上野本とほぼ同文の注を有する個所がある。またスタイン本が、総じて李邏注とより類似する点の多いことも事実であろう。ただ上野本・スタイン本・李邏注を通じて、同文の注は極めて少ないといってよく、これらを単一の増広関係にある注と考えてよいかどうかは頗る疑問のように思われる。むしろスタイン本の中に、李暹注が一部組み込まれていることを確認するにとどめるべきであろう。

そこで、以上のことをもとに、前節で検討した李暹注に関する知見や、以下にふれるようなペリオ本についての所見を加えると、次のようなことがいえるのではないかと思われる。

即ち南北朝時代末期に成立した李暹注の原姿を、最もよく伝えているのは日本の上野本であって、附注の体例も整っている。内容の面では、具体例としての故事・説話類を引くことが少なく、全体に簡潔である。

スタイン本とペリオ本は、前述のように、重複部分の内容が一致する。スタイン本の書写年代は、やや下るかも知れないが、ペリオ本は『千字文』本文の「弔民伐罪」の「民」に欠画を施しており、また注文中の「後世」(推位譲国・有虞陶唐条、徳建名立条)の「世」にも欠画がある。即ちペリオ本が唐代の写本であることは、ほぼ間違いない[20]。更にスタイン本も含め、明らかに唐代以後の知識に拠ったとみられるような記事は見出せない。すなわちこの両本は、唐代の敦煌地方に行われた標準的な有注本のテキストを伝えていると考えてよいであろう。この注と並んで他の注が行われていなかったとはいえないが[21]、これが実用的性格の書であったことを考えると、その可能性は薄い。たとえば同じく実用書として流布した『切韻』の場合、増広を重ねる内に、先行テキストの姿は失われていったことを参照すべきである。『旧唐書』経籍志や『新唐書』芸文志に、『千字文』の注が一つも著録されていないのも、李暹注をはじめ、『隋書』経籍志にみえる蕭子雲注、胡粛注などが、原撰の形を維持することなく、実用的な有注本の中に埋没していったことによると考えられる。この点を歴然と示しているのは、敦煌本の「始制文字」とそれに続く「乃服衣裳」の注である。即ち「乃服衣裳」の注の前半には、「乃服衣裳」とは直接関係のない文字創始のことが現われ、直前の「始制文字」の注と、内容こそ異なれ、重複した注となっている。しかもこの「乃服衣裳」の注全体は、上野本（李暹注）の「始制文字、乃服衣裳」の注とほぼ同文である。このことから考えると、敦煌本は、二句一対にして注した李暹注の「始制文字、乃服衣裳」の項を、そのまま「乃服衣裳」の条下に取り、「始制文字」の注を別に増補した結果、このような重複を来したのであろう。これは敦煌本の成立過程を暗示するものといってよい。これに対して日本の場合、『日本国見在書目録』に、李暹注以下五つの注が登載されているのは、その一々を外来の典籍として尊重し、舶載のテキストのまま、伝写・保存したためであろう。先引の『雑抄』の記載から考えて、敦煌本も「李暹注」と呼ばれたとみてよいかも知れないが、その実態は、先行諸注を取捨合揉したものであった可能性が濃厚である。

敦煌本の注の内容に関しては、『千字文』本文を解釈するについて、故事・説話などの具体例を多く引用・例示する点が目立つ。李暹注に比べ、典籍からの引用が増えているのは、多くここに原因があるとみてよい。一体、唐代に行われた訓蒙書には、誦習用の簡潔な本文に対して、注にその具体例を詳細に引証する形をとるものが少なくない。典型的な実例としては、『李嶠百詠』（張庭芳注）や『蒙求』（李翰注）をあげることができる。また『列女伝』では、各伝の趣旨をまとめた四字句の「頌」が別に編まれ[22]、日本伝存の『琱玉集』でも、各巻頭にその巻の話を要約した四字句ないし六字句から成る短文が付されている[23]。李暹の『注千字文』は、訓詁を主とする簡素なものであったが、スタイン本やペリオ本の注は、これら他の訓蒙書や訓蒙的類書の形態に近づき、本文に対する注の比重が増大した段階のものと考えるべきであろう。当然そこには、前述のような訓蒙書・類書の影響があったとみられる。また増広に利用された書物が、それらだけでなく、通俗の文学書に及んだことは、「女慕貞潔」の注にみえる韓朋とその妻貞夫の挿話から裏付けられよう。この部分は、敦煌文献中の通俗文学書『韓朋賦』[24]と、字句の端々まで合致するところが多く、『韓朋賦』より摘録、加筆されたものと考えられるからである。いずれにせよ、『注千字文』が学習者の要求を反映して、その形を変化させていった様を、この敦煌本から読みとることができる。

なお有注本ではないが、『千字文』の訓蒙書としての性格を別な形で拡大させたものとして、『新合六字千文』にふれておこう。

『新合六字千文』(『六字千文』とも)は、『千字文』の一句(四字)に、新たに二字(稀に三字)を加え、六字句(ないし七字句)としたもので、スタイン収集中に二例存在する(S五四六七、S五九六一)。うちS五四六七は、『妙法蓮華経』を書写した冊子の余白に写されている例、これに対してS五九六一は巻子本の残巻である。S五四六七が部分的にしか書写されていないのに比べ、S五九六一は欠失はあるものの、かなりの部分をとどめている。いまこのS五九六一によって、その開端部を示せば、左の通りである(図17)。

新合六字千文一巻
鍾銖撰集千字文　唯擬教訓童男
石勒称兵失次　梁帝乃付周興　員外依文次韻
連珠貫玉相承　散騎伝名不朽　侍郎万代歌称
天地二宜玄黄　宇宙六合洪荒　日月満虧盈昃

「鍾銖」云々から「歌称」までの冒頭八句は『千字文』の成立についての字句で、『千字文』本文と直接関わらない。恐らく『注千字文』序などによって句を成したものであろう。

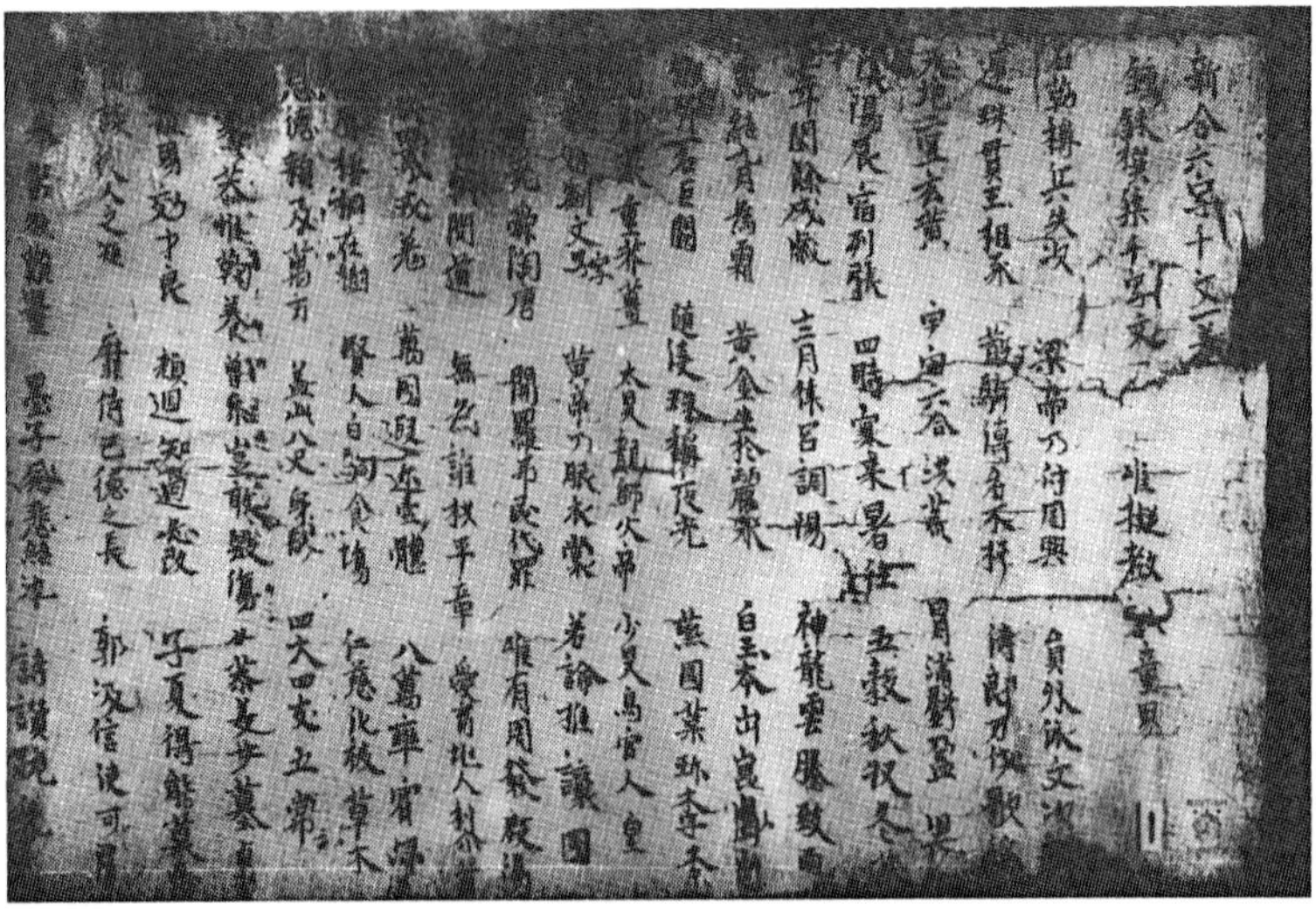

図17　新合六字千文(S 5961)

ともあれ、このように『千字文』が増益された結果、本来の意味はとにかく、『千字文』の内容が極めて具体的となり、単独で簡単な類書的性格さえ備えるようになっている。とりわけ、「伏羲始制文字」「黄帝乃服衣裳」「曾参豈敢毀傷」「恭姜女慕貞潔」「顔廻知過必改」などと、人物名の付加が多いのも特色で、この点では前述した『列女伝』の頌や『琱玉集』巻頭の文、あるいは『蒙求』の本文などに近くなっているともいえるであろう。このような著作の出現も、『注千字文』の増広と、趣旨において共通するところがあるように思われる。

なお本書の撰述年代については、日本僧円仁の『入唐新求聖教目録』(承和十四年、八四七)に、

加五百字千字文一巻

の見える[25]のが注意される。これは字数から考えて、おそらく『六字千文』と同一の書であろう。円仁が帰国にあたってこの書を将来したのは、それが日本では珍しかったことを示すであろうし、ひいては『六字千文』の成立そのものが、さほど溯らないことを推定できよう。

敦煌発見の『千字文』ということでは、『智永真草千字文（臨写本）』（P三五六一）や『漢蔵対音千字文』（P三四一九）など、なお重要な資料があるが、これらについては既に紹介や研究もあるので、ここでは省略に従いたい。

（1）主として商務印書館編『敦煌遺書総目索引』（商務印書館、一九六二年）とL. Giles, *Descriptive Catalogue of the Chinese Manuscripts from Tun-huang in the British Museum*（一九五七年）による。

（2）那波利貞「唐鈔本雑抄攷—唐代庶民教育史研究の一資料—」（一九四二年初出、『唐代社会文化史研究』創文社、一九七四年）。なお、敦煌の学校に関する最近の研究として次の研究がある。

李正宇「唐宋時代的学校」（敦煌研究一九八六—一期）

高明士「唐代敦煌的教育」（漢学研究四—二、一九八六年）

また敦煌文献の奥書は、最近、左記の書に集成された。

池田温『中国古代写本識語集録』（東京大学東洋文化研究所、一九九〇年）

（3）P三三九八の『金剛般若経』の場合、経本と学仕郎書写の奥書との関係は詳かでない。

（4）吉川忠夫「六朝時代における『孝経』の受容」（古代文化一九—四、一九六七年）、同「六朝時代における『孝経』の受容・再説」（同上二七—七、一九七五年）。

（5）拙稿「美努岡万墓誌の述作—『古文孝経』と『論語』の利用をめぐって—」（『日本古代木簡の研究』塙書房、一九八三年）。

（6）石塚晴通「『唐抄本鄭氏注論語集成』に寄せて—辺境文化論の試み—」（月刊百科一三九号、一九七四年）、本書「上代文学と敦煌文献」。

（7）入矢義高「『太公家教』校釈」（『福井博士頌寿記念東洋思想論集』早稲田大学出版部、一九六〇年）。

（8）『千字文』の個別研究としては左のようなものがある。

**P. Pelliot**, *Le Ts'ien Tseu wen ou《Livre des millemots》*（通報二四巻、一九二六年）

羽田亨・**P. Pelliot**『敦煌遺書』第一集（一九二六年）

小川環樹「千字文について」（一九六六年初出、『中国語学研究』創文社、一九七七年）

山崎誠「本邦旧伝注千字文攷」(平安文学研究六九輯、一九八三年)
小川環樹・木田章義『注解　千字文』(岩波書店、一九八四年)
拙稿「李暹の『注千字文』について」(五味智英・小島憲之編『万葉集研究』第十三集、塙書房、一九八五年)
黄家全「敦煌写本《千字文》試論」(敦煌文物研究所『一九八三年全国敦煌学術討論会文集』文史・遺書編下、甘粛人民出版社、一九八七年)
黒田彰・後藤昭雄・東野治之・三木雅博『上野本　注千字文　注解』(和泉書院、一九八九年)
(9) 注(1)前掲『敦煌遺書総目索引』は、三五本をあげている。
(10) 拙稿「『論語』『千字文』と藤原宮木簡」(『正倉院文書と木簡の研究』塙書房、一九七七年)、小島憲之「海東と西域―啓蒙期としてみた日本上代文学一斑―」(文学五一―一二、一九八三年。改訂の上、『万葉以前』岩波書店、一九八六年に収録)。トルファン出土の『千字文』断簡は、小田義久編『大谷文書集成』弐(法蔵館、一九九〇年)が出て、まとめて見ることができるようになった。同書の文書番号三二七八、三三一三、三五五〇、三五七三、三五七五、三五七六、三五七八、三五八一、三五九〇、三五九一、三六〇二、三六〇四、三六〇五、三七一九、三九一〇、三九三〇、三九八一参照。なお文書番号三八二九は「仏書断片」とあるが、表面は『千字文』である。
(11) 注(10)拙稿。
(12) これら両本については、注(8)前掲『上野本　注千字文　注解』に、写真と筆者による校訂本文を掲げておいた。
(13) 注(8)参照。
(14) 同右。
(15) 須羽源一「歴代の千字文考察」(書苑三―一、一九三九年)、長沢規矩也『大東急記念文庫 貴重書解題』第一巻(総説・漢籍)、伏見冲敬『増訂千字文詳解』(角川書店、一九八三年)。ただしいずれも特に論証はしていない。
(16) 黒田彰「上野本『注千字文』(略解題・影印・裏書翻刻)」(国文学五九号、一九八二年)、及び『上野本　注千字文　注解』(注8前掲)。
(17) 注(8)前掲拙稿(「上野本『注千字文』解説」と改題、補訂の上、前掲『上野本　注千字文　注解』に収録)。
(18) 注(8)参照。

(19) 同右。

(20) スタイン本でも、「女慕貞潔」注中「衛世子」の「世」に欠画がみられる。また「鱗潜羽翔」注中の「潜兆于泉也」は、『毛詩』(小雅、谷風、四月)よりの引用にかかるが、通行本では「泉」を「淵」に作る。「乃服衣裳」注の「人氏」も「人民」の意であろう。これらは唐諱を避けた名残りとも考えられる。

(21) 大谷探検隊将来のトルファン文書中に、

□韻者梁武□
　　員外□
次韻　問曰□

という断片があり(三九一〇号)、小島憲之氏は、有注本『千字文』の一部と解されている(注10前掲論文)。ただ『千字文』本文ではなく、「周興嗣次韻」の語に対して注が付けられているらしいことや、「問曰」という表現がみえることなどは、従来の『注千字文』には全く見られないところで、有注本の可能性を含め、なお検討を要するであろう。

(22) 宮本勝「列女伝の刊本及び頌図について」(北海道大学文学部紀要三二―一〔通巻五三号〕、一九八四年)参照。

(23) 山田孝雄「琱玉集と本邦文学」(芸文第一五年一一号、一九一四年)参照。

(24) 那波利貞「韓朋賦攷」(歴史と地理三四―四・五、一九三四年)参照。

(25) 『大正新脩大蔵経』(55)所収。「加」を「如」に作る本もあるが、「如」では意味不通で、「加」を採るべきである。

# 『典言』の成立と受容

## 一　はじめに

日本の古代に舶載されていた典籍の一つに『典言』がある。この書の名は、早く天平十九年（七四七）に勘録された大安寺伽藍縁起幷流記資財帳にみえるが、『典言』に関する詳しい考察は、中国においても日本においてもほとんどなされていない。現在『典言』の完本は伝わらないが、我国の古文献には往々本書からの引用がみられ[1]、また近時西域のトルファンから同名の書の残巻も出土した。ここに管見に入ったこれらの資料をもとに、『典言』に関する知見を整理し、古代における類書利用の一端をうかがってみることとしたい。

## 二　『典言』の資料

『典言』についての研究を複雑にしているのは、撰者に関して史料間に大きな差異がみられることである。この点をめぐっては、すでに姚振宗の『隋書経籍志考証』[2]に示唆に富む言及があるが、それは後述に譲り、まず姚振宗の挙げた史料に二、三寓目の史料を加えて、関係史料を示せば左の通りである（㈡㈢㈦㈧は『隋書経籍志考証』に指摘）。

㈠　『隋書』経籍志（雑家）

イ　典言四巻後魏人李穆叔撰

ロ　典言四巻後斉中書郎荀士遜等撰

(二)『北斉書』巻二十九、李渾伝附李公緒伝　『北史』巻三十三も同文

公緒、字穆叔（中略）撰二典言十巻一（中略）並行二於世一

(三)『北斉書』巻四十五、文苑列伝（荀士遜伝）『北史』巻八十三も同文

与二李若等一撰二典言一、行二於世一

(四)大安寺資財帳(3)

合典言四巻　書法一巻

(五)『日本国見在書目録』(4)（雑家）

典言四後魏人李魏（ママ）叔撰

(六)敦煌本『雑抄』(5)（P二七二一他）

典言李徳林撰之

(七)『旧唐書』経籍志（丙部儒家）

典言四巻李若等撰

(八)『新唐書』芸文志（子部儒家）

李穆叔典言四巻

(九)『通憲入道蔵書目録』(6)第廿七櫃

典言四巻

これらの史料によれば、『典言』の撰者には左の四通りの場合があるといえよう。

(1)李穆叔(公緒)
(2)荀士遜
(3)李若
(4)李徳林

また巻数についても、四巻本以外に、(二)にみえる十巻本があったことになる。

先にも少しふれた通り、姚振宗は『隋書経籍志考証』の『典言』の条で撰者の問題をとりあげ、(一)〜(三)(七)(八)の『典言』は、李穆叔・荀士遜・李若らの共同撰修にかかる同一書であるが、題されていた撰者名が互いに異なっていたため、別書として扱われたのであろうと考えている。史料(三)よりみて(一)ロと(七)が同一書であることは明らかであり、注目すべき解釈といえよう。[7]

しかし前記の史料からだけでは、これらの『典言』諸本が全体として相互にどのような関係にあるのかは、充分に明らかにしえない。ここで眼を転じて残巻・佚文の方から考察してみよう。

## 三 『典言』の残巻と佚文

現存する『典言』の本文として重要なのは、先にもふれたトルファン発見の残巻である。この断簡はアスターナの一三四号墓より出土したもので、伴出した墓誌から竜朔二年(六六二)を下らぬ写本とされている。[8] 反故として紙鞋に用いられていたため、一部をとどめるに過ぎないが、幸いにも第二篇の首部を残しており、撰者名を見ることができ

る。いま『吐魯番出土文書』第五冊及びこれを訂補した王素氏の釈文によって、断簡の内容を示せば左の通りである。(9)

〔第一断簡〕

典言第二　薛道衡撰　孝行篇　中節篇　□

慎罰篇　求賢篇　納諫篇　孝行□

〔第二断簡〕

1 □之類莫貴於人々倫之重莫□

2 □天子下達黔黎興国隆家率由茲道昔

3 □致有譲之礼臣謹案虞舜字重華事父瞽瞍以孝堯遂譲位与舜事出尚書礼記曰

4 舜其孝也与矣殷丁饗高宗之号臣謹案殷王武丁至孝居喪三年不言政事後偁□□

5 殷道復興号曰高宗事出尚書也　周武之牢籠九県臣謹周武王名□□王太子文王有□

号□□高宗事出尚書也□

6 不脱冠帯而養文王一飯亦一飯再飯亦再飯事出礼記　漢文之光宅四海臣謹案文帝母薄太后□病三年文帝眼不交睫衣不□

7 帯湯薬非口所嘗弗進事出漢書也　咸資至性用弘丕業歴選前代千帝万王

8 未有不為孝行而能化成天下者也孝行之広塞乎

9 □要始終事親為本事親之道□

10 □其美臣謹案牛羊曰犓犬豕曰豢　必須尽皃□□

11 □顔怡声下気□

12 □朝暮不離其側臣謹案怡声下気□夏清昏定晨省並出礼記□

13 □臣謹案尸子曰孝已事親一夜而五起視衣之厚薄枕之高卑 伯喈七旬而不寐謹□
14 □至孝母嘗滞病帯不寝寐者七旬 文彊徳仁扇枕而温席臣謹案東観漢
15 □□□□□文彊性至孝事其父母暑則扇床熱寒則以身温席被広州先賢伝曰羅威字徳仁事母至孝寒則以身温席暑則進扇 樊鯈丁
16 茂嘗唾而吮癰臣謹案東観漢紀曰樊鯈至孝母病癰昼夜匍伏不離左右為母吮膿広州先賢伝曰丁茂事母至孝母偶有□
17 安即嘗 噬指心驚君仲於是返室臣謹案汝南先賢伝曰字君仲事母至孝以□
18 有客来急須見之其母自□順便心動□帰 加杖不痛伯俞所以流□
19 □有過其母□母曰他日未嘗泣今泣何□

第二断簡は、内容よりみて孝行篇の一部であり、第一断簡の目録末尾にみえる「孝行□」は、ここより孝行篇の始まることを示す(10)。第一断簡に「薛道衡撰」とあるのは、前記の諸史料にみえないところで、その欠を補うものである。

ところでここに注目すべきは、我国の古書に引用された『典言』佚文中に、トルファン本の字句と一致する文が見出されることである。それは平安末期成立の釈成安撰『三教指帰注』(11)に引かれた次の文である(後掲佚文(20)(21))。

典言云、(イ)必須兒尽恭順、(ロ)原始要終、事親為本、事親之道、色養為先、又云、(ハ)心極和柔、候旨承顔、怡声下気、冬温夏清、寒暑不去其□、昏定晨省、朝暮不離其側

典言云(中略)(ニ)伯喈七旬而不寐、(邕)邑注云、(邕)蔡邕字伯喈、(ホ)性至孝、母嘗病、邕未曾解衣帯、不寝寐七旬也

(典言に云わく、必ず須らく、兒、恭順を尽くすべし。始めを原《たず》ね終わりを要《もと》むるは、親に事《つか》うるを本と為す。親に事うるの道は、色養先と為す、と。又云わく、心極めて和柔にして、旨を候《ま》ち顔を承り、声を怡《やわら》げ気を下《くだ》す。冬は温かく、夏は清《すず》しくし、寒暑にも其の□を去らず。昏《ゆうべ》に定め晨《あした》に省み、朝暮其の側を離れず。

典言に云わく（中略）伯喈は七旬にして寐《い》ねず。邕、注に云わく、蔡邕、字は伯喈、性、至孝なり。母嘗て病む。邕未だ嘗て衣帯を解かず、寝寐せざること七旬なり）

まず傍線部（ロ）は、トルファン本の九行目にあたる。九行目の「要始終事」は、（ロ）とくらべ「要」「始」が上下入れ換っているが、トルファン本の照影[12]によると「要始」の中間右側に倒置符が認められるので、両者一致するとみてよい。また空格となっている「要」の上の字や「道」の下の字は、（ロ）と対照すればそれぞれ「原」「色」と読んでよさそうである。

次にトルファン本とは順序が異なるが、傍線部（イ）はトルファン本十行目末尾に相当しよう。（イ）の「須」にあたる字は後掲佚文(20)に示したように「酒」の別字に作られているが、それでは意味が通ぜず、字形の類似する「須」の誤りと判断してよい。ここでもトルファン本の照影を参照すると、「尽皃」の中間右側に倒置符があり、これに従えば語序が（イ）と一致する。また十行目「皃」の下には、「恭」の残画らしいものが認められる。

傍線部（ハ）は、トルファン本に欠損が多いものの、その十一行目から十二行目の本文にあたるとみてよかろう。

傍線部（ニ）がトルファン本十三行目の本文、（ホ）が十三行目末尾から次行へかけての注にあたることには異論があるまい。（ホ）の「母嘗病」の個所は、「病」字上に「滞」を脱していることも知られる。

以上の事実は、少なくとも平安末期の我国に、薛道衡撰の『典言』が行われていたことを示している。成安注には、本章末尾に附載した佚文の通りなお他にも『典言』の引用があるが、それらもまた同系の本によったものと考えてよいであろう。なお成安注に引用された文は、多く『三教指帰』覚明注にもみえるが、覚明注の引文には崩れが目につくから、覚明注は『典言』を成安注より孫引きしたと考えるべきであろう。

ただ成安注（及び覚明注）に引用される『典言』で注意されるのは、文体の特徴によってそれらが二つのグループに大別できることである。一つは前掲の薛道衡撰本と類似した一群で、いずれも対句構成を基本とする整った文体をもち、注を備える場合が多い。佚文(2)(10)(12)(19)(20)(22)(27)〜(29)がこれに当たる。それに対して第二のタイプは、佚文(5)〜(9)(11)(15)(23)のように、通常の叙事文的文体をもつものである。佚文(14)や(16)は、いずれとも決定しにくいようにみえるが、(21)の場合、前段の董永に関する文と後段の伯喈に関する文は、トルファン本と対比すれば明らかなように本来一連のものでなく、前段は第二のタイプに、後段は第一のタイプに、それぞれ分けて考えるのが妥当であろう。(3)(13)(24)(25)(26)はおそらく第一のタイプで、「注文」や「注云」以下は注の部分ではあるまいか。いずれにしても同一の書で、このような文体の差異が存するのは、卒然とみれば理解に苦しむ。しかしおそらく第二のグループは、注の部分のみが引用されたものと判断すべきであろう。トルファン本や佚文でも、本文と注とでは文体を異にしている。佚文(1)(4)は「典言注云」と明記している例であるが、他の場合は、引用の際(あるいは伝写の間)に「注」を脱したのであろう。

## 四　『典言』の撰者

薛道衡撰本については、先にみた通りであるが、この系統のテキストと前掲の他の撰者のテキストとの関係は、いかに解せられるであろうか。この点について直接の手がかりはなく、確かなことは不明とせざるをえない。しかしトルファン本によって、薛道衡という撰者名が新たに加わったことは、前述のような錯雑した撰者問題の解明に、糸口を提示してくれるように思う。

というのは、前記の撰者四名のうち、(一)ロの荀士遜、(六)の李徳林、(七)の李若の三名は、薛道衡とならんで六世紀後半に北斉に仕え、詔勅の起草をはじめ、文学・学問の分野に活躍した点で共通点をもつからである。即ち『北史』巻

八三、文苑列伝序には、

　及二在武平一、李若・荀士遜・李徳林・薛道衡、並為二中書侍郎一、典二司綸綍一。

とみえる。しかも李若・荀士遜の両名が、『典言』の共同撰者であったことは、先に見た通りである。ここにいう武平年間（五七〇～五七六）は、後主のアカデミー文林館を中心に、『修文殿御覧』をはじめとする撰書事業が盛んに行われた時であったが、この前後にこれら四人が相携えて『典言』の修撰にあたったと考えても何ら不自然ではない。李穆叔の問題を除けば、先に紹介した姚振宗の想定は、すぐれた見通しとして、改めて評価されるべきであろう。撰者の名が区々に伝えられたのは、トルファン本のように、分担撰修者の名のみが各巻に題された結果と考えられる。

　このようにみてくると、『典言』のテキストは少なくとも李穆叔撰のものと、荀士遜以下四人の撰のものの二系統に集約できることになる。この両者を、姚振宗の言うように同一書とみなすべき史料は、今のところ見当たらない。しかしその可能性を否定できないことも確かであろう。たとえば内外の史料において、史料㈡の李公緒伝を除き、『典言』の巻数は「四巻」で一致している。李穆叔撰か否かを問わず、『典言』の通常の巻数は四巻であったとみてよい。全く異なる書であったならば、こうした巻数まで一致するのはやはり不可解のように思われる。

　逆に両系統の本が同一のものならば、かかる疑問が氷解することはいうまでもない。ただ障害になる点があるとすれば、李穆叔が他の四人と異なって北斉に臣事しなかったことであろう。『北斉書』の李穆叔伝には、「公緒沈冥楽道、不関世務、故誓心不在」（公緒、冥に沈み道を楽しみ、世務に関らず。故に誓心在らず）とある。しかしながら同じ伝には「魏末冀州司馬、属疾去官、後以侍御史徴、不至卒」（魏末、冀州司馬たり。疾に属して官を去り、のち侍御史を以て徴せらるるも、至らずして卒す）ともあり、北斉の王朝と全く関りがなかったとはいえない。むしろこれまで述べたような事情を綜合すると、李穆叔の『典言』も荀士遜ら四名の書と同一であったとみておくのが、現状では自然のように思われる。

## 五　『典言』の性格とその利用

中国唐代において、『典言』が相当に流布したらしいことは、敦煌発見の訓蒙書『雑抄』[13]に他の幼学書類とならんでその名の見えることから裏付けられる。その原因が、本書の簡便な類書としての性格にあったことは想像に難くない。トルファン本にみるように、本書は主題別に美文を収め、これに注を付するという体裁をとっていた。この形はあたかも『翰苑』などと同じである。敦煌においては、大部な類書[14]と別に、『籯金』その他のより簡単で実用的な類書が用いられたとみえ、それらの写本も発見されている。[15]トルファン本には、現存部分だけでも『尸子』『広州先賢伝』『東観漢紀』『汝南先賢伝』などの書が引かれているが、おそらく本書は、その豊富な引用書を含め、直接間接に述作の資として利用されたと考えられる。『典言』という書名そのものも、「典《のり》とすべき言」の意であろうから、[16]こうした用途は編纂者の予期したところであったといえる。

我国上代に行われた『典言』がトルファン本系のものであったかどうかについては、前節でふれたように、なお問題が残る。しかし大安寺資財帳に『典言』が『書法』と並んであげられていること（史料㈣参照）は、テキストの系統如何を別にして、その性格を暗示するものといってよいであろう。即ち『書法』が書の手本であることは容易に推定できるが、それと並記される『典言』は、文章述作の参考書に他ならなかったと考えられる。しかも外典の記載されること稀な資財帳に、その書名を見るのは、『書法』ともども僧俗の別をこえて有用視された書物であり、それだけ普及も広かったことを示しているであろう。

日本の古代にも類書の利用が盛んであったことは広く認められているが、巻帙の大きな類書を使用できたのは、やはり限られた範囲の人々であったと考えられる。その他に当然実用的でより簡便な類書が行われていたとみなければならない。本章でとりあげた『典言』は、そのような類書の実例として注目に値するといえよう。

（1）本章末尾の佚文参照。佚文は新美寛『本邦残存典籍による輯佚資料集成』続（京都大学人文科学研究所、一九六八年）にも纏められているが、これに未採のものを若干加え、新たに編した。

（2）『二十五史補編』所収。

（3）『大日本古文書』編年(2)六二九頁。

（4）古典保存会複製本による。

（5）那波利貞「唐鈔本雑抄攷―唐代庶民教育史研究の一資料―」（一九四二年初出、『唐代社会文化史研究』創文社、一九七四年）による。

（6）高橋伸幸「大東急記念文庫蔵通憲入道蔵書目録について（下）」（かがみ一四号、一九七〇年）参照。

（7）この解釈についての問題点は第四節でふれる。なお王素「関于隋薛道衡所撰《典言》残巻的幾個問題」（考古与文物一九八四年二期）は、姚振宗の説を全面的に認めた上で、後掲のトルファン本によって撰者に薛道衡を加え、四名が詔をうけて撰した書と断じ、撰述年代は、薛道衡が中書侍郎の官にあった武平三年から七年（五七二～五七六）の間とする。この論文の存在については、関尾史郎氏の御教示を得た。

（8）国家文物局古文献研究室他編『吐魯番出土文書』第五冊（文物出版社、一九八三年）。

（9）組版を容易にするため、釈文の表記法を簡略にしたところがあるので、詳しくは『吐魯番出土文書』及び王素注（7）論文を参照されたい。

（10）このように改行せずに篇目を立てる例は、敦煌写本などに珍しくない。たとえば『略出籝金』（P二五三七、羅振玉『鳴沙石室古籍叢残』所収）、『論語集解』残巻（羅振玉『貞松堂西陲秘籍叢残』所収）、『百行章』残巻（同上）など参照。

（11）大谷大学蔵本による。函架番号「余甲／一六八」。なお成安注については、上田正『切韻逸文の研究』（汲古書院、一九八四年）四八四頁参照。

（12）出土文物展覧工作組『文化大革命期間出土文物』第一輯（文物出版社、一九七二年）所収。
（13）那波利貞注（5）論文参照。
（14）かつて『修文殿御覧』に擬されたP二五二六の類書残巻（羅振玉『鳴沙石室佚書』所収）などは、この種の類書の実例である。この残巻については、勝村哲也「修文殿御覧巻三百一香部の復元」（日本仏教学会編『仏教と文学・芸術』平楽寺書店、一九七三年）参照。
（15）王重民『敦煌古籍叙録』（中華書局、一九七九年）巻三、子部上の「古類書三種」「略出籯金」「籯金」などの条、及び饒宗頤編『敦煌書法叢刊』⒆（二玄社、一九八四年）の『略出籯金』解説など参照。
（16）皇甫謐「三都賦序」（『文選』巻四五）の「文を綴るの士、典言に率《したが》わず」という表現などは、この書名を解する上で参考となろう。

## 付、本邦古文献所引『典言』佚文

⑴典言注云、吾寧錦裏而紵表、繡外而麻裏也（『三教指帰成安注』巻上本、覚明注に類文）
⑵典言曰、見善如不及、従諫如転円（同右、覚明注同文）
⑶曲（典）言云、若犲虎、其必渓壑厥志、注云、外魚生其母視之曰、是虎目而□喙、鳶眉而犲腹、□（谿カ）壑可盈、是不可状、必以賄死、後果然也（同右）
⑷典言注云、慶氏亡、分其邑与晏子、々々不受之、人問曰、富者人之所欲、何為不受、対曰、無功之賞、不義之富、禍之基也、我非所欲、諺曰、前車覆後車戒、恐失富、故不敢受（『三教指帰覚明注』巻上中）
⑸典言曰、王祥、字休徴、至孝、盛冬之月、後母思生魚、徴脱衣将割氷求之、有少処氷解、下有魚出、因以供養之

（『三教指帰成安注』巻上末、覚明注同文）

(6)又云（典言）、姜詩、字士遊、母好飲江水、嗜魚膾、夫妻恒求覔供之、其舎旁忽涌泉、味如江水、毎旦鯉魚躍出、常取之供養於母也　（同右、覚明注同文）

(7)又云（典言）、孟宗母嗜笋、母没之後、冬節将至、笋尚未至、宗入竹園哀歎、笋為之出也　（『三教指帰成安注』巻上末）

(8)又云（典言）、丁蘭者河内人也、幼失母、年十五、思慕不已、乃刻木為母、形向供養之、如事生母、蘭妻故焼母面、即蘭夢見母痛、人有求索、許否先白母、隣人曰、枯木何知、遂用刀斫木母流血、丁蘭従外以還、見之悲号、造服行喪、即往斬隣人頭、以祭母、官不問罪、加禄位其身　（同右、覚明注に類文）

(9)典言云、朱雲、字子遊、魯人、成帝、張禹以為帝師、位特進、甚尊重、雲上書求見、公卿在前、雲曰、今朝庭大臣、上不能匡主、下無益民、皆尸位素飡、願賜尚方斬馬釼、断佞臣一人首、以励其余、上問曰、誰也、対曰、安昌侯張禹、上大怒曰、小臣居下訕上、辱吾師傅、罪死不赦、御史将雲下殿、雲攀殿檻、々折、雲号曰、臣得従竜逢比干、遊於地下、足矣、未知聖朝何如耳、左将軍辛慶忌、叩頭曰、此臣素著任直於世、使其言是、不可誅、非固当容之、臣敢以死而争、帝意解、然後得免、後当治檻、帝曰、勿易、因以旌直臣也　（同右、覚明注に類文）

(10)典言云、古人有言、主憂則臣辱、主辱則臣死、非虚談也、蓋有其人、弘演納肝以殉節　（同右、覚明注に類文）

(11)紂無道、比干歎曰、主過不諫悲忠、畏死不言非勇、乃進諫不去三日、紂怒殺比干也　（同右）

(12)典言云、咏歌之詞、爛如金玉　（同右）

(13)典言云、柳下恵清貞、注云、魯人有独処守者、隣之釐婦、亦独処守、夜暴風壊、婦人趍而託魯人、閉戸不納、釐婦曰、何不如柳下恵、然嫗不逮門之、国人不称乱也　（同右）

(14)典言云、然則浮以大白也　（同右）

(15)典言云、陳遵嗜酒毎大飲、賓客満堂、輒閉門、取車轄投井中、雖急客不得離去　（同右）

(16)典言云、堯帝之時、醴泉出京師、郡国飲之者皆病愈、伏眇蹇是不差也　（『三教指帰成安注』巻中、覚明注に類文）

(17)典言曰、太一之星、在紫微宮也　（同右）

(18)典言云、燧人氏之民、作鑽不取火、焼生為熟、令人天腹疾、遂天之意、故云燧人氏者也　（同右巻下、覚明注に類文）

(19)典言云、高堂九仞、念親没而銜悲、注云、曾子曰、吾嘗仕為吏、禄不過鍾釜、然猶欣々而善者、非以為禄多也、楽其養親也、親没吾嘗南遊於楚、得尊官焉、堂高九仞、輢轂百乗、然猶北向而泣涕者、非為賤也、悲不見吾親也　（同右）

(20)典言云、必洎(須カ)兒尽恭順、原始要終、事親為本、事親之道、色養為先、又云、心極和柔、候旨承顔、怡声下気、冬温夏清、寒暑不去其□、昏定晨省、朝暮不離其側　（同右、覚明注に一部引用）

(21)典言云、董永偏孤、与父居、乃肆力田畒、鹿車載父、自随也、伯喈七旬而不寐、邑(邕)注云、蔡邑(邕)字伯喈、性至孝、母嘗病、邕未曾解衣帯、不寝寐七旬也　（同右）

(22)典言云、君為元首、臣為股肱、伊尹格於皇天、周公光曰、伊君者殷湯之臣、佐湯滅桀、号阿衡、本生伊水、尹天下、以伊為氏　（同右欄外書入れ、覚明注に「注云」として一部引用）

(23)典言云、伊摯者有莘人、耕於野、年七十而不遇、湯思賢、夢見人負鼎執俎対己而咲、寤而占曰、鼎者和味、俎者割截也、天下豈将有人為吾宰者、遂便以弊聘摯、々辞不往、三致弊、摯乃応湯命、有莘之君、留而不遣、乃求婚於有々莘々(有莘氏、有莘氏)氏々嫁女於湯、々摯為媵臣而送女、摯乃負鼎而見湯、々将獦問摯曰、子豈以吾獦而以割享来哉、摯曰、臣将割享天下也、湯遂与摯謀、伐夏桀、々奔南巣、湯即天子位、以摯尹天下、称之曰伊尹

(24)典言云、伎非協律、濫執斉君之竽、注文如前、吹竽也、世人濫吹之言、即此意也
(同右巻下、覚明注に類文)

(同右)

(25)典言云、周自文武、至於成康、乃聞治平頌作、注云、周公致政迄康王卌二年、天下和楽、詩人哥之、今周頌卅一篇是也
(同右、覚明注同文)

(26)典言云、至如尼父栖遑、誰封書社、□物既□、徒□竜門、注云、楚昭王、欲以書社七百里封孔子、々西讒之而止焉
(同右、覚明注に一部省略して引く)

(27)典言云、執憲之司、平直為本
(『政事要略』巻八一)

(28)夫民之依、猶莫在保、盛則有須、政和則民悦、注言、言人依明王而悦焉
(年号勘文所引　森本角蔵『日本年号大観』による)

(29)典言符命曰、帝軒宛提、象鳴鳳巣而応徳
(同右)

(30)典言云、尭与群臣到翠嬀之淵云々(梅沢記念館蔵『帝範』紙背書入　阿部隆一「帝範臣軌源流考」、『斯道文庫論集』七、一九六八年による)

# 正倉院の鳥毛書屛風と「唐太宗屛風書」

## 一　はじめに

正倉院には、「鳥毛篆書屛風」と「鳥毛帖成文書屛風」と呼ばれる屛風が伝存している。いずれも天平勝宝八歳(七五六)六月二十一日、聖武太上天皇の七七忌に当たって、光明皇太后が東大寺に献じた宝物の一部である。(1) そこには各々左のような文が記されている。(2)

〔鳥毛帖成文書屛風〕

種好田良、易以得穀、君賢臣忠、易以至豊　(第一扇)
諂辞之語、多悦会情、正直之言、倒心逆耳　(第二扇)
正直為心、神明所祐、禍福無門、唯人所召　(第三扇)
父母不愛、不孝之子、明君不納、不益之臣　(第四扇)
清貧長楽、濁富恒憂、孝当竭力、忠則尽命　(第五扇)
君臣不信、国政不安、父子不信、家道不睦　(第六扇)

(種好く田良ければ、以て穀を得易し。君賢く臣忠ならば、以て豊に至り易し。
諂辞の語は、悦び多く情に会す。正直の言は、心に倒《さか》らい耳に逆らう。

正直心と為さば、神明の祐《たすく》る所。禍福門無し、唯人の召す所。

父母は愛さず、不孝の子。明君は納れず、不益の臣。

清貧は長く楽しみ、濁富は恒に憂う。孝はまさに力を竭くすべし。忠は則ち命を尽くせ。

君臣信ぜざれば、国政安からず。父子信ぜざれば、家道睦まず）

〔鳥毛篆書屛風〕

主無独治、臣有賛明　（第一扇）
箴規苟納、咎悔不生　（第二扇）
明王致化、務在得人　（第三扇）
任愚政乱、用哲民親　（第四扇）
近賢無過、親佞多惑　（第五扇）
見善則遷、終為聖徳　（第六扇）

（主は独り治むることなし。臣の賛明する有り。

箴規苟《いやし》くも納むれば、咎悔生ぜず。

明王化を致すは、務めて人を得るに在り。

愚に任すれば政乱れ、哲を用うれば民親しむ。

賢を近づくれば過《あやま》ち無し。佞に親しめば惑い多し。

善を見て則ち遷れば、終《つい》に聖徳と為る）

これらの屛風は、調度品ないし工芸品として取りあげられることが多いが、そこに書かれた文章が右の通り中国の思想を背景とし、漢文で綴られていることからすれば、両屏風とも中国の学問・文学の受容を考える上に、看過できない資料といわねばならない。

小島憲之氏は、早くよりこのような観点から屏風の文に着目され、いくつかの重要な指摘を行なわれている。(3) 小島氏によって明らかにされた点を要約すれば左のようになろう。

㈠「鳥毛帖成文書屏風」の文が無韻であるのに対し、「鳥毛篆書屏風」の方は二句ずつ押韻している。

㈡二つの屏風の文は、諸書から教訓的な善言を集めて、記憶・修養に資したものであろう。

㈢「鳥毛帖成文書屏風」には、『千字文』『帝範』『貞観政要』『臣軌』等に拠ったとみられる次のような語句がある。

孝当レ竭レ力、忠則尽レ命　(『千字文』)

禍福無レ門、唯人所レ召　(『帝範』崇文篇)

禍福無レ門、吉凶由レ己、惟人所レ召　(『貞観政要』巻四、教誡太子諸王)

君臣不レ信則国政不レ安、父子不レ信則家道不レ睦　(『臣軌』下巻、誠信章)

㈣時代はやや下るが、『太公家教』にも「明君不レ愛、邪佞之臣、慈父不レ愛、不孝之子」のように類句を載せる文献がある。

ただ小島氏は、たとえば上記の㈢の諸書が直接屏風の文の述作に参照されたのかどうかということや、またこの種の屏風の具体的な機能については、特に詳しくは論じておられない。この小考では、主としてこの二つの問題を考え直してみることとしたい。

# 二　鳥毛書屛風と唐代の訓誡書

まず屛風の文の典拠をめぐる問題をとりあげよう。これについて指摘しておきたいのは、「鳥毛帖成文書屛風」第二扇の語句の出典に関わることがらである。スタイン収集の敦煌漢文文献の中に題不明の残巻（S一八三五）があり（図18）、その冒頭に第二扇と酷似した字句が見出される。いま関係部分を挙げれば次の通りである（〈　〉内は原文双行注。以下同じ）。

（前欠）媚之語、多悦レ皃而会レ情、忠謇正直之言、必倒レ心而逆レ耳、〈呂氏春秋曰、至忠逆二於耳一、到二於心一、非二賢主一、其孰能聴レ之、注云、倒亦逆〉、故諂辞易レ進、忠諫難レ陳（下略）

両者の近似は一見して明らかであろう。第二扇の字句は、それ自体としては何ら特別なものとは言いがたい。しかし類似の字句がこのように組み合わされて現われてくるのは、直接または間接に、この残巻と関わりがあるからではあるまいか。残念なことに、この書は首尾を佚失していて原題を明らかにできない。ただこの書の書写時代については、文中の「二世」「帝王世紀」の「世」や、「泄」等が全て欠筆を蒙っていること、にも拘らず「治天下」その他の「治」には、このような避諱が全く行われていないことが注意される。いうまでもなく「世」は太宗の諱「世民」の一字、「治」は高宗の諱であるから、右の事実は、この残巻が唐の高宗朝ごろのものであることを示しており、ひいてはその成立年代もそれと余り隔たらぬ時期にあったことが推定されよう。

そこで考え合わされるのは、本書の内容・体例が、やはり敦煌写本の一つで唐高宗の『天訓』残巻かと推定されている佚名書（P五五二三）に近いことである。この残巻には王重民氏が夙に注目し、武后時代の写本であって、元来は

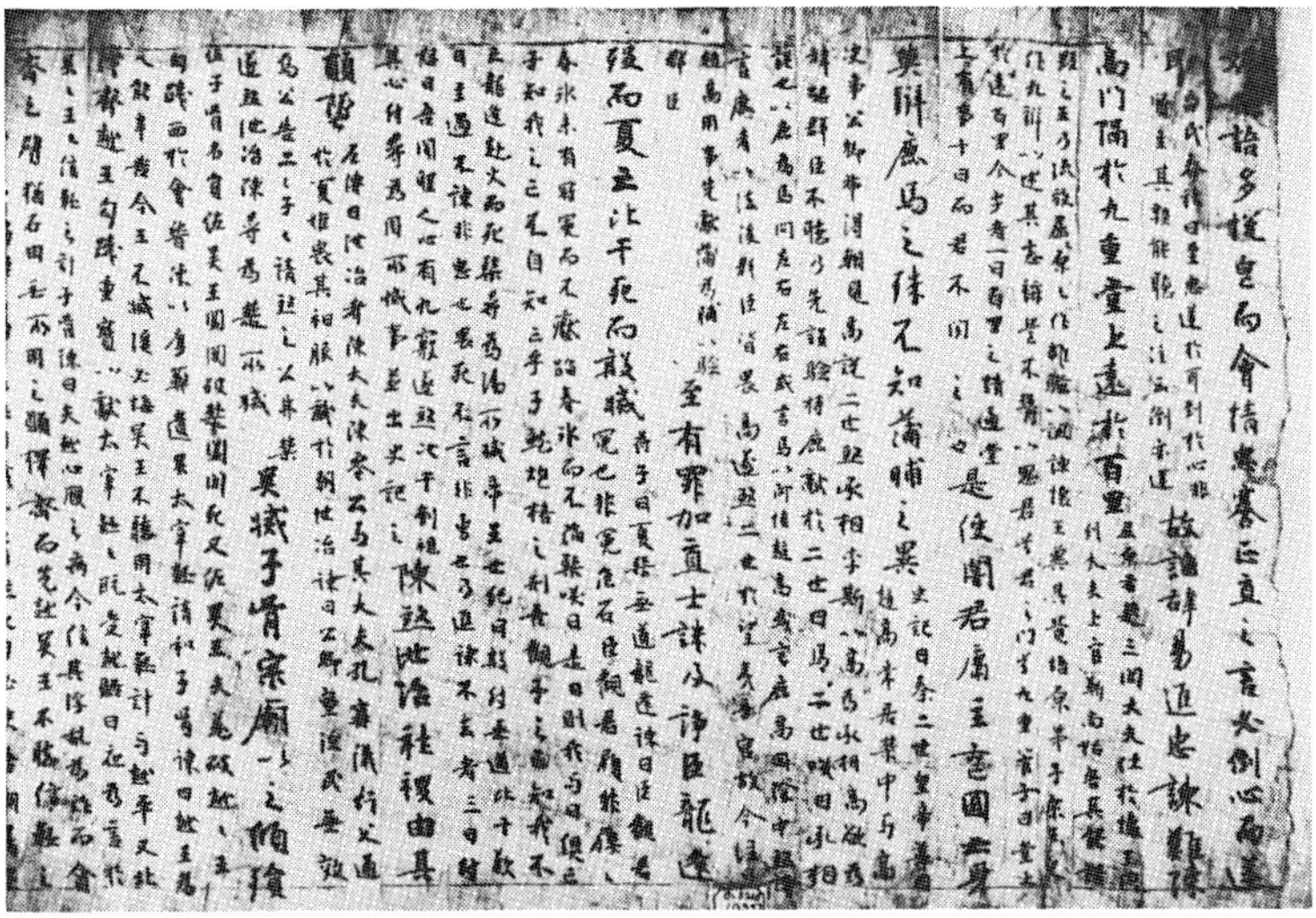

図 18　敦煌本佚名書（S 1835）

御撰の書であること、内容に后妃淫乱の事を記すところから見て武后の撰とは思われず、それ以前の成立と考えられることを述べ、本書を高宗が顕慶二年（六五七）に撰し、許敬宗らに付注させた『天訓』に比定した。[4] この書は、現在第二十より第二十三に至る四篇を残すに過ぎないが、体例を見ると、各種の典拠を踏まえた四言・六言などを基本とする本文に対し、注には出典となる書が引かれており、先にその一部を掲げたスタイン本の佚名書と同じである。また推定『天訓』第二十の末は、

詩書所㆑戒、豈虚言乎也

で終わり、第二十一の末は、

詩云（小雅小明）、神之聴㆑之、正直是歟（ママ）、信哉也

と締めくくられているが、スタイン本佚名書の末も、

書曰、木従㆑縄則正、君従㆑諫則聖、豈虚也哉

とあって、両者頗る類似したところがある。この両者が『帝範』『臣軌』などと同性格の教訓書であることは間違いなく、或いは同一書の別の部分である可能性も少なくないであろう。

その当否はともあれ、太宗〜武后朝は訓誡の書が御撰とし

て多く作られた時代であった。すなわち太宗には『帝範』、高宗には『天訓』、武后には『臣軌』『維城典訓』『百僚新誡』などが知られている。鳥毛書屏風にみられる善言の類は、叙上の事実よりみて、必ずしも独自に各種の典籍から集められたものではなく、この時期のそうした訓誡書を直接の下敷きとして成立しているのではあるまいかと考えられる。

## 三　「唐太宗屏風書」との関連

鳥毛書屏風が舶載品でないことは、その材質調査でほぼ明らかになっている。[5] しかしこのような屏風の祖型が中国にあったことは容易に推測できよう。かつて『図説 日本文化史大系』(3)所載の鳥毛帖成文書屏風解説[6]では、『日本国見在書目録』に「前代君臣詔録屏風本」の見えることをあげ、この種の屏風の先蹤が唐にあったことを推定している。これに関連して注意を促しておきたいのは、「唐太宗屏風書」というものの存在であろう。「唐太宗屏風書」は法帖に刻されて伝わったものであるが、[7] 唐代の草書の作例として名高く、『唐会要』巻三五（書法）の左の記事と結びつけられて、太宗の手蹟に擬せられている。[8]

（貞観）十四年四月二十二日、太宗自為㆓真草書屏風㆒、以示㆓群臣㆒、筆力遒勁、為㆓一時之絶㆒。

内容は、過去の君臣の言で訓誡に資すべきものを、「或溺第十一」といった標題を立てて類聚しており、篇末には押韻した結語を付す。今日見ることのできる刻本は首尾ともに欠けており、中間にも、既に指摘されている通り明らかな脱文があるが、文中次の一行があって（図19、四行目）、これが本来の書名と考えられている。

前代君臣語録屏風書第六

この行の前後をみると、直前までは「或溺」篇の文であり、この行に続く文も内容上「或溺」篇のものとみられるので、この一行が本来ここにあったのかどうかは疑えば疑える。ただこれが竄入であるとしても、その書風から判断して他書のものとは考えられず、本書の内題と認めてよかろう。

この「唐太宗屏風書」が、真に太宗の書であるかどうかは確証を欠く。しかしこれは、実際に屏風に書されていたと考えられる点において、またその内容が、注こそともなわないものの、前述の佚名訓誡書と類似する点において、興味深いものである。鳥毛書屏風との関連では、篇末に付けられた結語も注目される。この結語のことは先にもふれたが、現存するのは左の二つである。

横レ心不レ逆、持レ事多レ味。言竟見レ尤、動則貽レ悔。無レ弁二栄辱一、莫レ知二進退一。去矣斯人、虚慙二雅対一。

（篇名不詳）

識劣難レ持、情偏易レ或。溺二此耽愛一、忘二彼剛克一。慾為二性斧一、恩乃義賊。居レ上不レ思、何（下欠）

（「或溺」篇）

これらの結語は四言から成り、二句一対をなし押韻してある。このような例は、「鳥毛篆書屏風」の押韻した善言にも、直接ないし間接に範が存在したことを推測させよう。

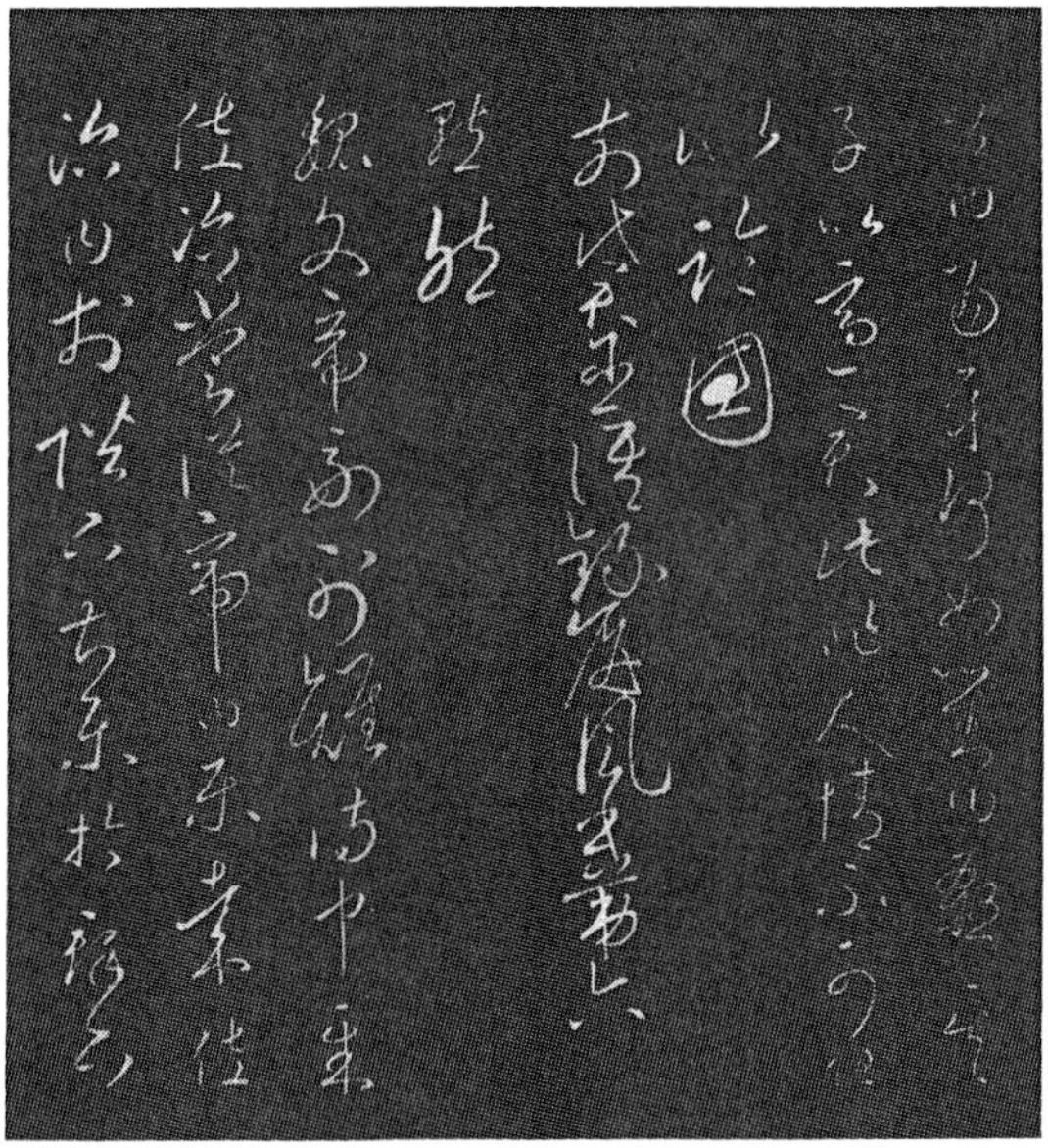

図19　唐太宗屏風書

もとより以上のように考えるためには、「唐太宗屏風書」の舶載年代も一応問題となろうが、この書が平安時代前期以前に我国にもたらされていたことには明証がある。即ち『日本国見在書目録』（惣集家）に、

　前代君臣詔録屏風本一

とみえるのは、この書に他なるまい。この記事については、先述の通り『図説 日本文化史大系』(3)の解説に言及されている程度で、とくにみるべき考説はないようである。(9) しかし「唐太宗屏風書」の内題に「前代君臣語録屏風書」とあることは前述した。『日本国見在書目録』の「詔」「本」は、それぞれ「語」「書」の誤字とみて誤りないであろう。「書」を「本」と誤ったのは、両字の草書が類似するためであろうが、このような誤りが生じたのは、あるいはもと今みるような草書のテキスト（搨模本かまたは屏風の複製）がもたらされていて、これを誤読した結果とも考えられよう。

ともあれ「唐太宗屏風書」の例から推し測ると、「鳥毛篆書屏風」や「鳥毛帖成文書屏風」のような屏風は、やはり内容・外形ともに類似のものが既に唐代にあり、それに則って我国で制作された可能性が高い。しかも注意すべきは、訓誡を屏風に書することが、必ずしも特異な試みではなかったことであろう。たとえば『冊府元亀』巻四〇（帝王部、文学）には、憲宗皇帝が元和四年（八〇九）九月、「前代君臣事跡」十四篇を作り、屏風に書したことがみえている。

憲宗元和四年九月、帝以二天下無一レ事、留二意典墳一、毎覧二前代興亡得失之事一、皆三復二其言一。又読二貞観開元実録一、見二太宗撰金鏡書及帝範上下篇、玄宗撰開元訓誡一、思レ継二前躅一。遂採下尚書・春秋後伝・史記・班范漢書・三国志・晋書・晏子春秋・新序・説苑等書、君臣行事可レ為二亀鏡一者上、集二成十四篇一。一曰、君臣道合、二曰、弁二邪正一、三曰、戒二権幸一、四曰、戒二微行一、五曰、任二賢臣一、六曰、納二忠諫一、七曰、慎二征伐一、八曰、慎二刑法一、九曰、

去二奢泰一、十曰、崇二節倹一、十一曰、奨二忠直一、十二曰、脩二徳政一、十三曰、諫二畋猟一、十四曰、録二勲賢一、分為二上下巻一、帝自製二其目一、曰二前代君臣事跡一。至レ是、以二其書一写二於屏風一、列二之御座之右一。復遣二中使程文幹一、以二書屏六扇一至二中書一、宣二示宰臣李藩・裴垍一曰、朕近撰二此屏風一、嘗所二観覧一、故令二暫将示一レ卿。藩等上表称賀。(10)

これによると憲宗は、太宗や玄宗の著作にならって諸書から鑑戒とすべき君臣の事跡をえらび、これを屏風に書して座右に置いたことが知られる。この鑑戒が「前代君臣事跡」と命名されているのは、「唐太宗屏風書」の原名「前代君臣語録屏風書」とも近い。その十四篇の篇目名から推して、これが「唐太宗屏風書」と同類の書であったことは明らかであろう。あるいはこれが、現存する「唐太宗屏風書」そのものではないかという疑いも抱かれるが、「唐太宗屏風書」の第一篇が「或溺」と題されているのは、『冊府元亀』所見の「前代君臣事跡」の篇目と一致せず、内題に「前代君臣語録屏風書第六」とあるのも、「前代君臣事跡」が上下巻に分けられていたことと合わない。むしろ同種の企てが、時を隔てて行われたとみなすべきである。たとえば同じ『冊府元亀』巻四〇にみえる、玄宗御製の仁孝詩の場合は、

(天宝)八載九月、皇太子生日、帝製二仁孝詩六章一、札二於歩障一、以賜二太子一、令三中官高力士以示二朝臣一。宰相李林甫・陳希烈等奏曰、伏見、陛下因二太子生日一、撰二仁孝詩一、障子并書。臣等伏以、宸章煥発、睿札凝暉。(中略)望写二六章一、頒二示中外一、兼編二諸簡策一、伝二之不朽一。手詔報曰、(中略)今請下具写二六章一、頒二示中外一、兼編二諸簡策一、以伝中不朽上、亦欲下自レ家刑レ国、以訓中人倫上。宜レ依二来請一。

とあって、皇太子(のちの粛宗)の誕生日に因んで玄宗の作った仁孝詩六章が、玄宗自身の筆で歩障(障子)(11)に書かれたことを知る。これなども類例としてよいであろう。

## 四　屏風の用途

以上、鳥毛書屏風の文について、その直接の出典は唐代に盛行した訓誡書に求められること、また鑑戒を記したこのような屏風そのものが唐の調度に範を取ったものであることを論じてきた。最後にこの種の屏風の用途にふれて、この小文をとじることにしよう。

「鳥毛篆書屏風」や「鳥毛帖成文書屏風」に関しては、通常これを天子の鑑とする見解が行われている。確かに先に引いた憲宗の例をみても、鑑戒を目的とする皇帝の調度という性格が明瞭である。しかしこれらの屏風の用途を、天子の座右の調度という狭い分野に限定してしまうのは正しくなかろう。その用途を考える場合、正倉院南倉に、残欠ながらなお二つの鳥毛書屏風の伝えられていることを看過すべきではない。[12]その文面は次の通りである。[13]

(イ)唯行不易

(ロ)正直為心、神明所祐

　禍福無門、唯人所召

(イ)は胡粉地に篆書と楷書で二行にあらわしたもの、(ロ)は黄土地に楷書で文字を置く。(ロ)は北倉の「鳥毛帖成文書屏風」と文面・制作とも等しいが、(イ)は北倉の「鳥毛篆書屏風」と全く異なっている。[14]しかしやはり善言を記した訓誡用の屏風とみてよかろう。北倉の二屏風は、冒頭にもふれた通り、東大寺献物帳所載のいわゆる帳内宝物で、聖武天皇の身辺に置かれていた品であったことは確かであるが、南倉の残欠の方は、南倉宝物の性格からみて東大寺ないし造東大寺司の調度として用いられたと考えるより他ない。しかも(イ)については、材質の調査から舶載品ではないと推定されている。[15] このように類似した屏風が制作・伝来を異にして存在するのは、この種の屏風がいわば流行調度として複数制作され、貴顕の間に行われたことを物語っていよう。

元来屏風や障子は、間仕切り用の調度であると同時に、展示や装飾のためのパネルとしても用いられた。それは屏風や障子が、現存例こそ少ないものの、巻子・掛幅とならんで、中国絵画やその影響下に発展した我国絵画の主要な鑑賞形態であったことからも明らかである。[16] 屏風に鑑戒とすべき文が書かれたのも、君主自身のためばかりでなく、朝臣たちに明示する意図が含まれていたと考えられる。ここで再び前掲の『冊府元亀』の記事に目を向けると、憲宗の「前代君臣事跡」屏風といい、玄宗の仁孝詩障子といい、いずれも皇帝や皇太子の用に供せられるだけでなく、朝臣たちに公示され、仁孝詩の場合など、その内容が中外に頒示されているのに気づく。中外への頒示は特例であろうが、これは書画のある屏風・障子が、複数の対象を意識して作られるものであったことを暗に示しているといえる。従って鳥毛書屏風の用途を、君主の鑑戒用のみに求めようとするのは妥当でなく、訓誡を流布し中国的な君臣観・道徳観を伝播させる媒体としての役割があったことを忘れてはならないように思う。鳥毛書屏風や「唐太宗屏風書」にとりあげられた善言のテーマが、広く君臣・親子のあり方全般にわたっているのもそのためであり、そこにこの種の屏風が或程度量産される条件も存したと解せられよう。

(1) 天平勝宝八歳(七五六)六月の東大寺献物帳(国家珍宝帳)に、
　　鳥毛篆書屏風六扇〈高五尺、広一尺八寸(下略)〉
　　鳥毛帖成文書屏風六扇〈高五尺、広一尺九寸(下略)〉
　とみえる。東京帝室博物館蔵版『東大寺献物帳』(一八六〇年)参照。

(2) 松嶋順正『正倉院宝物銘文集成』(吉川弘文館、一九七八年)二四八頁。ただし両屏風とも表具は江戸時代の改装にかかり、各扇の序列が当初のままかどうかは不明である。しかし康治元年(一一四二)五月六日、鳥羽法皇が正倉院を開いた時の『本朝世紀』の記事には「王右軍髠毛屏風」に「良田讃」があるとみえるから、「鳥毛帖成文書屏風」の第一扇は、おそらく現在のものであったとみてよかろう。

(3) 小島憲之「文字の揺れ—飛鳥朝「新字」の周辺—」(文学四七—五、一九七九年)。増補のうえ『万葉以前』(岩波書店、一九八六年)に再録。

(4) 王重民『敦煌古籍叙録』(中華書局、一九七九年)一八八頁。

(5) 大賀一郎他「昭和二十八、二十九、三十年度正倉院御物材質調査」(書陵部紀要八号、一九五六年)によれば、「鳥毛帖成文書屏風」、「鳥毛篆書屏風」とも日本産のキジの羽毛を使用しているという。

(6) 児玉幸多他編『図説 日本文化史大系』(3)(小学館、一九五六年)五九頁。

(7) 釈読して考証を施したものに小島知足『唐太宗屏風書釈文』(嘉永二年、一八四九年刊)がある。本書は樋口銅牛によって書苑三—六(一九一三年)に全文翻刻されているが、誤植・脱文が多く信頼できるテキストとはいえない。

(8) この記事と同文のものが、すでに張彦遠の『法書要録』巻四、唐朝叙書録にみえており、また『冊府元亀』巻四三、帝王部、多能、『太平広記』巻二〇八、唐太宗条所引『尚書故実』にもみえる。

(9) 矢島玄亮『日本国見在書目録—集証と研究—』(汲古書院、一九八四年)は、「大日本史料一の十に見える坤元録屏風の類か」とする。しかし坤元録屏風は、家永三郎『上代倭絵全史』(高桐書院、一九四六年)第一章に述べるように、唐の地理書『坤元録』から名所を抽出した風景画屏風であり、この解釈は当たらない。

(10) 『全唐文』巻六二に憲宗の「答ニ宰相等賀ニ忠諫屏風一批」が収められているが、これは上表に対する答えであろう。

(11) 歩障は布製の仕切り。広い意味でこれも「障子」(仕切り・ついたて)と呼ばれたのであろう。

(12) 奈良帝室博物館正倉院掛『正倉院御物目録』(一九二四年)南倉之部、十八丁裏、国立博物館『正倉院御物図録』(15)三・四図(一九四四年)、島田修二郎「鳥毛立女屏風」(一九六八年初出、『日本絵画史研究』中央公論美術出版、一九八七年)。

(13) 松嶋順正注(2)前掲書二五〇頁。

(14) 松嶋順正「正倉院の屏風について」(書陵部紀要二八号、一九七六年)。

(15) 注(5)前掲大賀一郎他「昭和二十八、二十九、三十年度正倉院御物材質調査」によると、やはり日本産キジの羽毛が使用されている。

(16) 野間清六「文献上より見たる奈良時代の仏画」(仏教芸術九号、一九五〇年)、同『日本の絵画』(創元社、一九六三年)参照。

# 豊旗雲と祥瑞

## 一　はじめに

渡津海乃《わたつみの》　豊旗雲尓《とよはたくもに》　伊理比紗之《いりひさし》　今夜乃月夜《こよひのつくよ》　清明己曽《さやけかりこそ》　（巻一、一五）(1)

万葉集巻一に収められた中大兄の有名な歌であるが、この中にみられる「豊旗雲」について、顕昭の『袖中抄』（巻一、くものはたて）には、次のような『瑞応図』の文を引用している。(2)

瑞応図云、豊旗雲者瑞雲也、帝徳至時、出現雲也、雲勢似〻旗也云々

『袖中抄』は、漢籍・国書の逸文を多く引用する点で古くから注目されている書であるが、この部分も、引用に若干のくずれがあるかも知れないが、『隋書』『旧唐書』の経籍志や『新唐書』の芸文志にみえる、

瑞応図二巻

瑞応図記二巻（孫柔之撰）

瑞応図讃三巻（熊理撰）

などの逸文と考えて誤りなかろう。『袖中抄』は、こうした書物の常として、中大兄の歌と『瑞応図』との関係を何ら具体的には論じていない。しかし『瑞応図』に「豊旗雲」という祥瑞が載せられていたことは、この一首の意味を解する上に重要である。『瑞応図』の豊旗雲は、この歌と直接あるいは間接に関連を持つのであろうか。本章では、

今は佚書となっている『瑞応図』や『符瑞図』といった祥瑞関係の漢籍の性格を明らかにし、その役割を考えることによって、この疑問に対する一つの解答を示してみることにした。

## 二　漢語としての「豊旗雲」

中大兄の歌に現われる「豊旗雲」の語に関しては、これを和語として解する論者が圧倒的に多いが、[3]その源を中国的なものに求める説もないわけではない。早く契沖の『万葉代匠記』巻一に、『皇覧』の、

蚩尤塚。在二東郡寿張県闞郷城中一。高七尺。常十月祠レ之。有二赤気一出如レ絳。名為二蚩尤旗一。

という記事や、『懐風藻』に収める大津皇子の遊猟詩の句、

月弓輝二谷裏一、雲旌張二嶺前一。

などを挙げたのはその例といえる。[4]なお『万葉代匠記』の同じ条に「袖中委記」と双行注があるのは、契沖が前引の「瑞応図」云々を含む『袖中抄』の記載を是認していたことを示すものであろう。

また例えば、沢瀉久孝氏の『万葉集注釈』㈠には、『文徳実録』天安二年六月庚子条に、

早旦有二白雲一、自レ艮亘レ坤。時人謂二之旗雲一。

とある記事をあげ、同年八月十九日条の同様な記事と合わせ、「豊旗雲」を理解する資としている。この「旗雲」は、平秀道氏もいわれているように、一種の予兆と考えられ、[5]本来はやはり中国に典拠のある用語とみられる。前引の『袖中抄』の文は、「豊旗雲」の語に中国の影響を認めようとする場合、これをさらに積極的に支持する材料といってよかろう。

ただ少しく問題があると思われる点についてふれておくと、まず『瑞応図』引用文中の「豊」の字は、あるいはのちの竄入で、本来は「旗雲」ではなかったかとの推測もできないではない。しかし『袖中抄』の写本の内、たとえば前田家尊経閣文庫架蔵の天文十五年写本を披見しても(6)、明らかに「豊旗雲」となっている(7)。おそらく顕昭の引用自身が「豊旗雲」であり、『瑞応図』の原型を伝えているとみてよいであろう。漢籍にも以下にあげるように「豊」を冠する熟語が少なくない。

豊草（『毛詩』小雅、湛露）

豊条（『文選』巻二五、盧諶贈劉琨詩）

豊屋（『白香山詩集』巻二、傷宅〔秦中吟〕）

三字の熟語としては、

豊瑞花（宋、宋祁『益部方物略記』瑞聖花条）(8)

がある。「豊」が付くからといって、その語を和語といえないことは明らかである。

次に中国的な祥瑞を歌に詠ずるという点であるが、これは有名な藤原宮役民の歌（『万葉集』巻一、五〇）に次の例がある。

図負留《あやおへる》　神亀毛《くすしきかめも》　新代登《あらたよと》　泉乃河尓《いづみのかはに》

またやや降って、葛井諸会や大伴家持に、

新《あらたしき》　年乃婆自米尓《としのはじめに》　豊乃登之《とよのとし》　思流須登奈良思《しるすとならし》　雪能敷礼流波《ゆきのふれるは》　（巻一七、三九二五）

新《あらたしき》　年乃始乃《としのはじめの》　波都波流能《はつはるの》　家布敷流由伎能《けふふるゆきの》　伊夜之家余其騰《いやしけよごと》　（巻二〇、四五一六）

の詠がある。新年の雪が豊年の予兆として喜ばれたことは周知のとおりであるが(9)、これも特に四五一六番歌のような元日の雪は、祥瑞の一種に数えるべきものであろう。即ち『唐会要』巻二八、祥瑞の部に次のような記事がある。

長寿二年正月元日、大雪、質明而晴、上謂侍臣曰、俗云、元日有雪、則百穀豊、未知此語故実、文昌左丞姚璹対曰、汜勝之農書云、雪是五穀之精、以其協和、則年穀大穫、又宋孝武帝大明五年、元日降雪、以為嘉瑞、上曰、朕御万方、心存百姓、如得年登歳稔、此即為瑞、雖獲麟鳳、亦何用焉[10]

（長寿二年〔六九三〕正月元日、大いに雪ふり、質明にして晴る。上、侍臣に謂いて曰わく、俗に云わく、元日雪有れば、則ち百穀豊かなりと。未だ知らず、此の語の故実、と。文昌左丞姚璹対えて曰わく、汜勝之の農書に云わく、雪は是れ五穀の精なり。以て其れ協和せば、則ち年穀大いに穫《う》。又宋の孝武帝大明五年、元日降雪、以て嘉瑞と為す、と。上、曰わく、朕万方を御し、心を百姓に存す。如《も》し年登り歳稔るを得ば、此れ即ち瑞と為す。麟鳳を獲るといえども、亦何ぞ焉《これ》を用いむ）

また『芸文類聚』（巻二、天部下、雪）や『太平御覧』（巻一、天部、雪）などを瞥見しただけでも、「瑞雪」を詠じた詩賦は、『文選』巻十三に全文を収める有名な謝恵連の雪賦を始めとして、上官儀、張説、蘇頲、沈佺期、李嶠の詩など枚挙に遑ない程である。このような点からみれば、中大兄の歌に祥瑞である「豊旗雲」が詠じられても何ら不思議とはいえない。『日本書紀』天武天皇元年六月甲申是日条には、吉野を脱出して名張に至った大海人皇子が、横河付近で広さ十余丈の黒雲の天にわたっているのを見、式をとって自ら占ったという有名な記事がある。この中大兄の歌がよまれた背景を考える場合、このような状況が参考となるのではなかろうか。

かくて中大兄の歌は、中国の思想にのみ基づくとはいえないまでも、祥瑞としての「豊旗雲」を念頭に置いたものであり、顕昭の引証は当を得たものと考える。このような知識を提供した書としては、一応『瑞応図』が想定されてよいであろう。『瑞応図』に関して七世紀代の史料は今のところ見当たらないが、八世紀前半には既に参照された徴

がある。即ち『続日本紀』養老七年（七二三）十月乙卯条には、進献された白亀について、

熊氏瑞応図曰、王者不偏不党、尊二用耆老一、不レ失二故旧一、徳沢流洽、則霊亀出。

と、『熊氏瑞応図』が引勘されている。これが冒頭にふれた熊理撰の『瑞応図讃』に直接関係することは、既に指摘されているとおりであろう。[11] また奈良時代の文献には未だ見出せないが、『類聚国史』巻一六五に引く『日本後紀』天長三年（八二六）十二月己未条の記事には、次のように『礼斗威儀』『孝経援神契』とならんで、『孫氏瑞応図』の文が引かれている。

孫氏瑞応図曰、慶雲太平之応也。礼斗威儀曰、政和平則慶雲至。孝経援神契曰、徳至二山陵一、則慶雲出。

これも孫柔之の『瑞応図記』に関わることは周知のところである。[12]『孫氏瑞応図』の名は、『儀式』や『内裏式』の元正朝賀の条にも、奏瑞に際して引勘される書として、『符瑞図』と共にみえている。[13] あるいはこの『孫氏瑞応図』も、奈良時代以前から行なわれていたかも知れない。

しかし以上のような推定で問題が残るのは、『瑞応図』が奈良時代以前において直接利用されたかどうかという点である。漢籍の利用に間接的なものが少なくないことはよく知られているとおりであるから、『瑞応図』についても、一応そのような疑いをかけてみる必要がある。またもしそれが間接引用であれば、直接には何を通じて『瑞応図』が利用されたかという問題も生じてくる。その結論如何では、『瑞応図』を通じて「豊旗雲」の知識が得られたとすること自体、再考を要するかも知れない。以下節を改めてこの点を考えてみることにしよう。

## 三　祥瑞の勘検と漢籍

一体『続日本紀』以下の正史には、祥瑞の進献等に関する記事中に前述のような漢籍の引用がしばしばみられる。とくに前引の記事をはじめとする『続日本紀』の記事は、そこに現われる典籍が奈良朝に既に存在していた証として早くから注目されてきた(14)。

しかし『続日本紀』をはじめとする正史の祥瑞関係記事に現われる諸典籍が、直接参照されたものかどうかは検討の余地がある。なるほど『日本国見在書目録』をみると、

孝経援神契
瑞応図
符瑞図

など、『続日本紀』所見の書が載せられており、これらが平安前期に我国に存在していたことは確かである。溯ってそれらが奈良時代に舶載されていたとしても不自然ではない。しかし実際に祥瑞の勘検にあたって、それらが一々披見されたかどうかは別問題であろう。平秀道氏は『孝経援神契』について、『芸文類聚』などの類書(百科事典)からの孫引きである可能性を説かれている(15)。おそらく直接に参考とされた何らかの書物があったとみるのがむしろ自然であろう。

しかし祥瑞関係記事にみえる典籍が、全て一般の類書より取られたとするには疑問が多い。元来これらの典籍の引用は、出現した祥瑞の性格を明らかにする根拠として示されているわけであるが、その場合欠くことができないのは、

出現した祥瑞を同定するための図入りの典籍であったはずである。『続日本紀』などに『熊氏瑞応図』や『符瑞図』、『孫氏瑞応図』などが引勘されているのは、その文言もさることながら、まずその図が参照されねばならなかった故であろう。関係記事にしばしば、

勘㆓検図諜㆒（養老七年十月乙卯条）

令㆑勘㆓図諜㆒（神護景雲二年九月辛巳条）

令㆑検㆓図諜㆒（延暦四年五月癸丑条、朝日新聞社『六国史』本）

稽㆓験図諜㆒（同年六月辛巳条、同右）

などの表現があらわれるのも決して偶然とは思われない。天長三年（八二六）十二月辛酉条（『類聚国史』巻一六五）に、「応㆑図合㆑諜之貺」というのも同様に考えられる。従って少なくとも『瑞応図』や『符瑞図』などの書を引用するのに、その原典をさしおいて一般類書からするというのは考えにくいことである。いうまでもなく、類書引用の『瑞応図』などでは図を参照することはできない。このようにみてくると、『続日本紀』にみえる祥瑞関係の典籍についても、別な観点からその出典を考える必要が感ぜられる。

ここで想起されるのは、天文祥瑞方面の専門類書として太田晶二郎氏の注目された、『天地瑞祥志』や『天文要録』などの存在である。[16] こうした類書は、天文現象や祥瑞の調査には有用なものであり、事実平安前期以降これらを引勘する例が現れてくる。とりわけ祥瑞に関しては、『天地瑞祥志』が図を掲げて一々これを示し、関連典籍の文を抄録して付けているのが目につく。奈良時代にも同様な書があれば、それが利用されたとみるのが妥当であろう。あるいは『天地瑞祥志』の利用があったとも考えられるが、本書の名がみえるのは、『三代実録』貞観十八年（八七六）八月六日条を溯ることができないから、にわかにこの想定に従うのもためらわれる。むしろ私は、関係記事にも現れる顧

野王撰の『符瑞図』こそ、これにあたる書でなかったかと考える。

## 四　『符瑞図』の性格

『符瑞図』については、『旧唐書』経籍志に「符瑞図十巻〈顧野王撰〉」とあり[17]（〈　〉内は原文双行注。以下同じ）、『日本国見在書目録』にも同様にみえる。しかし現在は佚書となって見ることができず、佚文の収集も本格的には行なわれていないため、その内容に不明の点が多い[18]。試みに『続日本紀』にみえる本書の記事をみても、左のような短文であって詳細を知るにはほど遠い状態である。

神馬者河之精也。（天平三年十二月乙未条）

青馬白髦尾者神馬也。聖人為㆑政、資服有㆑制、則神馬出。又曰、王者事㆓百姓㆒、徳至㆓丘陵㆒、則沢出㆓神馬㆒。（天平十一年三月癸丑条）

ところが、本書の内容をうかがう手掛りが全くないわけではない。南北朝時代に成立した『源氏物語』の注釈書『河海抄』[19]には、次のような注目すべき記事がみられる。


木連理者仁木也見㆓晋中興書㆒、或異本同枝、或枝旁出㆑上更還合也。

孝経援神契云、徳至㆓草木㆒、則木連理。

孫氏瑞応図云、王者徳化洽㆓八方㆒、合為㆓一家㆒、則草木連理〈已上符瑞図〉。

符瑞図云、比翼鳥者名曰㆓兼々㆒見㆓爾雅㆒、一名蛮々〈見㆓山海経㆒〉、其状如㆑鳥、一翼一目、其色青赤、処㆓南方崇吉金門之山、結胸国東㆒、不㆑比不㆑飛見㆓山海経・爾雅㆒。

孫氏瑞応図曰、王者有㆑孝徳明、至。山海経云、見則大水。

これは「はねをならへ枝をかはさんと」(桐壺)の注として、漢籍が引用されている内の一部であるが、ここに「已上符瑞図」という注記がみえる。この『符瑞図』が顧野王の書をさすことはまず確かであろう。そこで注意されるのは、この注記によって、少なくとも『孝経援神契』や『孫氏瑞応図』が『符瑞図』に引用されていたことが知られる点である。このことから判断すると、『続日本紀』などにみえる比較的短い『符瑞図』の文は、おそらくある祥瑞についての地の文であって、その他に関係典籍の必要個所を引用し、典拠としていたものと推定される。『符瑞図』の主要部分は、どちらかといえばこの引用部分にあったのではなかろうか。

このことを別の面から裏付けるのは、唐の張彦遠の『歴代名画記』[20](巻三、述古秘画珍図)にみえる左の記述である。

祥瑞図十巻〈起㆓天有黄道㆒、失㆓撰者㆒〉
符瑞図十巻〈行《起カ》日月揚光、并㆓集孫氏熊氏図㆒〉

この『符瑞図』も、その巻数などを勘案すると、やはり顧野王のそれであろう。注の部分には文字の誤りがあるらしいが、『符瑞図』には、孫氏・熊氏の図が并せ集められていたと解してよさそうである。[21]『符瑞図』が二種の『瑞応図』を含みこんだ書であったことがこれによって知られよう。もちろんこのことは、『符瑞図』が他の典籍を引いていたことを否定するものではない。ただ孫氏や熊氏の『瑞応図』に既に他の典籍が引かれていて、『符瑞図』がこれをもそのまま引載していた可能性は考えておくべきであろう。現に『白孔六帖』(巻九四、鳥部、鳥社の項)所引の左の文について、葉徳輝はこれを孫柔之『瑞応図記』の佚文と解している。[22]

瑞応、帝王世紀、禹葬㆓会稽㆒。有㆓群鳥㆒応㆑民、春耕則銜㆓去草根㆒、啄㆓除其蕪穢㆒。故謂㆓之鳥社㆒。

葉徳輝の解釈が正しければ、『瑞応図』には『帝王世紀』が引かれていたことになろう。因みに、『稽瑞』所引の佚

文中には、次のように「野王按」の語がみえるものもある。(23)

王者土地開闢、則小鳥生二大鳥一。紂時雀生二鸇于城隅一。史占レ之以下小鳥生二大鳥一、天下必安上。紂介二雀之瑞一、而不レ修レ徳、居年乃作二璇宮瓊室一。野王按、紂時則周興之瑞也。

顧野王撰の『玉篇』に、「野王案」などの案語がみえるのは周知のとおりである。この文などは、葉徳輝がいうように元来『符瑞図』に引かれていて、そこに顧野王の案語が付けられており、それを『稽瑞』の撰者である唐の劉賡が、そのまま引用した可能性が高い。

ともあれ、『河海抄』の「已上符瑞図」という注が掛かる範囲として、今のところ認められるのは『孝経援神契』と、『孫氏瑞応図』であるが、前掲の『河海抄』の文を更に検討してみると「木連理者」云々の記事も『符瑞図』によった疑いが強い。まずこの文の前には、長恨歌からの引用と『爾雅疏』の文がある。しかし「木連理者」云々の文は、『爾雅』ならびに郭璞の注にはみえず、これが前段に続くものとは思われない。そうするとこの文もまた、「已上符瑞図」の内に含まれると考えるのが自然であろう。ただこの場合、「木連理者」云々の文中に、「見二晋中興書一」の注があるのは問題である。しかし同様な注記は、後段の「符瑞図云」云々の文中にもみられる。即ち、「見二爾雅一」「見二山海経一」「見二山海経・爾雅一」などがそれである。この類似から、「木連理者」云々の文もやはり『符瑞図』の文とみて差し支えないであろう。

こうした「見二何々一」のような注記が、『符瑞図』本来のものか否かは明確でないが、おそらく本来のものと思われる。たとえば「符瑞図云」云々の文について、その典拠となった原文を求めてみると、これらは次のような『爾雅』『山海経』の本文と注（いずれも郭璞撰）からでていることが知られる。(24)

〔爾雅、釈地〕

南方有二比翼鳥一焉。不レ比不レ飛、其名謂二之鶼鶼一〈似レ鳬、青赤色、一目一翼、相得乃飛〉。
〔山海経巻二、西山経〕
西次二三経一之首、曰二崇吾之山一（中略）。有レ鳥焉。其状如レ鳬而一翼一目、相得乃飛。名曰二蛮蛮一〈比翼鳥也。色青赤、不レ比不レ能レ飛。爾雅作二鶼鶼鳥一也〉。見則天下大水。
〔同右巻六、海外南経〕
結匈国在二其西南一（中略）。比翼鳥在二其東一。其為レ鳥青赤〈似レ鳬〉、両鳥比レ翼。一曰、在二南山東一。

これらを参照して、『河海抄』のような文を作ったのは、一応『河海抄』ないしその先行注釈書の撰者とも考えられよう。しかし『河海抄』における典籍の引用は、ほとんど基づいた文そのままか、単純な省略を施すにとどまっているようであり、このような取意文は例外に属する。しかも双方を対比すれば明らかなように、『河海抄』の方には、『爾雅注疏』所引の『山海経』や『山海経』の明刊本などにみえない「崇吉金門之山」といった字句がみられる。また文全体の構成という点よりしても、『河海抄』の「符瑞図云」以下は、少なくとも「見二山海経・爾雅一」の注に至るまで、一連の一貫した文と解するのが最も自然である。以上のように考えてくると、『河海抄』所引の「木連理者」云々と、「符瑞図云」に続く文は、いずれも『符瑞図』からの引用であり、「見二何々一」と原典を注記するのも、『符瑞図』の体例の一つであったと解せられよう。

ここでもう一度『河海抄』の記載をみると、引用書名を直接伴わない「木連理者」云々の文と「比翼鳥者」云々の個所は、それぞれ木連理及び比翼鳥という祥瑞に関する総説的な意味合いの記載であることがわかる。これは、前掲『続日本紀』引用の『符瑞図』の文と同様な性格をもつものとみてよいのではなかろうか。各祥瑞の記載の冒頭にこうしたいわば地の文があり、これに『孝経援神契』『孫氏瑞応図』など直接引用の部分が続いていたものと推定され

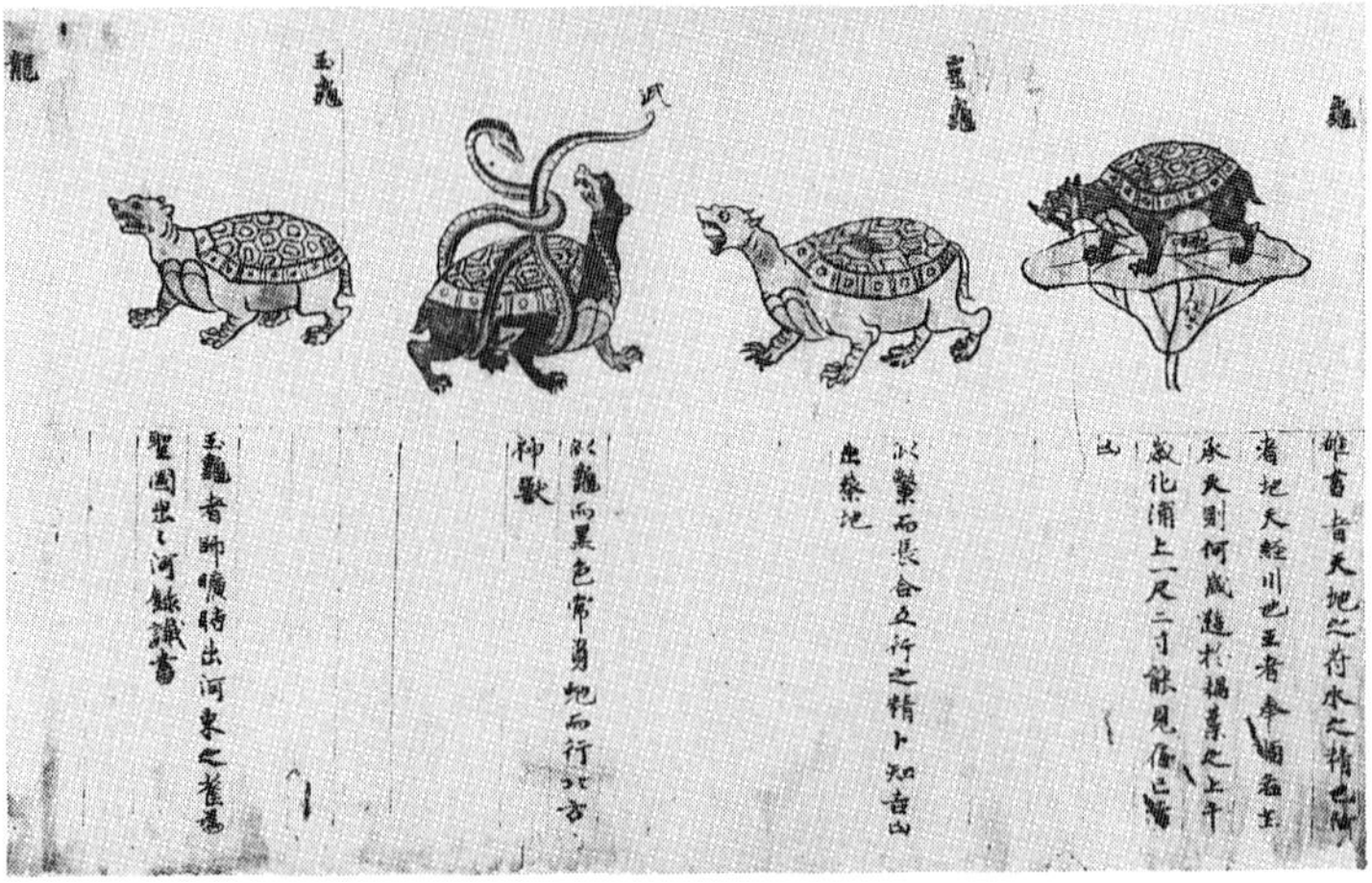

**図20**　敦煌本祥瑞図巻（P 2683）

る。比翼鳥の記事については、引用の末尾にある『孫氏瑞応図』と『山海経』の文が、その直接引用に相当する部分であろう。

最後に『符瑞図』の構成要素として、今一つ見逃せないのは、書名そのものからもうかがわれる図の存在である。書名よりすれば、むしろ図こそこの種の書物の主役であり、前記のような解説文や引用文は、その附属物であったといっても過言ではなかろう。

以上によって、『符瑞図』の書物としての性格が明らかになったと思う。いまその原姿を髣髴させる書として、敦煌発見の祥瑞図巻をあげておきたい。この図巻は、ペリオ収集の敦煌文献中にあるもので（P二六八三）（図20）、首尾ともに欠け、原題は不明である。これについては早く松本栄一氏の研究があり、中～晩唐時代の制作ではあるが、六朝より唐にかけて作られた各種の瑞応図の系統を引く作例として位置付けられている。[25] その内容は、巻子本を大きく上下にわけ、上段に付彩した祥瑞の図を描き、下段にそれぞれに関する経書・緯書その他の典籍の文を抄録してのせる。引用書の具体的な名称は左のとおりである。

尚書　　大戴礼
礼記　　月令章句

尚書中候　孝経援神契
礼斗威儀　宋書符瑞志
礼稽命徴　淮南子
春秋元命包　文子
春秋運斗枢　神霊記
春秋孔演図　魏文帝雑事
竜魚河図　孫氏瑞応図
括地図　瑞応図

同様な形態・内容をもつ例としては、前述の『天地瑞祥志』巻十七～十九があげられるが、今伝わるのは模本である。いずれにせよ顧野王『符瑞図』の姿も、これらと大差ないものであったろう。

## 五　『符瑞図』の利用

既述のような内容をもつ『符瑞図』が、祥瑞を知るための書として、極めて便利なものであったことは言わずして明らかである。そこで再び『続日本紀』の祥瑞記事にもどると、それらに『符瑞図』が引かれる場合は、それが最初に掲げられているか、または単独引用であるのに気付く。

㈠　謹検㆓符瑞図㆒曰、神馬者河之精也。援神契曰、徳至㆓山陵㆒、則沢出㆓神馬㆒。（天平三年十二月乙未条）

㈡　謹検㆓符瑞図㆒曰、青馬白髦尾者神馬也。聖人為㆑政、資服有㆑制、則神馬出。又曰、王者事㆓百姓㆒、徳至㆓丘陵㆒、

則沢出二神馬一。（天平十一年三月癸丑条）

㈢　令レ勘二図諜一、奏称、顧野王符瑞図曰、白烏者大陽之精也。孝経援神契曰、徳至二鳥獣一、則白烏下。史記曰、神亀者天下之宝也。与レ物変化、四時変レ色、居而自匿、伏而不レ食。春蒼夏赤、秋白冬黒。熊氏瑞応図曰、王者不偏不党、尊二用耆老一、不レ失二故旧一、徳沢流洽、則霊亀出。顧野王符瑞図曰、青馬白髪尾者神馬也。孝経援神契曰、徳協道行、政至二山陵一、則沢出二神馬一。（神護景雲二年九月辛巳条）

㈢は、白烏・神亀（霊亀）・神馬の三種について文をあげているが、『符瑞図』は白烏・神馬に関する文の最初にある。『孝経援神契』が『符瑞図』に引用されていたことは既に見たとおりであり、㈠㈢などは、「符瑞図曰」以下が全て『符瑞図』からの引用と考えるのが妥当ではあるまいか。ひいては㈢の神亀に関する『史記』『熊氏瑞応図』の文なども、やはり『符瑞図』から出ている可能性が強いと思われる。また『続日本紀』には、『符瑞図』を引かないで『孝経援神契』『熊氏瑞応図』を引用する例もあるが（養老七年十月癸卯条）、これらもその文献の種類からみて、『符瑞図』に引かれていたと考えて差し支えないものばかりである。断言は慎みたいが、奈良時代における祥瑞の調査・判定や祥瑞関係典籍の引用に当たって、『符瑞図』が大きな位置を占めていたことは、ほぼ疑いあるまい。平安時代になって成立する故実書の類が、祥瑞の宣命を例示するに際して、たとえば、

其官位姓名等我所レ申其物、顧野王我符瑞図曰云々孫氏我瑞応図曰云々（『儀式』巻六、元正受朝賀儀）

というのは、このような『符瑞図』の役割を背景にしてのことかと推測される。しかし『日本後紀』以降の正史では、直接『符瑞図』の名をあげて引くことはなくなり、先にもふれたように、かわって『三代実録』貞観十八年八月六日条には、『天地瑞祥志』が現われてくる。平安時代になって、徐々にこうした唐代撰述の専門類書が、『符瑞図』にとってかわったことが考えられよう。

こうみてくると、少なくとも奈良時代以前における『符瑞図』の重要性は充分認めてよい。奈良時代より前の状況は憶測の他ないが、『符瑞図』が梁～陳の人である顧野王の撰した書であること、我国と天文・陰陽の方面でも深い関わりがあったとみられる百済[26]は、梁をはじめとする南朝の文化を積極的に摂取したこと、我国における祥瑞思想は、白雉以降着実に浸透・発展していったことなどから考えて[27]、『符瑞図』のこのような役割は七世紀代に溯るとみてよいであろう。

## 六　むすび

前節までの行論に大きな誤りがなければ、七世紀の貴族・知識人が『符瑞図』を知っていた可能性は極めて高い。冒頭の中大兄の歌についても、『符瑞図』などを通じて「豊旗雲」という瑞が直接・間接に知られており、それをとり入れることも充分ありえたと考えられる。もっともこの方面の知識の流布は、大宝令制下では厳しく制限されており[28]、それ以前にあってもその性質上ある程度の制約があったと想像される。しかし『万葉集』巻二には、石川女郎とひそかに通じた大津皇子が、その事実を陰陽道に秀でた津守連通に暴露されて作ったという左のような歌が載せられている。

大船之《おほぶねの》　津守之《つもりが》占尓《うらに》　将告登《のらむと》波《は》　益為《まさし》尓《に》知而《しりて》　我二人宿《わがふたりね》之《し》　（巻二、一〇九）

こうした交遊を通じて、当時の貴顕が『符瑞図』を知り、それを披見する機会も持ちえたことは否定できない。まして中大兄の弟である大海人皇子が、陰陽・占術に詳しかったことをみればなおさらである[29]。とくに前にも述べたとおり、大海人皇子が雲を望んで式占を行なっていることなどは注意されてよかろう。豊旗雲の歌については、百済救援の際における西遷途上で詠まれたとする解釈があり、またその作者についても中大兄でなく額田王とする意見がある。その当否はともかくも、祥瑞関係書や祥瑞思想の受容という面から、今一度この歌を見直すことも必要であろう。

（1）本章における『万葉集』の引用は、小島憲之・木下正俊・佐竹昭広『万葉集』（日本古典全集、小学館、一九七一～一九七五年）に拠る。
（2）『袖中抄』は、久曾神昇編『日本歌学大系』別巻二（風間書房、一九五八年）所収のテキストに拠る。
（3）吉井巌「中大兄三山歌」（伊藤博・稲岡耕二編『万葉集を学ぶ』第一集、有斐閣、一九七七年）参照。
（4）但し大津皇子の詩の「雲旌」は、旗のような雲の意ではなく、「雲の如くたなびく旗」の意と解される。小島憲之校注『懐風藻　文華秀麗集　本朝文粋』（日本古典文学大系、岩波書店、一九六四年）七八頁参照。
（5）平秀道「文徳実録と讖緯思想」（竜谷大学論集三八九・三九〇合併号、一九六九年）。もっとも平氏は、この「旗雲」を「祥瑞」とされているが、旗雲の出現は、前後の事情からみて、文徳天皇崩御の前兆として記載されているとみるのが妥当であり、むしろ災異の一種とみなすべきである。『類聚国史』巻一六五、祥瑞部上、雲の項にも、これらの記事は採られていない。
（6）尊経閣文庫編『尊経閣文庫国書分類目録』（一九三九年）三五四頁所掲、函架番号一三／一九／書。本書の閲覧については、飯田瑞穂氏の御高配を煩わした。
（7）『袖中抄』の古写本としては、巻一のみの一軸が天理図書館に存在する（函架番号九一一・二／イ三三）。もしこれが真に巻一の写本であれば、この際有力な資料となるのであるが、筆者が調査したところ、これは巻十七の写本であって、巻一のそれではない。この写本は佐々木信綱氏の旧蔵品であるが、同氏の編纂になる『鏡草』（竹柏会、一九三二年）や『竹柏園蔵書志』（巌松堂書店、一九三九年）にも巻第一の写本として登載されており、内容を確認しないまま天理図書館においてもこの誤りが踏襲されたものと思われる。『鏡草』所載の図版をみても知られるとおり、本書巻頭の内題には、巻次の部分を故意に削去した痕跡があり、改装された表紙に、やや特異な「袖中抄　壱軸」の題籤があることと合わせ、後人によって巻第一の写本に擬せしめられたような節もうかがわれる。『国書総目録』にも巻一の写本として載せられていることでもあり、念のため付記する次第である。

（8）『重較説郛』巻六七所収。
（9）上田設夫「天平十八年肆宴歌」（注3前掲書第八集、有斐閣、一九七八年）参照。
（10）宋大明五年元日の雪のことは『宋書』巻二九、符瑞志（下）にみえるが、同書では「花雪」とあり、これは霰のことという。
（11）村尾元融『続日本紀考証』巻四（国書刊行会、一九七一年）。但し両者が全く同じものであるという確証はなく、『瑞応図讃』の方は『瑞応図』からその讃文だけを抄出した書とも考えられる。類例として『隋書』経籍志に『爾雅図』十巻と『爾雅図讃』二巻（いずれも郭璞撰）のみえるのが注意されよう。この他撰者不詳ではあるが、『日本国見在書目録』に『列女伝讃』二巻と『列女伝図』十二巻、『孝子伝図』一巻と『孝子伝讃』十巻がみえる。
（12）ただこの場合も、『瑞応図』と『瑞応図記』の相違について、前注と同様なことが考えられるであろう。
（13）『儀式』巻六、『内裏式』上。『儀式』の文は三〇〇頁に引用する。
（14）たとえば、岡田正之『近江奈良朝の漢文学』（養徳社、一九四六年）一二三頁、柿村重松『上代日本漢文学史』（日本書院、一九四七年）四六頁など。
（15）平秀道「続日本紀と讖緯思想」（竜谷大学論集三七七号、一九六四年）。
（16）太田晶二郎「『天地瑞祥志』略説」（一九七三年初出、『太田晶二郎著作集』(1)、吉川弘文館、一九九一年）。
（17）『新唐書』芸文志では「顧野王符瑞図十巻」とする。
（18）岡井慎吾『玉篇の研究』（東洋文庫、一九三三年）三一頁、新美寛『本邦残存典籍による輯佚資料集成』続（京都大学人文科学研究所、一九六八年）三七五頁などに佚文が集められている。また『重較説郛』巻六〇に収める顧野王の『玉符瑞図』というものも、本書の佚文であろう。しかしこれ以外にも、『事類賦』巻五に「符瑞図曰、冬至、東北方融風至」とあり、『覚禅抄』巻一二九（『大正新脩大蔵経』図像部(5)六一六頁）に左の佚文がある。

　顧野王符瑞図云、王者其政平、徳至㆓淵泉㆒、則江海出㆓明珠㆒也。

また『往生要集外典抄』（「黄鵠喚子安」条）にも本書の佚文とみるべき次の文がある。

　府（符）瑞図云、黄鵠者鶴也。

『往生要集外典抄』は、佐藤哲英編『叡山浄土教の研究』所収。
『翻訳名義集』巻二、畜生篇（『大正新脩大蔵経』(54)一〇八八頁）に引く次の文も、本書の一部であろう。

符瑞図云、黄帝時有二虬竜一。黒身無二鱗甲一、背有二名字一。

(19) 玉上琢弥編『紫明抄・河海抄』(角川書店、一九六八年)に拠る。

(20) 谷口鉄雄『校本歴代名画記』に拠る。なお長広敏雄訳注『歴代名画記』(1)(平凡社東洋文庫、一九七七年)の当該個所参照。

(21) 『孫氏瑞応図』ならびに同書と『符瑞図』との関係については、陳槃「古讖緯書録解題附録」(二)(中央研究院歴史語言研究所集刊一七本、一九四八年)参照。ただこの研究は、当然のことながら日本の史料を用いておらず、なお検討の余地を残している。

(22) 葉徳輝編『観古堂所著書』所収、『瑞応図記』(光緒刊本第八冊、一三丁裏)。同文は『白孔六帖』の基づいた『白氏六帖事類集』巻二九(鳥部、鳥社の項)にもみえる。なお出典は、南宋刊本の『事類集』でも、本文に示したとおり「瑞応」とのみみえる。

(23) 『稽瑞』(後知不足斎叢書第四函所収)、「小何生大、馬何生羊」の項。

(24) 『爾雅』は『十三経注疏』に拠り、『山海経』は四部叢刊所収の明刊本に拠る。

(25) 松本栄一「敦煌本瑞応図巻」(美術研究一八四号、一九五六年)。なお陳槃注(21)論文は、この図巻を顧野王の『符瑞図』そのものに比定するが、確論とはいえない。

(26) 太田晶二郎注(16)論文。

(27) 拙稿「飛鳥奈良朝の祥瑞災異思想」(日本歴史二五九号、一九六九年)。

(28) 滝川政次郎「律令禁物考」(国学院大学政経論叢一一―一・二、一九六二年)参照。

(29) 『日本書紀』天武天皇即位前紀に「能二天文遁甲一」とみえる。

# 正倉院日名子文書の「造菩薩願文」

## 一　史料的検討

一九一九年(大正八)、これより先正倉院から流出していた古文書の一部が、大分県の旅館主日名子太郎氏より、正倉院に返納された。いわゆる日名子文書である。その内容については、早くこれに言及した文献もあり[(1)]、その一部は『大日本古文書』にも収められていたが、一九八五年(昭和六十)秋、国立歴史民俗博物館で開催された正倉院文書展に実物が出陳され、全容が公開されるに至った。その照影は同館より刊行された『正倉院文書展』に見ることができる。この日名子文書の中で特に筆者の関心をひいた一断簡がある。それは「造菩薩願文巻第八」の書き出しをもつ左のようなものである。

造菩薩願文巻第八
　　垂拱二年十二月四日大唐皇太后奉為
　高宗大帝敬造繡十一面観世音菩薩一千鋪
　願文一首

この断簡は、『正倉院文書展』では「写経断簡」と名付けられているが、内容からみて何らかの典籍の一部と考えられ、その巻第八の冒頭、目録部分が存したものとみられる。裏面を写経関係文書(これについては後述)として利用されていることからすれば、書き損じ等のため、書写の途中で反故とされたのであろう。

筆者がこの断簡に注目するのは、渋江全善・森立之の編になる『経籍訪古志』[2]（巻五、釈家類）に、これと関連するとみるべき左のような典籍の著録されているのを見出だすからである。

造菩薩願文零巻旧鈔巻子本

現存第八巻零片七行、首題造菩薩願文巻第八、次垂拱二年十二月四日大唐皇太后奉為高宗大帝敬造繡十一面観世音菩薩一千鋪願文一首、奉為先王先妣造十一面観世音菩薩願文一首、奉為以下欠、此書、史志諸家皆不著録、撰人巻数並不可攷、特因其所存、可得知編書概略与撰集時代耳、紙背有良弁大徳天平廿一年、天平感宝元年等記、界長七寸四分、幅六分強

（現に第八巻の零片七行を存す。首に「造菩薩願文巻第八」と題す。次に「垂拱二年（中略）奉為」〈以下欠〉。此の書、史・志・諸家、皆著録せず。撰人・巻数並びに攷《かんが》ふ可からず。特に其の存する所に因り、編書の概略と撰集の時代とを得て知る可きのみ。紙背に良弁大徳天平廿一年、天平感宝元年等の記有り。界の長さ七寸四分、幅六分強）

ここに掲げられた零巻の所在は現在明らかでない。しかしこの零巻が、日名子文書の断簡と同一の内容を写していることは明白である。注目すべきは、『経籍訪古志』の零巻もまた、紙背に天平ないし天平感宝の年記を有していたことであろう。詳細は不明であるが、伝えられる紙背の内容を見る限り、それは正倉院文書であった可能性が大きい。天平二十一年、天平感宝元年、良弁という諸項から想起されるのは、たとえば次のような正倉院文書の記載である。

（前略）

法花経料紙充

建部広足三月廿五日廿二廿七日廿一惣充紙百七十七（正月百六十九 空八）
右、依良弁大徳天平廿一年三月廿日宣、所奉写料
肖奈　他田水主
摩訶摩耶経一巻　浄飯王経一巻料黄紙卌張、経師大原魚次充
右、依良弁大徳天平感宝元年四月廿七日宣、所奉写、他田水主
（『大日本古文書』⑽五五五頁、続々修三四—六）

僅か数行分の紙幅に、二つも年号が現れるのは、経典の書写に関するこの種の帳簿以外には考えにくい。また通常の文書ならばとにかく、こうした奈良時代の帳簿の伝存は、正倉院を除けばほとんどありえないことであろう。『経籍訪古志』の零巻も、流出した正倉院文書の一部と解してよいのではあるまいか。

この推定を支証すると思われるのは、日名子文書断簡の紙背の内容である。紙背に記された文字は何故か擦消しを蒙っていて、『正倉院文書展』(3)の照影のみでは判読に苦しむが、『大日本古文書』㉔（五九四頁）に、実物から採録されたらしい釈文が収められている。いまそれによって内容を示すと次のようになる。

薬師経料□□□（自内裏カ）充□□（奉色カ）紙百六張之中五張表料
右、依造寺次官佐伯□□□（宿祢宣）、□□□□□□□（天感元年五月卅カ）日所□□（奉写カ）、
知呉□□□（原生人受カ）　他田水主
知上馬□□（廿受カ）　他田水主
百五張正用料　一張破　表紙三□□（張残カ）　潢春日部虫万呂
緒遺

これは正倉院文書の左の記事と関わりをもつものとみてよいであろう。

（前略）

薬師経料自内裏充奉色紙百六張之中七張表料

九十八張正用　一張破　七張表料四張用三張残

緒残一丈五尺　天感元年潤五月十二日他田水主

（『大日本古文書』(9)三八〇頁、正集四二裏）

薬師経料紙充

道守豊足十四張　賀陽田主十四張

他田水主十四張　村国益人十四張

鴨筆十四　大鳥春人十四張

山部針間万呂十四

右、依造寺次官佐伯宿祢天感元年五月卅日宣、所奉写

知史生志斐　他田水主

（下略）

（『大日本古文書』(10)六五一頁、正集四二裏）

これらの文書は、いずれも造東大寺司次官佐伯今毛人の命により書写された薬師経の用紙に関するもので、天平二十一年（天平感宝元年、七四九）の記録であることは注意されてよい。紙背の内容のこのような共通性は、『経籍訪古志』所載零巻を正倉院文書と考えさせるに充分であろう。

問題は両断簡の関係である。『経籍訪古志』の断簡の文面を、日名子文書を参考に復原してみれば左のようになる。

造菩薩願文巻第八

垂拱二年十二月四日大唐皇太后奉為

高宗大帝敬造繡十一面観世音菩薩一千鋪

願文一首

奉為

先王先妣造十一面観世音菩薩

願文一首

奉為

もしこの復原が正しいとすれば、日名子文書の断簡は、『経籍訪古志』零巻の前半四行が割取されたものとみることも可能である。『経籍訪古志』では、零巻に界線のあったことを記すが（界高七寸四分、界幅六分強）、これを照影より推算した日名子文書の断簡のそれと比べると、大きな差は認められない。[4] また紙背との関連でも、前述の通り矛盾はない。

ただ両断簡が同一のものとするには問題もある。日名子文書の断簡の現状は、末尾にやや空白を残す形になっていて、もともと以下が余白であったとも考えられる。また両断簡とも反故紙とみられる以上、同文のものが二通あっても不思議ではない。両断簡が同一物とすれば、『経籍訪古志』の編者が調査した時点では末尾が切り取られておらず、日名子文書が大正八年に献上されるまでの間に切断されたことになるが、この点も確認が必要であろう。

そこでまず問題としたいのは、日名子文書の伝来過程である。日名子太郎氏の子息、日名子元雄氏（元文化財保護委員会建造物課長）によれば、日名子太郎氏は、地元の国学者後藤真守（碩田と号す。文化二〔一八〇五〕～明治十五〔一八八二〕）と親しく、碩田の所持していた史料や遺物の割愛をうけており、日名子文書も後藤碩田の旧蔵品であろうとのことである。(5) 幸い碩田の旧蔵資料は、大分県立図書館に一括して収蔵されているので、(6) このような教示に基づき、関係資料を調査したところ、左のような事実が判明した。

まず碩田の関係資料の一つに『碩田叢史』という雑綴があり、碩田はその中に、日名子文書に相当する一連の文書を写し取り、そこに自筆の注記を加えている。(7) 従って日名子文書が碩田の旧蔵品であったことは疑いない。碩田の写しも、文書の排列は現今の日名子文書のそれと同じであるが、第一通目の大膳職解について、碩田は貼紙を付けて次のようにいう。

以下六七葉の古文章ハ碩田舎秘蔵也。可珍重。是時勢考証之一本可□(為カ)の古記也。

これによって一連の文書が碩田のもとにあったことがわかるが、その伝来については、大膳職解の末尾に書かれた次の識語（朱書）が重要な意味をもつであろう。(8)

此薬と云人、国史中ニ名見ゆる人也。本書奈良反古の中なるを、洛西壬生寺并招提寺住職宝静大律師より真守給ふ所、秘蔵勢(衍カ)せし也。

「薬」とは、この解に署名している官人、川辺朝臣薬をさす。さきの貼紙や、最後の「造菩薩願文」の末尾にある「此本書同上」という朱書書入からして、この記述は一連の文書すべてにかかるとみてよいであろう。とすれば、これらの文書は正倉院から流出して一旦唐招提寺の宝静の手に入り、それが碩田にわたったということになる。

宝静は、諱を誉淳、字を宝静といい、唐招提寺七十五世の長老となった人物である。(9) 堂上家の出身で、父は飛鳥井雅重、明和二年（一七六五）に生まれ、天保十四年（一八四三）に没した。顕密の学に通じ、慈雲尊者にも師事したことがある。文化二年(一八〇五)には、雷火により焼失した唐招提寺の塔の残材を用いて鑑真像二軀を作らせており、それらは京都の法金剛院と高山寺に現存する。文化十二年、唐招提寺長老となり、塔頭宝生院に住した。文政元年(一八一八)には、唐招提寺と本末関係にある京都壬生寺の住持となっている。[10] 北川智海氏によれば、宝静には好古の趣味があり、『古瓦譜』十冊があったというが、確かにその古瓦の収集は有名であったらしく、奥田敬山(正逵)の『見聞雑記』に、「古書籍又は古書画を多く貯へたる人、当時」として、穂井田氏(忠友)などとともに、「古瓦　壬生寺住持」[11]とみえるのは、宝静のことであろう。

宝静が正倉院の宝物にも関心をもっていたことは、かつて木内武男氏が紹介された三河の頓受寺所蔵の『古袈裟図様写』によって判明する。この写本は、現在法隆寺献納宝物として東京国立博物館に入っている袈裟二点と正倉院の袈裟一点について、その図を記したものであるが、法隆寺伝来の分については慈雲尊者と僧護の、正倉院の分については宝静の識語がついている。[12] 宝静の識語には、末尾に、

天保八酉年五月、従東大寺真言院智隆法印借受写之。　招提長老宝静。

とあるが、この直前の天保四年(一八三三)から七年にかけて、正倉院の開封と宝物の整理が行われており、あるいはこのときの調査に基づくのであろうか。[13]

さて一連の古文書がいつ宝静長老の手に入ったのかは明らかではないが、碩田の手に移ったのは、碩田の年齢から推して、天保年間よりさほど溯るとは思われない。また入手の下限は宝静長老の没した天保十四年におさえられる。いずれにしても、『経籍訪古志』が編まれた安政ごろには、「造菩薩願文」を含む一連の諸文書が、すでに現在の形で碩田のもとにあったとみなければならない。正倉院文書の流出事情については明らかでない面が多いが、この場合は流出時期や経路が比較的判明する興味深い例といえよう。ともあれ日名子文書の分が二次的な写しなどでないとすれ

ば、元来正倉院には「造菩薩願文」の反故が二点あって、『経籍訪古志』所載のものは、いま所在を失なっているということになる。

なお『経籍訪古志』の撰者は、この零巻を実見していたとみられるにも拘らず、その所蔵者を記していない。ただ『経籍訪古志』が、「三縁山某院蔵」として『華厳経音義』『冥報記』などの仏書を著録するのは注意すべきであって、これらは養鸕徹定が収集し三縁山増上寺の蔵に帰していた典籍に他ならない。たとえば『華厳経音義』というのは、その巻数が二巻であること、「旧鈔巻子本」と記されていることから、現在『新訳華厳経音義私記』(小川広巳氏蔵、国宝)として著名なそれであろう。本書の書名は、内題では「八十巻花厳経音義」(巻上)ないし「大方広仏花厳経音義」(巻下)となっている。(14) 本書が元来増上寺に蔵されていたことは、養鸕徹定の『古経題跋』巻下に、「武州縁山古経堂蔵」として「八十華厳経音義私記二巻」が載せられてあり、(15) そこに付せられた徹定の解説が、小川本巻下の徹定自筆跋語(16)の趣旨とほぼ一致することから明らかである。このような『経籍訪古志』と徹定収集品との関連は、「造菩薩願文」断簡が正倉院文書の一部である可能性を別の側面から強めるものといってよかろう。徹定は、流出した正倉院文書の収集にも意を用いた人物であった。(17) 『経籍訪古志』では、「造菩薩願文」の前に前記の『冥報記』が「三縁山某院蔵」として著録されている。「造菩薩願文」も、あるいは同じく増上寺の蔵であったため、所蔵者名が省略されたかとも考えられよう。

## 二　「造菩薩願文」の性格

さて、「造菩薩願文」の伝来については以上の通りであるが、いずれにせよその内容は信頼してよいであろう。この断簡は、少部分をとどめるに過ぎないとはいえ、唐代の仏教・美術を考える上に貴重な資料を提供する。即ち挙げられた願文二首は、『全唐文』『唐文拾遺』『唐文続拾』などに見えず、本文は欠けているが、唐代の造像史料として有益であろう。とくに繡仏一千鋪製作のことは、従来知られなかった繡仏の事例を加えたものといえる。(18)

いったい唐代に繡仏の造像が盛行したこと、また女性による発願の目立つことは、夙に神田喜一郎氏の論じられたところであり、(19)敦煌からは大幅の刺繡、霊鷲山《りょうじゅせん》釈迦説法図も発見されている。(20)さらに武后ということでは、その命によって造られた阿弥陀浄土変の大繡仏(長さ二丈四尺、広さ一丈五尺)を、わが入唐僧円珍が見、のちにこれを贈られたという記録が残っている。(21)その浄土変は、全部で四百幅造られたうちの一幅であったという。さきの願文に現れた千をこえる繡仏は、これと合わせて、武后の旺盛な繡像製作を物語るものであろう。

なお二首目の願文の題に「先王先妣」とあるのは、武后の父で光宅元年(六八四)に魏王を追贈された武士彠(22)とその妻楊氏(武后の生母)を指すとみてよい。

ただ「造菩薩願文」という書は、『経籍訪古志』にもいう通り他に所見がないようである。また単に「造菩薩願文」では、書名として奇異の感を否めない。おそらく「造菩薩願文」は書名ではなかろう。必ずしも例は多くないが、漢籍の中には宋紹興刊本の『後漢書』におけるように、

列伝巻第一　范曄　後漢書十一

と、内題冒頭に書名を冠さず、篇目を記載する場合がみられる。(23)このような体裁は、我国古代に行われた漢籍でもみられるところであったらしい。(24)「造菩薩願文」も篇目の名で、書名は別に存したと考えるべきであろう。

そこで本書の原名は如何ということになるが、その比定は極めて困難である。ただこの書が漢籍でいう総集に属すべきものであったことは、内容から推測がつく。たとえば収載の願文の題名に「大唐皇太后」とあるのは、本書が則

天武后以外の人物の作を載せていた証といえよう。ではこの書は、中国撰述の書と考えてよいであろうか。この点について若干疑問となるのは、前記の「大唐皇太后」という用字である。本書は垂拱二年(六八六)以降、八世紀半ばごろまでの間に撰せられたと考えられるが、この時期に特に「大唐」とあるのは、本書が唐以外の外国、具体的には新羅・日本などで撰述されたとも考えられるからである。しかしこの可能性はほぼ却けてよいであろう。もし本書が新羅での撰述とすれば、新羅王室には「皇太后」の称がありえない以上、特別「大唐」を冠さなくても意味に混乱はきたさなかったはずである。また日本には「皇太后」は存在しうるが、日本では用いられない「垂拱」の年号や「高宗大帝」という称号などから、これまた「大唐」と断らずとも識別は容易であったとみられる。ただ唐での撰述でありながら「大唐」とあるのは、いくぶん異例といえばいえようが、唐の祭文・碑文などに「大唐」の号を用いる例は珍しくない。[25] 全体が相当大部な書であったらしいことからいっても、本書は中国撰述の書であったとみてよかろう。

そこで本書の書名について、一つの試案を提示したい。書名比定の前提条件となるのは、

㈠七世紀末以降に成立した比較的新しい総集であること。

㈡巻第の建て方からみて仏教的な内容の書であるべきこと。

の二点である。もとより漠然とはしているが、一応この条件のもとに正倉院関係の諸資料や著録の類を検すると、候補として釈霊実の撰になる『鏡中集』が浮かんでくる。

『鏡中集』は、平安末までその存在が確かめられるが、[26] 現在は全くの逸書となっており、その内容をうかがうことはできない。しかし『日本国見在書目録』には、惣集家の項に「鏡中集中集十」を挙げている。「中集」の二字は、本書の略称が竄入したものかと思われるが、[27] ともあれ『鏡中集』が総集の一つであったことは明らかであろう。また霊実には、別に自己の集である『釈霊実集』があり、[28] その一部は天平三年(七三一)九月に聖武天皇によって書写され

た『雑集』(正倉院宝物)に引かれていて、仏教関係の讃・願文・祭文・斎文などの述作に造詣のあったことが判明している。[29]『雑集』所収の「為二桓都督一祭二禹廟一文」には、「大唐開元五年歳在丁巳九月日」の年記があるから、霊実は八世紀前半に活動していた僧であった。[30] このような事情からすると、『鏡中集』も総集とはいえ、仏教的な内容のものであったと考えてよかろう。本書が奈良時代の写経所で一切経の一部として書写されたこと(後述)や、『東域伝燈目録』に著録されたことも、[31] それを裏付ける。

さらに看過できないのは、『釈霊実集』と同様、『鏡中集』も奈良時代前半にいち早く舶載されていたことが確かめられる点である。即ち正倉院文書中の天平十二年七月八日付写経所啓には、角寺の所蔵にかかる『鏡中集』十巻があげられている。[32] また天平十六年に本書の書写が写経所で行われたことも、写疏充紙帳、一切経論疏本充帳などから判明する。[33] もっとも『鏡中集』は、その題名からすると、「鏡中」即ち越州地方に関する作品のみを集めた総集であったのではないかとの疑いも生じる。現に霊実は、『雑集』所収の諸文から明らかにされているように、越州で活動した僧であった。[34] ただ『鏡中集』の場合、書名は霊実の郷貫に因んで付けられただけで、収録作品は霊実の知りえた越州関係以外のものに及んでいたと解しても不都合はないであろう。また仮に『鏡中集』の内容が越州関係に限られたとしても、武后の願文のようなものであれば、それが越州に伝えられることは当然考えられ、これを霊実が自己の編んだ総集に収めることもありえたと思われる。

以上、『鏡中集』の可能性をさぐってきたが、『日本国見在書目録』をみても、すでに逸書となった八世紀初頭前後の総集は少なくない。成立年代が比較的明らかで文章を収録するとみられるものをあげても左のようになる。[35]

金輪万歳集五十一巻
垂拱集百巻

聖母神皇垂拱後集三十巻
聖母集
大周朝英集十巻

従って「造菩薩願文」が『鏡中集』以外の総集の一部であった可能性を否定できないのはもちろんである。しかし断簡にみえる「大唐皇太后」の用字からいって、本書が武后と直接関わりのある典籍でなかったことはまず間違いない。その意味では前掲の諸書も、大半は考慮の外に置くことができよう。そもそも七世紀末から八世紀初めに成立した仏教的総集で、しかも八世紀前半に我国に舶載されたものとなれば、さほど多くの書があったとは考えにくい。ひとまず『鏡中集』を候補にあげ、さらに大方の高教を仰ぐことにしたい。

なお最後に『鏡中集』の性格について付言すると、すでに指摘されているように、本書の名は中国の著録にみえず、霊実その人についても所伝を欠いている。(36) おそらく本書は、越州を本拠とした地方僧の著作であって、必ずしも中央で認められた書物とはいえなかったのではあるまいか。いったい舶載漢籍の中に当時の俗書、流行書の類が存することは早くから論じられてきた。(37)『鏡中集』も、俗書とはいえないまでも、地方的な著作に過ぎなかったと考えてよかろう。霊実の活動した越州は蘇州・明州などの港町をも管し、南路をとった八世紀の遣唐使と少なからぬかかわりのあった土地である。『鏡中集』や『釈霊実集』の他、『帝王年代暦』(38) といった地方僧霊実の著作が我国に将来されたのは、多分にこうした偶然的条件に負うところがあったとみるべきである。(39) その霊実の著作が、奈良・平安時代に聖武天皇や具平親王の抄出するところとなり(40) 写経所で書写された点に、古代における中国文化受容の一面が現れているといえよう。

（1） 松嶋順正述・松本楢重編『正倉院雑談』（奈良観光事業株式会社出版部、一九四八年）一三一頁、橐報「日名子文書に就て」

（考古学雑誌一〇―六、一九二〇年）。前者には日名子文書の内容を、

天平十七年記銘の大膳職解
天平十九年記銘の写疏所解
天平宝字七年記銘の経所上日解按
年記を欠く田辺秋上謹解
可収替書
造菩薩願文

と記す。なお後者の存在については、栄原永遠男氏の御教示を得た。

（2）『解題叢書』（国書刊行会、一九二五年）所収。

（3）この釈文の存在については、正倉院事務所の杉木一樹氏より教示をうけた。

（4）国立歴史民俗博物館の平川南氏の御教示によれば、写真からの推算値は界高二二・六cm、界幅一・八～九cmとのことである。

（5）後藤碩田の生涯と学問については、吾郷清彦『後藤碩田の偉業』（大分県人社、一九七六年）参照。

（6）大分県立図書館『大分県立図書館所蔵　郷土資料目録〔文書・記録の部〕』（一九七八年）参照。

（7）『碩田叢史』第四六冊。

（8）この識語の判読には、東京国立博物館の松原茂氏の御援助をいただいた。

（9）宝静の伝記については、北川智海「唐招提寺第七十五世長老宝静和尚略伝」（長谷宝秀編『慈雲尊者全集』首巻、高貴寺、一九二六年）、徳田明本『律宗概論』（百華苑、一九六九年）による。これらの文献は唐招提寺の遠藤證圓師に御教示いただいた。

（10）徳田明本『唐招提寺』（学生社、一九七三年）参照。

（11）森銑三「奥田敬山著見聞雑記鈔」(上)（集古　丙子一号、一九三六年）参照。

（12）木内武男・沢田むつ代「法隆寺献納宝物「糞掃衣」について」（MUSEUM三三二号、一九七八年）。

（13）穂井田忠友『埋麝発香』にみえる「内家私印」の印影は、その解説によると「壬生寺宝静律師」所蔵の『法華経』から採られたものであり、忠友との交友関係も推定できる。

（14）古典研究会『古辞書音義集成』(1)（汲古書院、一九七八年）所収の複製参照。

(15) 注(2)前掲『解題叢書』所収、同書三二一頁。
(16) 注(14)に同じ。
(17) たとえば現在知恩院蔵となっている「天平年間写経生日記」(重要文化財)は正倉院文書の一部で、徹定の『続古経題跋』にも著録されている(注2『解題叢書』三五六頁以下)。
(18) 神田喜一郎「支那の繡仏に就いて」(一九七四年初出、『神田喜一郎全集』(1)、同朋舎、一九八六年)、奈良国立博物館編『繡仏』(角川書店、一九六四年)等にも言及はない。
(19) 神田喜一郎前注論文。
(20) 大英博物館監修『西域美術』(3)(講談社、一九八四年)参照。
(21) 小野勝年『入唐求法行歴の研究』(下)(法蔵館、一九八三年)四三九頁以下。
(22) 『新唐書』巻四、則天皇后本紀、光宅元年九月己巳条。
(23) 百衲本二十四史、『後漢書』。
(24) これらの問題については、粕谷興紀「『日本書紀』という書名の由来」上、下(皇学館論叢一六―二・三、一九八三年)参照。
(25) 後掲『釈霊実集』の例の他、太宗の「祀北岳恒山文」(『全唐文』巻十)、高宗の「李勣碑」など。
(26) 本書の名は、院政期成立の『東域伝燈目録』に「鏡中集十巻〈釈霊実撰〉」とみえる。『大正新脩大蔵経』(55)、一一六五頁。
(27) 後述の天平十六年の写経所記録では、『鏡中集』をしばしば「中集」と略記している。注(33)参照。
(28) 『日本国見在書目録』別集家に「釈霊実集十」がみえる。
(29) 『雑集』では「鏡中釈霊実集」として引く。内藤湖南「聖武天皇宸翰雑集」(一九二八年初出、『内藤湖南全集』(7)、筑摩書房、一九六九年)、佐藤美知子「憶良の釈教的詩文について」(橘茂先生古稀記念論文集編集委員会『橘茂先生古稀記念論文集』一九八〇年)、同「『万葉集』名義をめぐって」(『小島憲之博士古稀記念論文集　古典学藻』塙書房、一九八二年)参照。
(30) 内藤湖南注(29)論文。
(31) 注(26)に同じ。
(32) 『大日本古文書』(7)四八九頁。本史料の存在は、はやく石田茂作「奈良朝現在一切経疏目録」(『写経より見たる奈良朝仏教の研究』東洋文庫、一九三〇年)に指摘されているが、誤って北斉、光統の『鏡中記』に比定する。
(33) 『大日本古文書』(8)四一九頁、四三〇頁。
(34) 内藤湖南注(29)論文。
(35) これらの典籍については、矢島玄亮『日本国見在書目録—集証と研究—』(汲古書院、一九八四年)の各項参照。なお同書は『金輪万歳集』を『旧唐書』経籍志にみえる『金輪集』(太后撰)に比定するが、撰者「太后」は金輪聖神皇帝の尊号を奉られた則天武后であろう。ハーライシュトゥヴァン「『万葉集』名義の謎」(万葉八四号、一九七四年)参照。
(36) 内藤湖南注(29)論文。
(37) 先行研究は少なくないが、神田喜一郎「万葉集の骨骼となった漢籍」(一九五五年初出、『神田喜一郎全集』(8)、同朋舎、一九八七年)、太田晶二郎「『太公家教』」(一九四九年初出、『太田晶二郎著作集』(1)、吉川弘文館、一九九一年)、福井康順「正倉院御物の「杜家立成」考」(一九五八年初出、『福井康順著作集』(4)、法蔵館、一九八七年)、拙稿「大宰府出土木簡にみえる『魏徴時務策』考」(『正倉院文書と木簡の研究』塙書房、一九七七年)など。
(38) 『日本国見在書目録』雑史家に「帝王年代暦十巻釈霊実撰」、『東域伝燈目録』に「古今帝王年代暦八巻釈霊実撰」、『通憲入道蔵書目録』に「釈霊実年代記九巻」などとみえる。矢島玄亮注(35)前掲書参照。
(39) 時代はやや降るが、最澄・空海がその帰国に際して、求得に漏れた典籍を越州で補っているのも参考になろう。なお小野勝年注(21)前掲書(上)(一九八二年)一七二頁参照。
(40) 具平親王『弘決外典鈔』巻頭の年代略記には、末尾に「霊実等年代暦」によって記す旨が述べられてある。
〔追記〕本章でとりあげた「造菩薩願文」については、その後、国立歴史民俗博物館編『正倉院文書拾遺』(便利堂、一九九二年)に、表裏の原寸写真が公表された。また同書二四七頁所収の計測値によれば、界高二二・四㎝、界幅一・九㎝とあり、『経籍訪古志』の記載と一致する。

# 『庾信集』と威奈大村墓誌

## 一　はじめに

上代の文学・学問は、受容された漢籍を抜きにして、これを論ずることはできない。しかし受容された漢籍を問題にする場合、単にそれが我国に与えた影響を捜るだけでなく、個々の漢籍の、本国における学問的、文学的位置付けを明らかにすることも、また必要であろう。

そのような試みは、すでにいくつかの漢籍についてなされてきているが、ここでは筆者の目に入った一例について述べてみることにしたい。

## 二　『庾信集』の影響

上代の文学には、北周の文人庾信の詩文が影響を与えている。その早期に属する実例としては、慶雲四年（七〇七）の威奈大村墓誌が名高い。この墓誌は、中国の典型的な墓誌の文体を厳格に襲っており、この点、南北朝・隋・唐の墓誌に比しても、著しくは見劣りしない作品となっている。[1] この墓誌に、庾信の作品と類似の表現がみられることを早く述べられたのは、山田孝雄氏であった。[2] 山田氏は、墓誌中の「天潰疏レ派、若木分レ枝」について、庾信の作品に、

憑二天潢之派水一、附二若木之分枝一。（為二杞公一譲二宗師驃騎一表）

派二別天潢一、支二分若木一。（周大将軍義興公蕭太墓誌銘）

という類句があり、また同じく「鳴レ紘露レ冕」についても、

露レ冕観レ風、停レ車待レ雨。（周太子太保歩陸逞神道碑）

という文があることを指摘されている。

その後、柿村重松氏は、『上代日本漢文学史』の中で、この墓誌に関しては、庾信の詩文を集めた『庾信集』の影響を重視すべきことに触れられたことがあった。[3] これをうけた小島憲之氏は、山田氏の研究とは別に、『庾信集』舶載の証として、この墓誌をとりあげ、山田氏もいわれた為杞公譲宗師驃騎表や蕭太墓誌との関連を述べられると共に、墓誌の「位由レ道進、栄以レ礼随」や「製二錦蕃維一」の典拠として、

位参二上将一、栄兼二本選一（中略）。蕃維即啓、軍幕仍張、起二茲礼数一。（周大将軍聞喜公柳霞墓誌銘）

をあげ、また同じく墓誌の「鳴レ紘露レ冕」と「連城折レ玉」に関連する語句として、

或吟二長岑之遠一、乍撫二鳴琴一。（前掲、柳霞墓誌銘）

智士石折、賢人星殞。（同右）

などを指摘された。[4] 小島氏は、これらをもとに、本墓誌が『庾信集』所収の墓誌銘を利用して成立していると論じられている。

山田氏も早く言及されているように、本墓誌の出典については、『文選』所収の誄・碑文・行状などとの関係も無視しがたい。[5] しかし『庾信集』が奈良時代の我国に存在したことは、正倉院文書に徴証がある。[6]「露冕」をめぐる山田氏の指摘も考慮すれば、[7]『庾信集』所収の墓誌銘、神道碑その他が、本墓誌の成立に大きな役割を果したことは、

動かぬところであろう。

それならば、威奈大村墓誌に対する『庾信集』の影響は、単なる偶然とみなすべきであろうか。

## 三　唐の碑銘

南北朝時代以来、中国で多くの墓誌銘・神道碑の類が作られたことは、周知の事実である。その作者は、もちろん庾信に限られたわけではなかった。私は、威奈大村墓誌の述作にあたって、とりわけ庾信の誌碑が参照されたのは、やはりそれなりの理由があってのことと考える。この点を明らかにする手掛りは、次にあげる『旧唐書』巻一九〇(中)、富嘉謨伝の一節である。

先是、文士撰碑頌、皆以徐庾為宗、気調漸劣、嘉謨与少微属詞、皆以経典為本、時人欽慕之、文体一変、称為富呉体

(是れより先、文士、碑頌を撰ぶに、皆徐・庾を以て宗と為し、気調漸く劣る。嘉謨、少微とともに詞を属《つ》くるに、皆経典を以て本と為す。時の人之を欽慕し、文体一変せり。称して富呉体と為す)

伝の末尾にもみえるが、富嘉謨は、武后の政権が倒れ、唐が中興した八世紀初めに没した人である。彼とその友人呉少微が、「碑頌」の分野で、経典に基づく新たな文体を創始するに及び、「徐庾」の作品の亜流に過ぎなかった、これまでの碑頌の文体は、一新されるに至ったという。ここに「徐庾」というのは、いうまでもなく陳の徐陵と北周の庾信を指す。『周書』巻四十一の庾信伝には、この二人の文を、世に「徐庾体」と称したことがみえている。(8)

一方、ここで問題になっている「碑頌」とは、厳密には文体としての碑文と頌をいうのであろう。しかし、伝には

両名の佳作をあげた中に、呉少微の崇福寺鐘銘も掲げられている。従って「碑」は、広く碑銘の類を総称したものとみられる。ここには、故人を偲んで墓道に立てられる神道碑などはもちろん、よく似た形式内容の墓誌銘なども、当然含まれていると考えてよかろう。

すなわち、前掲富嘉謨伝の記事は、唐代に入っても八世紀初頭ごろまでは、碑銘の文に徐陵・庾信の作品の影響が大きかったことを語っており、ひいては墓誌銘の文についても、同様な事情の存したことを類推させる史料といわなければならない。

この種の碑文や墓誌銘が、早くから文人の売文手段となっていたことは、次にあげる『旧唐書』巻一九〇(中)の李邕伝の記載からもうかがわれる。(9)

初、邕早擅才名、尤長碑頌、雖貶職在外、中朝衣冠及天下寺観、多齎持金帛、往求其文、前後所製、凡数百首、受納饋遺、亦至鉅万、時議以為自古鬻文獲財、未有如邕者

（初め邕、早く才名を擅《ほしいまま》にし、尤も碑頌に長ず。職を在外に貶さるると雖も、中朝の衣冠及び天下の寺観、多く金帛を齎持して、往きて其の文を求む。前後製する所、凡そ数百首、饋遺を受納することも亦、鉅万に至る。時に議して以て、古えより文を鬻《ひさ》ぎて財を獲るに、未だ邕の如き者有らずと為す）

李邕は、『文選』の注者として名高い李善の子で、武后朝から玄宗朝の人である。こうした状況の中にあって、徐陵・庾信らの作品は恰好のモデルとされ、字句の直接的模倣などもまた行なわれたのであろう。その結果招致されたのが、富嘉謨伝にいう、「気調、漸く劣る」という趨勢であったと考えられる。

このようにみてくると、威奈大村墓誌銘の述作者が、庾信作の神道碑や墓誌銘を参照して撰文しているのは、当時の中国における風潮をそのまま受けたものであったことが判明する。文藻の貧しさを、たまたま『庾信集』で補った

のではなかったと考えるべきであろう。

かつて太田晶二郎氏は、吉備真備が孝謙天皇の皇太子時代に、『漢書』『礼記』を講授したことに関連して、それが唐の最新の学風を反映した結果であったことを論じられている。[10] また、中国における流行の書物が、我国にも摂取され、広く影響した例は稀でない。[11] 従来あまり注意されないが、王勃の詩文の受容なども、左掲の史料にある通り、同時代の人士が競って金帛を積み、王勃の文を求めたような事情と、全く無関係ではあるまい。

翰林盛事云、王勃所至、請託為文、金帛豊積、人謂心織筆耕北里志　（唐、馮贄『雲仙雑記』[12]巻九、心織筆耕）

（翰林盛事に云わく、王勃至る所、文を為《つく》るを請託せられ、金帛豊かに積む。人、「心織筆耕」と謂う）

威奈大村墓誌の場合も、同時代の中国における学問・文学の動向が反映されている例として注目されてよい。

もっとも中国における文学の動向ということでは、庾信の作品が唐代にもっていた影響力も無視できない。この点は既に周知の事実といってよいが、[13] たとえば当時の詩題を通覧しても、まず唐の太宗に「秋日斅庾信体」（秋日庾信体を斅ぶ）と題する詩がある（『全唐詩』巻一）。また初唐期には、崔知賢・韓仲宣・高瑾・長孫正隠・陳嘉言らによって、「上元夜、効小庾体」（上元の夜、小庾体に効う）と題する詩も作られている（『全唐詩』巻七十二）。この「小庾」とは、庾肩吾に対して、その子庾信を指したものに他なるまい。長孫正隠は、この一連の詩に対する詩序を作っており、そこでは「仍為庾体、四韻成章」（仍りて庾体を為り、四韻章を成す）と記している。初唐から盛唐へかけての人、張説に「過庾信宅」（庾信の宅に過る）の作があるのも（『全唐詩』巻八十七）、これらと無関係ではなかろう。

威奈大村墓誌が、『庾信集』の表現を素材としている点について、その原因を、初唐期における文学の動向に関連づけて考えてみた。漢籍のみならず、中国文化一般の受容を問題とする場合にも、このような視点は欠くことができないと思われる。
（1）本墓誌の釈文・訓読は、飛鳥資料館編『日本古代の墓誌』（同朋舎、一九七九年）参照。また本墓誌の性格・特色などについては、同書所収の拙稿「日本古代の墓誌」及び「各個解説」でもふれた。なお同書一七五頁下段十一行目の「冕」は「冕」の誤植。
（2）山田孝雄「威奈真人大村墓誌銘の文の考証」（奈良文化二十三号、一九三二年）。後引の例を含め、庾信の作品は『庾子山集』（四部叢刊初編）所収。
（3）柿村重松『上代日本漢文学史』（日本書院、一九四七年）一二一頁。
（4）小島憲之『上代日本文学と中国文学』(上)（塙書房、一九六二年）一〇六頁、同「文字の揺れ」（一九七九年初出、『万葉以前』岩波書店、一九八六年）。
（5）山田孝雄注（2）論文。
（6）『大日本古文書』(3)八九頁。原文は「庚信集」に作るので問題がないではないが、中国の金石文では、「庳」を「庚」「庾」双方の別体として用いた例があり、また「庚」の別字として、「庾」によく似た「庾」もある（羅振玉『増訂碑別字』参照）。「庚信集」は「庾信集」とみて誤りなかろう。
（7）なお「露冕」については、小島憲之『国風暗黒時代の文学』(上)（塙書房、一九六八年）七五頁にも言及がある。
（8）『北史』巻八三、庾信伝にも、同文の記事がある。
（9）売文については、佐伯富「士大夫と潤筆」（内田吟風博士頌寿記念会『内田吟風博士頌寿記念 東洋史論集』同朋舎、一九七八年）参照。
（10）太田晶二郎「吉備真備の漢籍将来」（一九五九年初出、『太田晶二郎著作集』(1)、吉川弘文館、一九九一年）。
（11）拙稿「大宰府出土木簡にみえる『魏徴時務策』考」（『正倉院文書と木簡の研究』塙書房、一九七七年）。
（12）四部叢刊続編、子部所収。佐伯富注（9）論文参照。
（13）たとえば、吉川幸次郎述、黒川洋一編『中国文学史』（岩波書店、一九七四年）一五八頁以下。

# 開元通宝の銭文と皇朝銭

## 一 はじめに

唐の高祖の武徳四年(六二一)に鋳造された開元通宝銭は、その後中国の内外を問わず広く流通し、開元銭の形制は中国歴代銭の範になると共に、周辺諸国の銭貨の祖型ともなった。しかしその銭文については、時計回りに回読して「開通元宝」とする説、上下・左右に対読して「開元通宝」とする説などがあり、近年では対読説が有力になっているとはいえ、未だ完全に結着をみているとはいえないようである。この問題は単に古銭学上の一問題であるにとどまらず、唐文化の周辺諸国への伝播を考える上に興味深い主題であると思われるので、ここに従来の論議にはとりあげられていない資料を含め、再検討を試みることとした。

なお本章では、開通元宝または開元通宝を便宜上「開元銭」と呼ぶことにする。

## 二 文献史料の再検討

開元銭の回読・対読をめぐっては、断片的言及をも加えると、極めて多くの発言がなされている。(1) しかし銭文自体は、「開元通宝」と読めば、「開元」は国家を創める意、「開通元宝」と読めば、「開通」は開き通ずる意で、特にどちらでなければならないという決定的理由は見出せない。「開元」がまさるとする論もあるが、所詮これは推測の域を出ないと思われる。また回読説、対読説の他に、鋳造当初より回読・対読いずれにも読めるよう意図されていたとする説もある。しかし銭文である以上、制定に当たって定まった読み方がなかったとは考えられない。結局問題は、回読か対読かという点に絞られるとみてよかろう。そこでまず、従来の議論の中でとりあげられてきた文献史料を、もう一度検討してみよう。

関連史料を成立年代に従ってあげると以下のようになる。

(1)『大唐六典』巻二十二、鋳銭監（近衛本）

皇朝武徳中、悉除五銖、更鋳開通元宝銭

（皇朝の武徳中、悉く五銖を除き、更に開通元宝銭を鋳る）

(2)『通典』巻九、銭幣下（宮内庁書陵部蔵北宋版本）[2]

大唐武徳四年、廃五銖銭、鋳開通元宝銭、（中略）乾封元年、造乾封泉宝銭、其開元銭十（直カ）、周年以後廃、二年詔、開元銭、依旧施行、乾封銭貯、（中略）乾元元年、有司以甲兵未息、給用猶費、奏鋳乾元重宝銭、毎貫十斤、一文当開元通宝銭一十文、又鋳重稜銭、毎貫重二十斤、一文当開通五十文、姦猾之人、多破用旧銭、私鋳銭、雖獲深利、随遭重刑、公私不便、尋揔停廃、還用開元通宝銭

（大唐の武徳四年、五銖銭を廃し開通元宝銭を鋳る。（中略）乾封元年、乾封泉宝銭を造り、開元銭の十に直《あ》つ。周年以後廃す。二年、詔して、開元銭は旧に依りて施行し、乾封銭は貯う。（中略）乾元元年、有司、甲兵未だ息まず、給用なお費《ついゆ》るを以て、奏して乾元重宝銭を鋳る。貫ごとに十斤、一文は開元通宝銭の一十文に当つ。また重稜銭を鋳る。貫ごとに重さ二十斤、一文は開通の五十文に当つ。姦猾の人、多く旧銭を破り用い、私に銭を鋳、

深利を獲ると雖も、随いて重刑に遭う。公私便ならず、尋《つ》いで摠《すべ》て停廃し、還りて開元通宝銭を用う）

(3)『旧唐書』巻四十八、食貨志上（3）

武徳四年七月、廃五銖銭、行開元通宝、（中略）至乾封元年封岳之後、又改造新銭、文曰乾封泉宝、（中略）初、開元銭之文、給事中欧陽詢制詞及書、時称其工、其字含八分及隷体、其詞先上後下、次左後右読之、自上及左廻環読之、其義亦通、流俗謂之開通元宝銭、及鋳新銭、乃同流俗、乾字直上、封字在左、尋寤銭文之誤、又縁改鋳、商賈不通、米帛増価、乃議却旧銭、二年正月、下詔曰、泉布之興、其来自久、実古今之要重、為公私之宝用、年月既深、偽濫斯起、所以採乾封之号、改鋳新銭、静而思之、将為未可、高祖撥乱反正、爰創軌模、太宗立極承天、無所改作、今廃旧造新、恐乖先旨、其開元通宝、宜依旧施行、為万代之法、乾封新鋳之銭、令所司貯納、更不須鋳、仍令天下置鑪之処、並鋳開元通宝銭

（武徳四年七月、五銖銭を廃し開元通宝を行う。（中略）乾封元年に至り、封岳の後、また改めて新銭を造る。文に乾封泉宝と曰う。（中略）初め開元銭の文、給事中の欧陽詢、詞を制し及び書し、時に其の工を称せらる。其の字、八分と隷体を含む。其の詞は上を先にし下を後にし、次に左、後に右、これを読む。上より左に及びて廻環してこれを読むも、其の義また通ず。流俗これを開通元宝銭と謂う。新銭を鋳るに及びて、乃ち流俗に同じ。乾字直上にして封字左に在り。尋《つ》いで銭文の誤りを寤《さと》り、また改鋳に縁《よ》り、商賈通ぜず、米帛価を増す。乃ち議して旧銭を却く。二年正月、詔を下して曰わく、泉布の興り、其の来たること自ら久し。実に古今の要重にして、公私の宝用と為す。年月既に深く、偽濫斯に起こる。所以《ゆえ》に乾封の号を採りて、改めて新銭を鋳たり。静かにしてこれを思えば、将《それ》未だ可ならずと為す。高祖乱を撥《おさ》め正に反し、ここに軌模を創め、太宗極を立て天を承けて、改作するところ無し。今、旧を廃し新を造るは、恐らくは先旨に乖《そむ》かむ。其の開元通宝は、宜しく旧に依りて施

行し、万代の法と為すべし。乾封新鋳の銭は、所司をして貯納せしめ、更に鋳るべからず、と。仍《よ》りて天下の鑪を置く処をして、並びに開元通宝銭を鋳さしむ）

(4)『唐会要』巻八十九、泉貨(4)

武徳四年七月十日、廃五銖銭、行開元通宝銭、（中略）其銭文、給事中欧陽詢製詞及書、時称其工、其字含八分及篆隷三体、其詞先上後下、次左後右読之、自上及左廻読之、其義亦通、流俗謂之開元通（ママ）宝銭、（中略）乾封元年五月二十三日、盗鋳転多、遂改鋳新文、曰乾封泉宝銭、（中略）其開元通宝、必旧銭並行用、其新銭一文、当旧銭之十、周年之後、旧銭並廃、其後悟銭文之誤、米帛増価、乃議卻用旧銭、至二年正月二十九日詔、比以偽濫斯起、所以採乾封之号、改鋳新銭、静而思之、将為末可、高祖撥乱反正、爰創軌模、太宗立極承天、無所改作、今廃旧造新、恐乖先旨、其開元通宝、宜依旧施行、為万世法、乾封新銭、令所司貯納、更不須鋳、仍令天下置鋳之処、並鋳開元通宝銭、（中略）至上元元年六月七日詔、其重稜五十価銭、宜減作三十文行用、其開元旧銭、宜一銭十文行用、乾元当十銭、宜依前行用

（武徳四年七月十日、五銖銭を廃し開元通宝銭を行う。（中略）其の銭文は、給事中の欧陽詢、詞を製し及び書し、時に其の工を称せらる。其の字、八分及び篆・隷の三体を含む。其の詞は、上を先にし下を後にし、次に左、後に右、これを読む。上より左に及びて廻読するも、其の義また通ず。流俗これを開元通宝銭という。（中略）乾封元年五月二十三日、盗鋳転《うた》た多く、遂に改めて新文を鋳る。乾封泉宝銭と曰う。（中略）其の開元通宝は、必ず旧銭として並びて行用す。其の新銭の一文は、旧銭の十に当つ。周年の後、旧銭並びに廃す。其の後、銭文の誤りを悟り、米帛価を増す。乃ち議して旧銭を用うることを卻《しりぞ》く。二年正月二十九日に至りて詔すらく、比《このごろ》偽濫斯《ここ》に起こるを以て、所以《ゆえ》に乾封の号を採り、改めて新銭を鋳たり。静かにしてこれを思えば、将《それ》末だ可ならず

と為す。高祖乱を撥《おさ》め正に反し、ここに軌模を創め、太宗極を立て天を承けて、改作するところ無し。今、旧を廃し新を造るは、恐らくは先旨に乖《そむ》かむ。其の開元通宝は、宜しく旧に依りて施行し、万世の法と為すべし。乾封の新銭は、所司をして貯納せしめ、更に鋳るべからず、と。仍りて天下の鋳を置く処、並びに開元通宝銭を鋳る。（中略）上元元年六月七日に至りて詔すらく、其の重稜五十価銭は、宜しく減じて三十文行用と作《な》すべし。其の開元旧銭は、宜しく一銭十文に行用すべし。乾元当十銭は、宜しく前に依りて行用すべし、と）

(5)『新唐書』巻五十四、食貨四(5)

武徳四年、鋳開元通宝、（中略）乾封元年、改鋳乾封泉宝銭、（中略）以一当旧銭之十、踰年而旧銭多廃、明年、以商賈不通、米帛踊貴、復行開元通宝銭

（武徳四年、開元通宝を鋳る。（中略）乾封元年、改めて乾封泉宝銭を鋳る。（中略）一を以て旧銭の十に当つ。年を踰《こ》えて旧銭多く廃す。明年、商賈通ぜず、米帛踊貴するを以て、また開元通宝銭を行う）

対読説は、主として(3)～(5)の史料に、「開元通宝」「開元銭」の称がみえることをもって論拠としている。また銭文を対読することは、隋以前に左の通り例が多い(6)。

〔新〕大泉五十、壮泉四十、中泉三十、幼泉二十、小泉直一
〔蜀〕直百五銖
〔呉〕大泉五百
〔西晋〕太平百銭
〔成〕安平一百
〔北魏〕太和五銖、永安五銖

〔北斉〕常平五銖

〔北周〕五行大布、永通万国

〔陳〕太貨六銖

回読の例は、呉の大泉当千、大泉二千ぐらいしか見当たらない。

これに対して回読説は、(1)『大唐六典』や(2)『通典』など唐代に成った史料に、「開通元宝」と読む例のあるのを重視する。また唐代に作られた他の銭貨の銭文が、乾元重宝を除き皆回読になっていること、開元通宝に範をとったとみられる我国の和同開珎が回読であることも傍証にあげる。[7]

しかしながら回読説にとって問題なのは、唐代の書とはいえ『大唐六典』や『通典』に、成立年代に近い古写本が存在しないことである。史料の博捜を通じて新たな面から対読説を主張された曽我部静雄氏は、この点に関連して『大唐六典』や『通典』の字句が現存諸本や引用文献間で異なることを指摘された。[8]即ち宋代の文献に引かれた『大唐六典』の文では、前掲(1)の「開通元宝」を「開元通宝」に作っており、『通典』においても、宋版では「開元」「開通」を混在させている。曽我部氏はこれらの事実から、両書にみえる「開通元宝」という表記が必ずしも絶対的とはいえないことを述べ、逆に(4)『唐会要』の記事に着目して、これは唐代に撰述された『会要』に基づく記事であって、そこに「銭文之誤」とあるのは、開元銭が対読された証であると論じられた（詳細は後述）。また傍証として、乾封泉宝の停止を命じた乾封二年の高宗の詔（『唐大詔令集』にも引く）に、「開元通宝」とあることを重視しておられる。

対読説、回読説の主な根拠は以上の通りであるが、これをみて思うのは、文献批判の余地がなお存するのではないかということである。いま最も詳細な対読説を展開されている曽我部氏の論考について、まずその疑問点をみてゆこう。

曾我部氏は、『大唐六典』や『通典』においても、テキストにより「開元」「開通」両様の表記があって、回読説の根拠にはならないことを述べられたが、後代の銭誌などをみても、開元銭については対読が一般的で、少なくとも回読がとくに優勢であったという徴候は見出せない。従って本来「開元通宝」とか「開元」とあったものを、伝写の間に「開通」と訂さねばならないような条件は想定しにくいといえよう。『旧唐書』や『唐会要』の記述を知るものにとっては、「開通元宝」が「流俗」の読みであるという認識も強かったはずである。それだけに統一はされていなくても、『大唐六典』や『通典』といった文献に回読の例があるのは、かえって無視できないところがあるように思われる。そのことに関連して注意しなければならないのは、前掲の他にも『冊府元亀』のように、「開通元宝」とする史料が存在することであろう。

『冊府元亀』巻五〇一、邦計部、銭幣三(9)

粛宗乾元元年七月詔曰、(中略)宜聴於諸監別鋳、一当十銭、其文曰、乾元重宝、其開通元宝者、亦依旧行用(下略)

(粛宗の乾元元年七月、詔して曰わく、(中略)宜しく諸監に別鋳を聴すべし。一を十銭に当つ。其の文に曰わく、乾元重宝と。其の開通元宝は、また旧に依りて行用せよ、と)

二年八月、又鋳大銭、其文依乾元重宝、而重輪以別之、一当五十、(中略)於是新鋳与乾元開通元宝銭三品、並行焉(下略)

(二年八月、また大銭を鋳る。其の文は乾元重宝に依り、しかも重輪にして以てこれを別ち、一を五十に当つ。(中略)ここにおいて新鋳と乾元・開通元宝銭と三品、並びに行わる)

周知の通り『冊府元亀』は、北宋の大中祥符六年(一〇一三)に完成した一大類書で、当時存した官府の記録を材料としているため、唐以前について独自の史料価値を認められている。(10)ここに引かれた乾元元年七月の詔は『旧唐書』食貨志(上)にもみえているが、そこでは「開通元宝」が「開元通宝」となっている。

もっともこのような例がいくつあっても、回読の確証とならないことはいうまでもない。しかし反対に、曾我部氏の取上げておられる『唐会要』や『唐大詔令集』の例は果たして対読の根拠となるであろうか。一体『唐会要』という書物は、唐の蘇冕の『会要』をもとにしているとはいえ、最終的に完成されたのは北宋の建隆二年(九六一)のことであり、『会要』の原文が忠実に伝えられている保証はない。この点は、乾封元年詔を載せる『唐大詔令集』についても同じである。『唐大詔令集』は、熙寧三年(一〇七〇)に完成後、長らく稿本のまま放置され、ようやく清代になって版行された。また両書とも、『大唐六典』や『通典』について考えられたと同様、転写、開板の際の改字も否定はできない。

ただ乾封銭に関する『唐会要』の次の記事は、曾我部氏の解釈が正しいならば、対読説にとって強力な証拠といえよう。

其後悟銭文之誤、米帛増価、乃議卻用旧銭

これは乾封泉宝の施行後、その「銭文」に誤りのあることが知られ、米や帛の価格が騰貴したことを述べたものである。曾我部氏は、これを『会要』に淵源をもつ文とされ、それを更に敷衍したのが『旧唐書』食貨志の文であると考えられた。食貨志では、開元銭の回読は流俗の読みであるとした後、次のようにいっている(全文は前掲(3)参照)。

及鋳新銭、乃同流俗、乾字直上、封字在左、尋寤銭文之誤、又縁改鋳、商賈不通、米帛増価、乃議却旧銭

『唐会要』と食貨志の記事を総合するならば、「銭文之誤」というのは、新鋳の乾封銭が、対読の開元銭に対して回読の銭文をもっていたことをさすというのが、曾我部氏の解釈である。

この解釈は一見甚だ説得力に富むが、はたしてこれは妥当な理解であろうか。私は「銭文之誤」を回読・対読の問題に直接結びつけるのは、誤解であろうと考える。もし回読するのが誤りというのであれば、食貨志がことさら「乾」と「封」の位置に言及しているのは不審で、「回環」して読むことが問題であることを指摘すれば足りる。「乾」「封」の位置がとりあげられているのは、その字義に密接に関わる問題が存したからであろう。周知のとおり「乾封」の年号は、高宗の泰山における封禅に因んで定められたもので、その改元は行幸先の泰山で発せられた(『旧唐書』高宗紀下)。当然「乾」は天、「封」は天を祀るために泰山に設けられた壇(封祀壇)を意味する。(11)いわば「乾」と「封」は、天地、上下の関係にあるわけで、これを銭文に採用するなら、上下に対置されて然るべきところである。「銭文之誤」とは、この秩序に反して、乾字を上、封字を左(向って右)に布置したことを指すとみるべきであろう。食貨志が、銭文における「乾」「封」の二字に特にふれている理由は、こう解してはじめて理解できるのではあるまいか。そもそも文字の布置のみの問題ならば、銭貨が出来上がってはじめてその誤りに気づくというのは、ありえないことである。かくて「銭文之誤」は、回読か対読かといった原則に関わるものではなく、乾封銭のみに関係する個別の問題であったと判断される。

このようにみてくると、『唐会要』や『旧唐書』の記事はもちろん、『唐大詔令集』などに引く高宗の詔も、開元銭の銭文が対読であった証拠にはなしがたい。この問題を文献史料から明らかにすることは、現状では不可能というのが正しいであろう。次節では視点をかえて銭貨そのものを検討してみる。

## 三　関係諸銭貨の検討

前節までの検討によると、文献史料の示すところは必ずしも対読説に有利とはいえない。同様なことは歴代銭貨の実例に照らしてもいえるようである。

まず開元銭以前の諸銭貨がほとんど対読になっている点であるが、これは開元銭対読の根拠にはならないであろう。即ち前節に列挙した対読銭のうち、直百五銖、太和五銖、永安五銖、常平五銖、太貨六銖などは、みな漢の五銖銭の形制を襲い、空白部に年号などを加えたもので、五銖銭の一変型と見るべきものである。また「五銖」などの文字を伴わない新・呉・西晋・成の諸銭や、北周の五行大布、永通万国なども、これらと同時に通用した「貨泉」(新)、「布泉」(新及び北周)が五銖銭の形制に従っていることから明らかなように、五銖銭の形制の間接的影響下にあると考えられる。新の諸銭をはじめとして、額面を左右に対置する例が多いのは、五銖銭に倣った当然の結果であろう。従って北周の五行大布や永通万国も、これらを切り離して純粋に対読の例とするのは適切でない。

こうした五銖銭の伝統は、隋代まで連続する。唐の高祖による開元銭の創鋳は、清末まで開元銭が銭貨の規範となったことからもうかがわれるように、従来の銭貨の定型を打破したものであった。このようにみると、開元銭の読み方は、五銖銭系の銭貨の読みと全く異なる回読であったとしても不自然ではない。

その場合、とくに注目されるのは、すでに回読論者によって指摘されているように、唐代の銭貨が乾元重宝の一例を除き、全て回読となっていることである。唐に対する叛逆者史思明の作らせた得壱元宝、順天元宝も例外ではない。乾元重宝に関しては、開元銭の「開元」がすでに年号と意識され、銭文の対読される傾向が一般化していたことを考慮すべきであろうが、これについては後にもう一度ふれる。

さて、このような唐代銭貨の一般的な形式からすれば、開元銭が少なくとも発行当初、回読であった可能性は少なくないと思われる。このことを明確に証明するのが、中国で出土した「高昌吉利」銭である(図24)。この銭貨は、かつて大谷探検隊の吉川小一郎氏によって我国に将来されており[12]、また黄文弼氏がトルファンで買得した品も存在した[13]。しかしいずれも出所が明らかでなく、麴氏高昌国の銭貨とみる論者がある一方[14]、元代の銭貨とする解釈もあった[15]。しかし近年中国で二枚が出土し、八世紀以前の銭貨であることが確かめられている。すなわち一枚は八世紀半ばに埋められたとみられる西安何家村の窖蔵から発見されており[16]、もう一枚はトルファン、アスターナの五一九号墓から出土している[17]。特にアスターナ五一九号墓の場合は、貞観十六年(六四二)の墓誌を伴っており、しかも高昌吉利銭は、埋葬された遺体の下から、盗掘を受けないままで発見されたという[18]。こうした出土状況からすれば、この銭貨はやはり麴氏高昌国の銭貨と考えてよいであろう[19]。製作年代の下限は、高昌国の滅亡した貞観十四年におさえられる。そこで注目されるのは、この銭貨が、重量こそ開元銭の約四倍あるものの、開元銭と全く同じ形制を備え、径もほぼ一致することである[20]。銭文の書風も隋以前の銭貨のように篆体ではない。この銭貨自体は厭勝銭の類であるかも知れないが、全体の形制は開元銭を範にしたものとみてよい。しかもその銭文「高昌吉利」は、時計回りに布置されている。この銭文に関する限り、対読の可能性はない。高昌吉利銭が、その銭文を回読するよう配しているのは、これまた開元銭の読法を踏襲したために他なるまい。高昌吉利銭の使用年代が、開元銭の創鋳年(六二一)とあまり時を隔てていないことや、高昌国と唐との盛んな通交関係からみて[21]、これは開元銭創鋳当初の正しい読法に従ったと考えてよかろう。

開元銭と周辺諸国の銭貨との関連では、従来から、わが皇朝銭の銭文が全て回読になっていることが、開元銭回読

図 21　開元通宝

図 22　和同開珎

図 23　萬年通宝

図 24　高昌吉利

説の一根拠としてとりあげられてきている。しかし皇朝銭の場合は、最も早い和同開珎にしたところで、乾封泉宝の後に出たものであり、その銭文の布置が開元銭の読法に則ったという確証にはなしえない。それにくらべこの高昌吉利銭は、使用年代からいって開元銭に範をとったことは疑いなく、まさに開元銭回読の貴重な徴証といってよかろう。

ここで和同銭と乾封銭の関係について付言すると、双方の間に密接な影響関係を考える説もあるが、[22] それは妥当ではなかろう。もちろん乾封銭が早く我国へ舶載されたことも考えられないではない。[23] しかし乾封銭は一、二年で廃されたこともあって現存少なく、その稀少度は開元銭と比較にならない。唐朝創鋳の銭貨であるという点や、その流通量の多さを考慮するならば、和同銭の範はやはり開元銭にあったとすべきであろう。なお和同銭には、いわゆる古和同と新和同の別があり、新和同は「開」の書体はもちろん、背面の銭容に至るまで開元銭に酷似する。古和同・新和同の鋳造年代については議論の存するところであるが、一応考慮されてよいことがらであろう。ともあれ和同銭をはじめとするわが皇朝銭の銭文が回読されるのも、ひいては開元銭本来の読法によったものとしてよい。

ところで当初回読された開元銭も、『旧唐書』や『唐会要』にある通り、やがて銭文を対読されるようになった。その時期はいつごろであろうか。

従来から注意されているのは開元年号との関連であるが、それについて参考となるのが皇朝銭の第二、萬年通宝の銭文である。萬年銭は読み方こそ回読であるが、銭文中に「通宝」の二字を含む。この銭貨は「通宝」の書体そのものが開元銭と酷似しており、[24] 銭文の「通宝」も開元銭から来たと考えてよかろう。とするならば、日本で萬年銭の発行された七六〇年[25](天平宝字四年、唐上元元年)には、すでに唐土で開元銭の対読が一般的となっており、それが我国に伝えられていたものとみられる。ちなみに唐でも、建中元年(七八〇)に発行された建中通宝では「通宝」の銭文がみられ、やはり開元銭対読の盛行を裏付ける。ただ萬年銭の存在によって、その時期は少なくとも二〇年以上溯らせることができるといえよう。その上限は明らかでないが、開元の建元によって、開元銭の銭文が対読されるようになったとするこれまでの説[26]は、認めてよいように思われる。

なお見逃してならないのは、萬年通宝と同時に発行された銀銭に「大平元宝」があったことである。[27] 従来注意されていないが、この大平元宝は、開元銭以後中国・日本を通じて「元宝」を銭文とした最初の貨幣である。現在大平元宝の真正品は確認されていないが、この銭文が開元銭の回読された銭文からきていることは疑いない。おそらくこの銭貨自体、同じ時に出された開基勝宝・萬年通宝と同様、回読の銭文を有したであろう。このような開元銭の回読に由来する銭文が、萬年通宝銅銭より上位の銀銭に採用されているのは、開元銭本来の読法が回読であったことを反映しているとみてよいのではあるまいか。その点この両銭は、開元銭の回読・対読の先後問題を検討する上に、貴重な示唆を与えてくれるものというべきである。

## 四 む す び

以上によって、開元銭の銭文が発行当初は回読されたこと、開元建元後は対読が一般化したことをほぼ確かめえたと思う。従って開元銭の銭文は、本来「開通元宝」と読むのが正しいが、「開元通宝」の称も誤りとはいえないといえよう。

ところで顧みて興味深いのは、開元銭と皇朝銭の関係である。双方が密接な関連下にあることは、先にも随時ふれてきたが、要約すると次のようになろう。和同銭の発行された和銅元年（七〇八）は、開元建元に先だつこと五年であって、その形制・銭文の読み方は創鋳時の開元銭の影響をうけた。これに対して次に出た萬年銭は、開元以降の対読された銭文の影響をうけ、「通宝」の文字を用いている。しかし萬年銭以降の皇朝銭も回読という点では一貫しており、その意味では創鋳時の開元銭の読法が日本ではうけつがれたといえよう。

ただここで注意しておかねばならないのは、新和同にみられるような開元銭の厳密ともいえる模倣が長続きせず、四番目の隆平永宝以降ともなれば、明らかに和風の銭容を示していることである。しかもそのような変化は、すでに二番目の萬年銭から現われている。即ち前述のように萬年銭の「通宝」二字は開元銭に酷似するが、瀬戸浩平氏も指摘された通り[28]、「通」字は開元銭との間に微妙な差がある。萬年銭の「通」は、「用」の部分が開元銭のように正しい篆体[29]にはなっていない。これは萬年銭の銭文の書者が、開元銭にみえる「用」の篆体を充分理解していなかったか、または故意に隷体ないし楷書体に近い「用」に修正したかのどちらかであろう。なるほど和同銭の場合も、いわゆる古和同では開元銭の模倣は決して厳格とはいえないが、一方にいわゆる新和同が存在する点で、萬年銭の場合とは事情が異なる。唐風の風靡した奈良時代半ばに、唐の文物を模倣するに当たって既にこのような写し崩れ又は改変がみられるのは、微細なこととはいえ、古代における対外文化受容のあり方を示唆するものとして、注目に値するというべきであろう。

（1）比較的近年のものでは、曾我部静雄「開元通宝銭の銭文の読み方」（社会経済史学三三—二、一九六七年初出、『中国社会経済史の研究』吉川弘文館、一九七六年)、原三正『日本古代貨幣史の研究』第一編第一章(ボナンザ、一九七八年)があり、それまでの主な研究が整理、引用されている。なおこの二つはいずれも対読説に立っている。
(2) 『北宋版通典』(1)(汲古書院、一九八〇年)による。
(3) 中華書局標点本(一九七五年)による。
(4) 国学基本叢書本による。
(5) 中華書局標点本(一九七五年)による。
(6) これらの銭貨については、奥平昌洪『東亜銭志』(岩波書店、一九三八年)巻七・八、朱活「小辞典　古銭」(文物一九八一年一二期、一九八二年一〜四期)参照。
(7) 個々の論考については注(1)文献を参照されたいが、最も基本となるのは奥平昌洪前注書巻九である。
(8) 曾我部静雄注(1)論文。
(9) 中華書局影印明版(一九六〇年)による。
(10) たとえば杉本直治郎『阿倍仲麻呂伝研究』(育芳社、一九四〇年)五〇三頁以下など参照。
(11) 「乾封」の用字は、『史記』孝武本紀(元狩三年条)の「乾封」(旱が封土を乾かす意)に基づくととれないこともなさそうにみえるが、孝武本紀を見れば明らかなように、この「乾封」は、封禅ののち旱魃が続いたことを糊塗する方士の言から出た表現であり、これを改元の典拠とすることはありえない。
(12) 羽田亨『西域文明史概論』(弘文堂、一九三一年)一一五・一一六頁。
(13) 黄文弼『吐魯番考古記』(科学出版社、一九五七年)四九頁。
(14) 注(12)に同じ。
(15) 注(13)に同じ。
(16) 陝西省博物館・文管会革委会写作小組「西安南郊何家村発現唐代窖蔵文物」(文物一九七二年一期)。
(17) 新疆維吾尔自治区博物館・西北大学歴史系考古専業「一九七三年吐魯番阿斯塔那古墓群発掘簡報」(文物一九七五年七期)。
(18) 同右。
(19) 林友華「从四世紀到七世紀中高昌貨幣形態初探」(中国敦煌吐魯番学会編『敦煌吐魯番学研究論文集』漢語大詞典出版社、

一九九一年)は、高昌吉利銭の鋳造年代が北魏代に溯るとし、銅銭だけでなく銀銭も存在したとしている。しかし北魏銭の影響を想定するこの説は、銭文の字体や布置からみて認めにくい。また銀銭が鋳造されたとの推定は、丁福保『古銭大辞典』(下)(中華書局、一九八二年)によったものであるが、実物は確認されておらず、信憑性も含め検討の余地がある。トルファンに行われた銀銭は、姜伯勤(池田温訳)「敦煌・吐魯番とシルクロード上のソグド人」(季刊東西交渉五―一・二・三、一九八六年)が指摘するように、ペルシア、ソグディアナの銀貨やその倣鋳品であった可能性も少なくないであろう。

(20) 高昌吉利銭の径は注(13)文献では、二・五cm、注(17)文献では二・六cmとする。開元銭の径は、注(6)「小辞典 古銭」は二・四cmとするが、奈良国立文化財研究所『平城宮発掘調査報告』Ⅵ Ⅸ Ⅺ(一九七五年、七八年、八二年)に載せる出土銭の計測値では、二・四八八cm(Ⅵ)、二・四五cm(Ⅸ)、二・四四五cmと二・五cm(Ⅺ)となっており、二・四〜二・五cmとみてよいであろう。

(21) 『冊府元亀』巻九七〇、外臣部、朝貢三参照。

(22) 黒田幹一「和同銭論」(貨幣二九四号、一九三三年)。

(23) たとえば後に本文でふれる萬年通宝の発行(七六〇年)は、唐における当十銭発行にヒントを得たと考えられるが、海外への遣使や外国使節の来日状況からみて、乾元重宝の発行(七五九年)がすぐさま範にされたとは考えにくく、やはり乾封泉宝の発行に影響されたとみられる。従ってこのような銭貨政策が伝わっていた以上、乾封泉宝の実物も七六〇年までに舶載されていたとしてもおかしくはない。

(24) 瀬戸浩平『貨幣の文化史』(出版春秋社、一九五七年)。

(25) 『続日本紀』天平宝字四年三月丁丑条。

(26) 瀬戸浩平「開元通宝の銭文解字」(ボナンザ一〇―一二、一九七四年)。

(27) 銭文は『続日本紀』による。現在伝えられている拓本には「太平元宝」とあるため、異同を問題にする論者もあるが(原三正注1前掲書参照)、年号の「大宝」が「太宝」(正倉院文書大宝二年戸籍)と書かれることからも明らかなように「大」「太」は通用するので、異とするには及ばない。

(28) 注(26)に同じ。

(29) 本文前掲の史料(4)にもある通り、開元銭の銭文には、篆・八分・隷の三書体が合揉されている。なおこの場合の八分と隷は、それぞれ一般にいう隷書と楷書であろう。『大唐六典』(巻一〇、秘書省)に、字体を古文・大篆・小篆・八分・隷の五つに分け、八分は「石経・碑碣所レ用」、隷は「典籍・表奏及公私文疏所レ用」というのは、その証である。『旧唐書』（巻七三）の薛稷伝や同書（巻八〇）の褚遂良伝に「尤工隷書」とあるのも、当然楷書に巧みということであろう。

# 〔付論〕　正倉院宝物の伝来

正倉院の宝物は、いわゆる金銀財宝というイメージには程遠い。その美しさは、壊れやすいもののもつ、シックな美といっていいであろう。それは有名な宝物の材質を思いうかべるだけでも明らかである。木・漆・ガラス・絹・琥珀・象牙・瑇瑁・夜光貝など、なかには土中に埋没しても保存されるものはあるが、とても新鮮さは期待できない。正倉院宝物のような文化財が千二百年以上も伝世されてきたのは、文字どおり世界に例がなく、奇跡といってもよいことである。

もっとも正倉院は、聖武天皇の遺品をはじめ、皇室ゆかりの品々を納めた倉であり、勅封によって守られてきたという通俗的な理解からすれば、上記のような「奇跡」は当然であるということになるかも知れない。しかし問題はそこにあって、正倉院宝物が勅封だけによって守られたとするなら、それは正しくない。

一般に誤解されている第一の点は、正倉院が皇室の宝庫であるということであろう。歴史的由来からいえば、正倉院は明らかに東大寺の宝庫である。今でこそ「正倉院」という名称は他にみられないが、古代には官司や寺院の重要な倉庫はみな正倉といい、正倉の建ち並ぶ一画は正倉院と呼ばれた。東大寺の場合だけ、その名称が今日に伝わったのである。正倉院の宝物には、聖武天皇の遺品を筆頭に、光明皇后の手回り品や孝謙(称徳)天皇の寄進物など、確かに皇室関係のものが多い。しかしそれらは、今日伝わる五巻の献物帳からわかるように、元来皇室から東大寺ないしその本尊に献じられた品々である。管理は当然東大寺が行うということになるが、その一部は由緒の重要さに鑑み、管理・出納が特別厳重にされ、東大寺の三綱のほかに、寺院全般を統轄する僧綱と、勅使の立会いが最初から必要とされた。これが遅くとも平安時代後期には、勅封という具体的な形で示されることになったのである。しかし勅封となったのは、当然のことながら聖武天皇の遺品などを納めた正倉院宝庫の北端部分、北倉だけであり、それに続く中倉や南倉は、そうではなかった。勅封が中倉に及ぶのは平安後期のことであり、東大寺関係の品を納めた南倉などは、明治まで僧綱（のちには東大寺別当及び三綱）の関与する綱封であった。中倉が勅封になったのは、北倉の品を中倉に仮納置することがあったためとみられている。

このように正倉院宝物のうち、古来勅封だったといえるのはその一部であるが、さらに問題なのは、勅封といい綱封といい、その実態はどうであったかという点である。確かに史上に残る正倉院の曝涼や開検は厳重で、平安中期以降は十数回にとどまっている。[1] しかしこれら以外に本当に倉は開けられなかったのか。東大寺の筒井英俊師は、早く戦前に重要な事実を指摘されている。[2] すなわち東大寺に伝来した延文五年（一三六〇）の東大寺衆徒僉議事書には、後二条天皇や後醍醐天皇・光明院らが、冠や琵琶、琴などの宝物を取り寄せ、返却しなかったことに対する東大寺衆徒の不満が、左のように述べられている。

東大寺衆徒僉議事書

当寺勅封蔵者、相二当本願感神皇帝四十九日御忌一、孝謙天皇并光明皇后、以二彼御遺財一、永所レ被レ施二入大仏盧舎那仏一也。仍代々輙無二御自専一処、近来後二条院御宇被レ出二玉御冠一、後醍醐院御代被レ出二琵琶一面・琴等一、暦応者、礼服并御冠被レ出レ之。毎度被二借渡一由、雖レ及二御沙汰一、不レ被二返納一之間、令二失墜一畢。彼時分、毎度本願御陵鳴動。此併仏陀施入物、再不レ還二人財一故歟。冥慮尤難レ測。而今度可レ被レ出二御琵琶一之由、被二仰下一之条、可レ為二何様一哉。啻匪二寺家之衰微一、且可レ為二天下重事一者哉。以二此趣一可レ被レ経二御奏聞一之旨、可下令三洩二啓別当宮庁㆒給㆖之由、衆議如㆑斯矣。

延文五年二月十三日　　　　　　　　年預五師範暁

天皇や院の意向によるものとはいえ、開封が普通考えられている以上に多く行われていたことが知られ、東大寺の衆徒は、むしろこうした傾向に異議を唱えている。正倉院を今日まで保存した力として、一般には勅封の権威が強調されるが、橋本義彦氏が、右の文書をとりあげてふれておられるように、(3)中世以降にあっては、東大寺のもつ宗教的な権威がまずあげられるべきであろう。聖武天皇ゆかりの品といっても、天皇が東大寺の本願であり、その遺品が大仏に献じられたという事実が、大きな意味をもったといえる。

しかし管理の緩みは、宝物の保存にも大きな影響を与えずにはおかなかったとみられる。元来勅封であった品も、綱封の品々と混合され、収納場所の区別が崩れてゆく。この事実はあまり注目されていないが、由水常雄氏がいち早く指摘された。(4)また関根真隆氏は、現在残っている歴代の宝物目録を比較対照し、建久四年(一一九三)の目録までは奈良時代の状態が比較的よく保たれていたのに、それから四〇〇年余りを経た慶長十七年(一六一二)の目録では、北倉・中倉・南倉の宝物が大幅にいり混じっており、勅封倉・綱封倉といった収納区分が崩壊していることを明かにされた。(5)このことがあまり注意されないのは、問題が宝物の保存史に付属した形で示されたからであろう。しかし正倉院の歴史にとっては宝物が勅封や綱封の別を失って、何ら問題とならなかったことの方が興味深い。

もともと勅使の派遣や僧綱の立会いというのは、律令による諸制度が充分に備わり、実行されていてこそ、意義が発揮される。しかし平安時代も十世紀以降になると、律令制度は実質的に崩壊し、形骸化してゆく。その中でひとり正倉院の管理だけが、古来のままであったとは考えられない。開封のあり方やその回数も、中世にはかなり乱れたのではなかろうか。さきに見たような非公式の開封や宝物の混乱は、そのような中で生じたとみるのが自然であろう。

同時にまたこの混乱は、宝物の内容に対する一般の関心が薄れたことを示していよう。実際あれほど多様な内容をもつ宝物であるにもかかわらず、中世から近世にかけて世間の関心をひいたのは、蘭奢待（黄熟香）などに代表される、極く一部にすぎなかった。蘭奢待は巨大な沈香の原木で、足利義満や織田信長などがその一部を切り取らせ、拝領している。正倉院の宝物は、中世から近世にかけて、たとえていうなら旧家の土蔵にしまわれた家宝同様、その実際の価値をほとんど忘れられてしまったのである。これがかえって宝物の保存には役立つ結果になったと思われる。

結局、正倉院宝物を近代まで保存させた要因をあげるとすれば、第一に東大寺の権威、第二に宝物の価値の忘却ということになろう。筑前観世音寺の「勅封蔵」（『平安遺文』補二九九号文書）のように全く滅びさったものがあることを思えば、天災・人災を免れて正倉院が残ったのは、まことに幸運だったといわねばならない。

混乱した保存状況は、江戸時代にも引き継がれる。これには実際的な意義もあったらしい。明治五年（一八七二）に宝物を調査した蜷川式胤は、宝物中の優品が東大寺の自由になる南倉に集中していることを指摘して、次のようにいっている。[6]

宝物多分、上ノ分ハ、南ニ入れおかれ申候。是迄火事ノ為ニ、中・北ハ御封付ニシテ、南ニ上等ノ物入れて、寺務ノ封斗リニシテ、有二火事一ノ時ニハ直ニ開見込ノ由。

開封の面倒な勅封倉にあっては、火災など万一の時、宝物がとり出しにくい。東大寺僧には宝物の重要さがある程度認識されており、それがこうした現実的対応を生み出したのであろう。

正倉院宝物の価値を本格的に覚醒させたのは、天保四年（一八三三）と明治五年の開封である。学術的な調査も行われたこれらの開封によって、長く埋もれていた正倉院宝物は「発掘」されたといってよい。その結果、正倉院宝物は皇室のコレクションに繰り込まれる。「正倉院御物」の誕生である。すでに書いたことからも明らかなように、明治初年の宝物は、どれが勅封の品で、どれが綱封の品かもわからない混乱した状態にあった。これを献物帳と照合して本来の場所にもどすことが立案されたのは、公文書によると、はるかに下って明治二十八年のことである。[7] 今日多くの解説には、宝物が北・中・南の三倉に、古代のまま伝えられてきたかのように記されているが、それは誤りで、後述の正倉院御物整理掛による修復事業が進捗する過程で、一旦混乱してしまった宝物の収納場所が、推定・復原されたというべきである。

皇室にひきつがれた宝物は、当然のことながら相当傷んだ品も多かった。かつてとりあげた五絃琵琶や螺鈿装飾の阮咸はその例であって、[8] 幕末～明治初年の状態は、幕末に刊行された『丹鶴図譜』（紋様図）[9]（図25）や、蜷川式胤の拓本[10]（図26）などからうかがえる。『丹鶴図譜』の図は何に拠ったか記されていないが、おそらく天保開封時に作成された詳細な図を多色刷の版におこしたものであろう。いま宮内庁書陵部には、『正倉院宝物写』[11]と題する精密な見取図（部分着彩）が収蔵されているが（図27）、これと『丹鶴図譜』にとられた図を対比すると、金銀平文琴や弾弓の文様のように、『正倉院宝物写』にみえない図もあるが、五絃琵琶や阮咸などは欠損部までよく合致しており、むしろ『正倉院宝物写』の方が欠損状況は精確である。紅牙撥鏤の撥の図をとっても、『丹鶴図譜』の方は欠失部を描いていない。少なくとも『正倉院宝物写』が、『丹鶴図譜』の原図の大きな部分を占めることは、ほぼ間違いないといえよう。この『正倉院宝物写』には、左のような識語があり、天保開封時に作成されたことがわかる。

巻物　三巻
一枚写四枚一包
右、東大寺正倉院宝
物開封之砌、随二

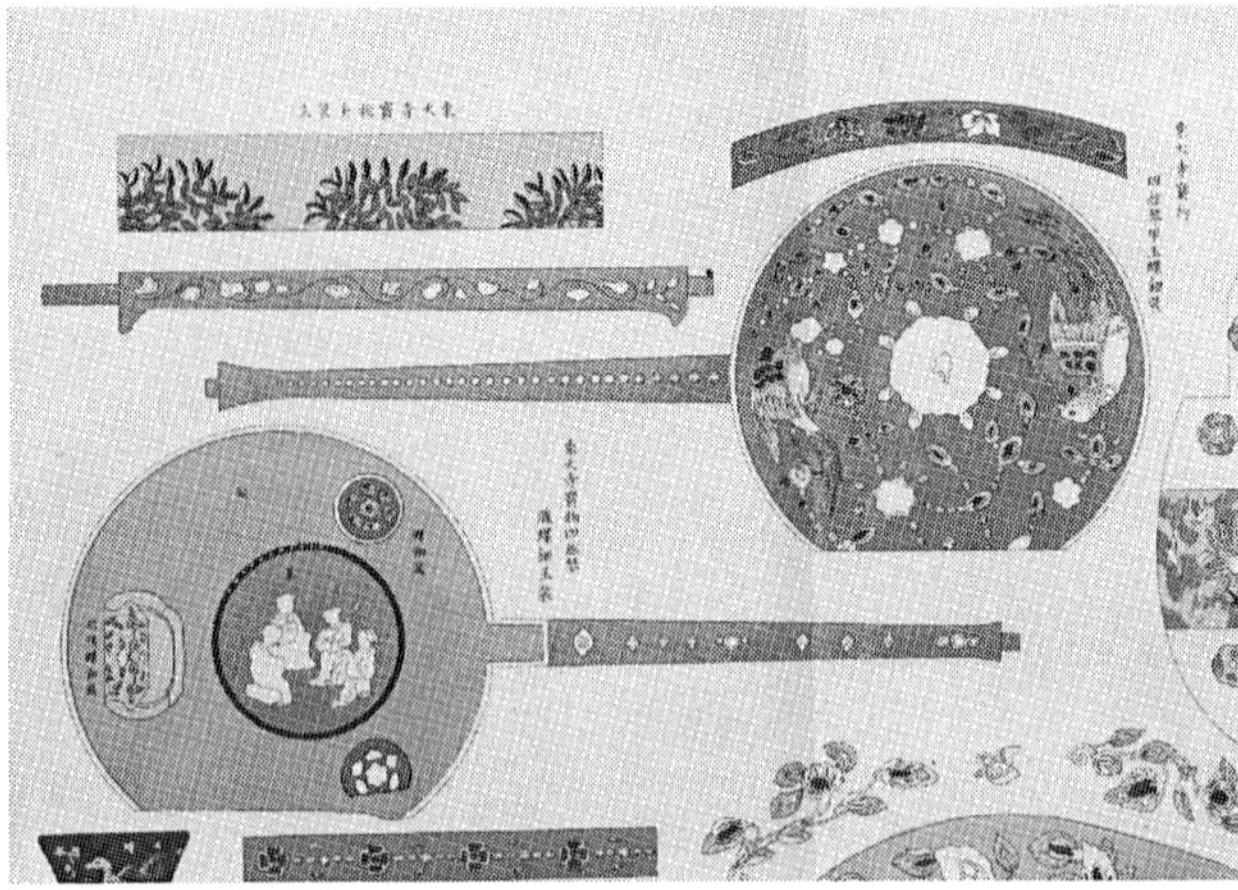

図 25　丹鶴図譜

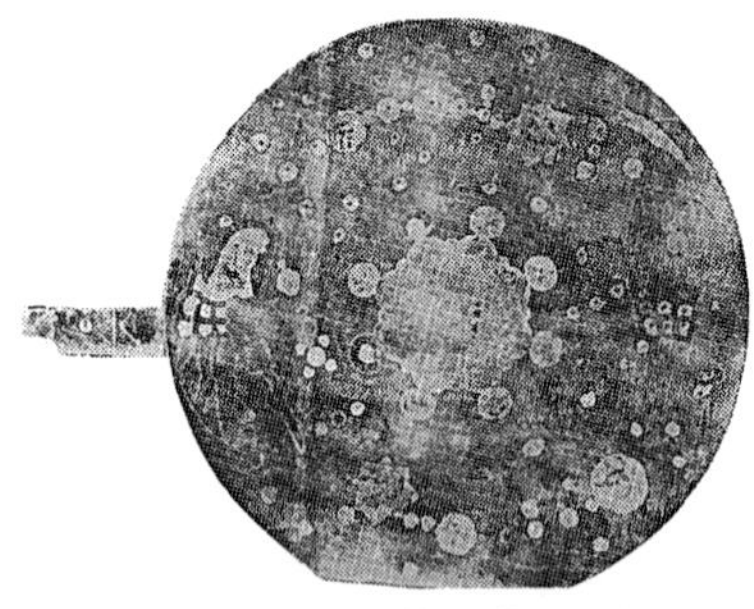

図 26　螺鈿紫檀阮咸の拓本

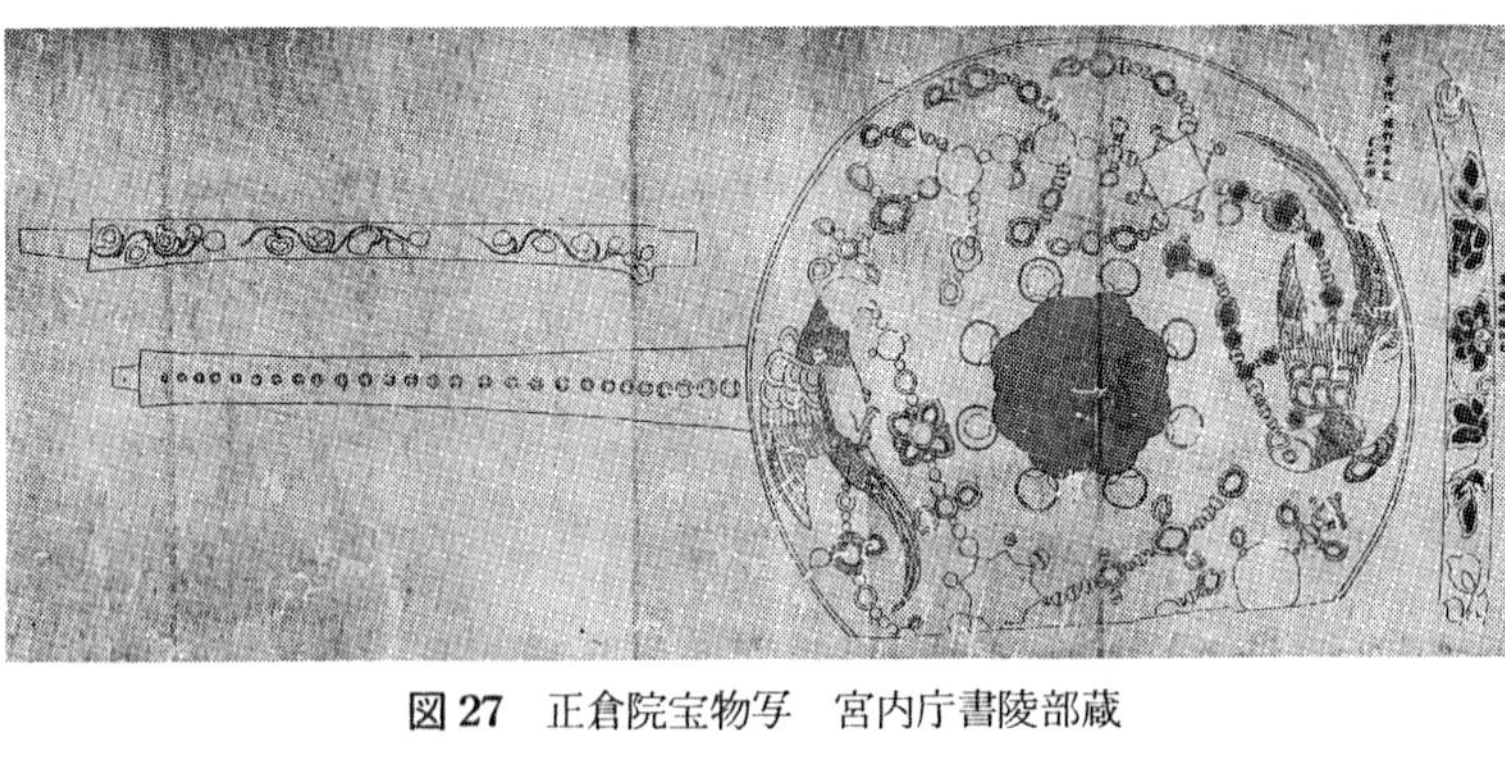

図 27　正倉院宝物写　宮内庁書陵部蔵

別当宮一、原若狭目平
在明、南都江下向写レ之
天保四年十月十八日開封

図の作成者、原在明は、『地下家伝』(巻六)によると、安永七年(一七七八)に生れ、天保十五年(一八四四)に没している。同書には、朝儀の衣紋の復興に尽くし、「模写精好、且彩絵御物、以調進之」など多年の功で、天保五年十二月に内舎人に任ぜられたとあるから、このような図を作るには好適の人物であった。書陵部の図が在明の自筆原本かどうかは明かでないが、たとえ原本としても、これ以外に複本があったことは予想され、またここに収められている以外の図が作成されたことも考えられよう。(12)(補注)

宝物の旧状を実物の形でうかがわせるのは、正倉院から流出したとみられる大和文華館蔵の瑇瑁貼り螺鈿八角箱である(13)(図29)。これと瓜二つの箱が正倉院にあり(図28)、大破した装飾が見事に修復されているが(14)、大和文華館の箱には、そのような手が入っていない。近代になって故意に剝ぎ取られた装飾部分もないとはいえなかろうが、瑇瑁や螺鈿の無残に剝がれたこの箱の方が、ありのままの姿に近いとみてよい。

このように周到な復原修理が行われたのは、明治二十五年から三十七年にかけて、東京の赤坂離宮(現在の迎賓館)に置かれた正倉院御物整理掛においてであった。有名な考古学者梅原末治氏は、戦後、学生を連れて正倉院展を見るたびに、個々の宝物を前にして、どの部分に後補があるかを指摘させたという(15)。そのつもりで見れば、宝物から修復のあとを見つけることは、素人目にも困難ではない。ともかくこうした修理によって、宝物中の名品が装いを新たにし、「勅封」の力を裏付けるような完璧さを身につけたことは疑いない。

このようにみてくると、最初に述べたような通常の正倉院観は、全く明治以降の産物であることがわかる。とくに

図 28　螭瑁螺鈿八角箱(正倉院宝物)

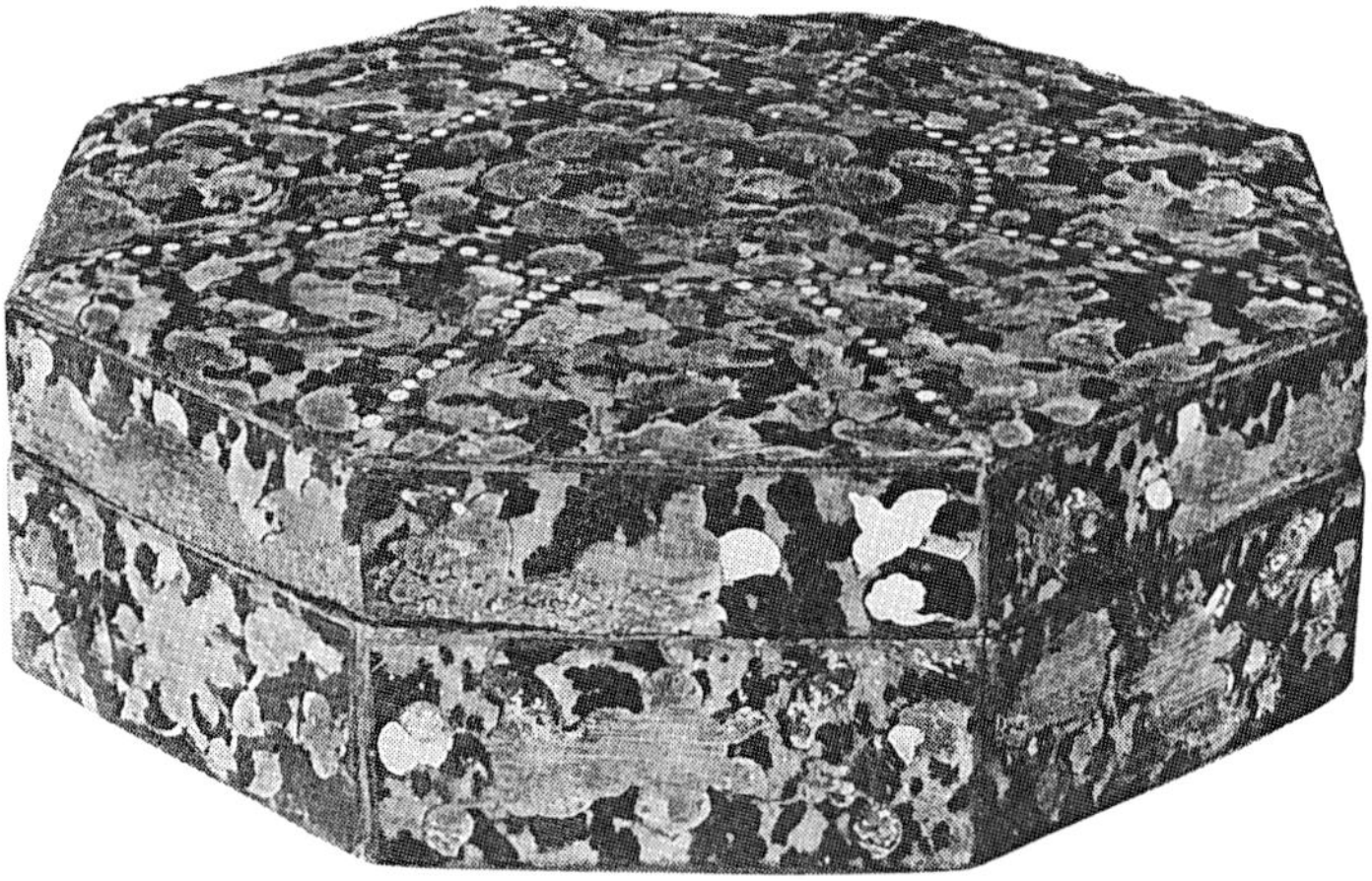

図 29　螭瑁螺鈿八角箱　大和文華館蔵

明治三十年代ごろ以降、正倉院はあたかも古代から全て勅封で、皇室の所有であったかのような説明が普及されていった。[16] 第二次大戦の敗戦直後、東大寺から正倉院を寺に返還してほしいという要求が出されたことがあったが、[17] 正倉院の歴史に照らせば、それも決して理由のないことではない。仏教が旧来の力を失った明治初年、荒廃した正倉院が政府の手厚い保護下に置かれたことは、宝物の保存にとって大きなプラスとなった。明治十一年に御物とされた法隆寺の宝物についても同様なことがいえ、もしこのような措置がとられなければ、正倉院や法隆寺の文化財は散佚を免れなかったであろう。しかしそれによって、自由な学問的研究が及びにくくなったのも事実である。近年、宝物の産地や技法、修補部分などに関する調査結果が、以前より積極的に公開されるようになったのは歓迎すべきことで、宝物の美しさや価値は、そのために増しこそすれ、減ずることはないであろう。

(1) 安藤更生著、奥村秀雄補『正倉院小史』(国書刊行会、一九七二年)参照。
(2) 筒井英俊「正倉院に関する二三の考察」(寧楽一五号、一九三二年)、同口絵。
(3) 橋本義彦「正倉院宝物に関する一資料」(関晃先生古稀記念会『律令国家の構造』吉川弘文館、一九八九年)。
(4) 由水常雄「明治五年の正倉院開封目録」(美術史八〇号、一九七一年)。
(5) 関根真隆「正倉院遺宝伝来の記」(一九八二年初出、『正倉院への道』吉川弘文館、一九九一年)。
(6) 蜷川式胤『奈良の筋道』。由水常雄注(4)論文による。
(7) 明治十五年(一八八二)、宝庫内に陳列棚が設置されて以降も、現在のような三倉区分でなかったことは、明治二十年代前半の陳列状況を概説した小杉榲邨「寧楽の宝庫」(国華八五〜八八号、一八九六・一八九七年)からうかがえる。
(8) 阿部弘「天保の開封と宝物調査」(奈良国立博物館『昭和六十二年　正倉院展目録』)、拙著『正倉院』(岩波新書、一九八八年)。
(9) 一九一四年、国書刊行会による印刷本もある。
(10) 安藤更生「口絵解説」(小川晴暘編『正倉院の研究』飛鳥園、一九二九年)。

(11) 函架番号C八／三。旧鷹司本。三巻四紙。
(12) なお原在明の原図によったとみられる宝物図(写本)も、東北大学図書館などに現存する(函架番号「巻子一七九」他)。
(13) 松田権六「三箇の璃瑁螺鈿八角箱について」(大和文華六〇号、一九七五年)。
(14) 木村法光「正倉院の璃瑁螺鈿八角箱」(正倉院年報四号、一九八二年)。
(15) 中野徹「おもしろくない展覧会図録」(国立博物館ニュース五一七号、一九九〇年)。
(16) 拙稿「小杉榲邨旧蔵の正倉院及び法隆寺献納御物—その売却事件と鷗外の博物館総長就任—」(直木孝次郎先生古稀記念会『古代史論集』(下)、塙書房、一九八九年)参照。
(17) 吉沢忠「御物と博物館—皇室財産の処理について—」(一九四六年初出、『古美術と現代』東京大学出版会、一九五四年)。富士川金二「あのころの思い出を」(東京国立博物館『博物館ノ思出』一九七二年)。富士川氏は東京国立博物館の監理課長を勤めた人である。
(三五一頁補注) 黒川真頼『訂正増補考古画譜』巻八、東大寺正倉院宝物図七巻の項に、「天保七年」開封時に作られた「新図五巻」があったとみえる。

# 書　後

奈良時代を中心とする対外関係と文化受容を扱った論文を集めて一書を編んだ。『遣唐使と正倉院』と題したのは、かつて同様な関心のもとに、同名の小文を書いたことがあったことにもよるが（直木孝次郎編『古代を考える　奈良』吉川弘文館、一九八五年）、むしろ遣唐使と正倉院が、本書の主題を代表していると考えたからである。従って必ずしも遣唐使・正倉院に限定した研究ではない。

本書は、おおむね既発表の論文から成るが、このたび新たに二つの章を書き下した他、既発表の文章についても、補訂や再構成を行なった（別掲の成稿一覧参照）。

本書の対象とした研究分野にあっては、まだまだ未検討の史料や事実が存在していると考えられ、新しい事実の提示や確認が重要になってくる。成功しているか否かは読者の判断にまたねばならないが、本書の意図するところは、主としてそこにあるといってよいであろう。

なお本書冒頭の「外来文化と日本」は、本来ラジオ講座のテキストに載せた文章で、学術的なものではないが、本書全体に通ずる視点を示す意味で載録することにした。日本史の展開と海外との関わりを積極的に見直そうとする近年の動向からすれば、後向きの感を免れないかも知れないが、日本の歴史の開放性を強調しすぎては、かえって本来の性格を見失なう恐れもありはしまいかと思う。

本書が成るについては、文中に御名前をあげた方々の他、なお多くの方々から御教示、御援助をいただいた。感謝の念を新たにしている次第であるが、とくにふとした学縁から、東京国立博物館の客員研究員に御推挙下さった同館次長の奥村秀雄氏、つねづね「もの」を見ることの重要さ、面白さを教えていただいている同館法隆寺宝物室長の浅井和春氏、玉稿の再録を御快諾下さった東京大学の熊本裕、神戸市立外国語大学の吉田豊の両氏には、厚く御礼申し上げたい。また現在の職場に御招聘下さり、気ままな研究をお許し下さっている長山泰孝先生にも、この機会を借りて謝意を表したいと思う。

なお本書の出版を御慫慂下さり、適切な助言を惜しまれなかった編集部の伊藤修氏、編集を助けていただいた同部の山本しおみ氏、校正に尽力下さった校正部の土方邦子氏にも、改めて御礼申し上げる次第である。

一九九二年六月

東野治之

# 成稿一覧

本書各章のもとになった文章は、次の通りである。収録に当たり、全てに補訂を加えた。

外来文化と日本

「日本における中国文明の受容」(『大阪大学放送講座　日本を考える』一九八五年九月)

遣唐使の朝貢年期

「遣唐使の諸問題」(南都仏教六四号、一九九〇年六月)第一節

遣唐使の文化的役割

「奈良時代遣唐使の文化的役割」(仏教芸術一二二号、一九七九年二月)

『延喜式』にみえる遣外使節の構成

「延喜式にみえる入諸蕃使の給法について」(延喜式研究六号、一九九二年二月)

唐の文人蕭穎士の招請

「唐の文人蕭穎士の招請と天平勝宝の遣唐使」(『小島憲之博士古稀記念論文集　古典学藻』塙書房、一九八二年十一月)、「インド・中国・朝鮮等より日本に渡来した人々　概観」(東大寺教学部編『シルクロード往来人物辞典』同朋舎、一九八九年四月、贈呈本は八八年十二月)の一部

遣唐使の諸問題

「『教訓抄』の遣唐使関係史料」(続日本紀研究二五三号、一九八七年十一月)、「遣唐使の諸問題」(前掲)第二〜四節

日出処・日本・ワークワーク

「「日出処」と「日本」」(水茎一〇号、一九九一年三月)

正倉院文書からみた新羅文物

「正倉院文書からみた新羅文物」(日本のなかの朝鮮文化四七号、一九八〇年九月)、「奈良仏教と写経」(平田寛編『図説　日

本の仏教』(1)、新潮社、一九八九年三月)の一部
日唐間における渤海の中継貿易
「日唐間における渤海の中継貿易」(日本歴史四三八号、一九八四年十一月)
朝霞錦考　新稿
香木の銘文と古代の香料貿易
「法隆寺献納宝物　香木の銘文と古代の香料貿易―とくにパフラヴィー文字の刻銘とソグド文字の焼印をめぐって―」(MUSEUM四三三号、一九八七年四月)、「法隆寺伝来の香木と古代の生薬輸入」(和漢薬四一三号、一九八七年十月)の一部
椰子のひさご　新稿
ラピス・ラズリ東伝考
「ラピス・ラズリ東伝考―金青との関連から―」(『高井悌三郎先生喜寿記念論集　歴史学と考古学』真陽社、一九八八年一月)
上代文学と敦煌文献
「上代文学と敦煌文献―道経・字書・『王梵志詩集』をめぐって―」(『万葉集研究』十五集、塙書房、一九八七年十一月)
敦煌と日本の『千字文』
「訓蒙書」(池田温編『講座　敦煌』(5)、敦煌漢文文献、大東出版社、一九九二年三月)の一部
『典言』の成立と受容
「『典言』の成立と日本古代におけるその受容」(大阪大学教養部研究集録三四輯、一九八五年十二月)
正倉院の鳥毛書屛風と「唐太宗屛風書」
「正倉院の鳥毛書屛風と「唐太宗屛風書」」(同右三五輯、一九八六年十二月)
豊旗雲と祥瑞
「豊旗雲と祥瑞―祥瑞関係漢籍の受容に関連して―」(『万葉集研究』十一集、塙書房、一九八三年一月)

正倉院日名子文書の「造菩薩願文」
「正倉院日名子文書の「造菩薩願文」―釈霊実撰『鏡中集』との関連をめぐって―」(和漢比較文学会編『和漢比較文学叢書』(2)、上代文学と漢文学、汲古書院、一九八六年九月)、「古文書・古写経・木簡」(水茎七号、一九八九年九月)第一節の一部
『庾信集』と威奈大村墓誌
「『庾信集』と威奈大村墓誌」(万葉一一五号、一九八三年十月)
開元通宝の銭文と皇朝銭
「開元通宝の銭文―高昌・日本の銭貨との関連から―」(辰馬考古資料館考古学研究紀要二、一九九一年一月)
正倉院宝物の伝来
「正倉院―その素顔を語る―」(西川杏太郎監修『仏像を旅する　奈良』至文堂、一九九一年六月)

■岩波オンデマンドブックス■

遺唐使と正倉院

1992年7月27日　第1刷発行
2002年12月6日　第2刷発行
2015年6月10日　オンデマンド版発行

著者　東野《とうの》治之《はるゆき》

発行者　岡本 厚

発行所　株式会社 岩波書店
〒101-8002 東京都千代田区一ツ橋2-5-5
電話案内 03-5210-4000
http://www.iwanami.co.jp/

印刷／製本・法令印刷


ISBN 978-4-00-730202-2　　Printed in Japan

# 事項索引

**凡例**

1　本書中の書名・人名・地名その他で，本書の利用に資すると思われるものを選び，五十音順に掲出した．

2　項目の中には，関係個所の記述を要約して1項としたものがある．

3　ある項目を主題とする章・節がある場合は，その標題の個所のみを示した．

4　→は参照項目を示す．

## ア行



## カ行

## サ 行

## タ 行

## ナ 行



## ハ 行

## マ 行



## ヤ 行

## ラ 行



## ワ 行

# 引用文献索引

**凡例**

1　本書中に引用した文献を，執筆者・編者の五十音順に掲出した(敬称略).
欧文の著述及び展覧会図録は末尾に一括した.

2　『　』付の文献は単行本である.

3　掲出は網羅を旨としたが，本書の記述に関係の薄い文献や史料集などには省略したものがある.

## ア 行

## カ 行

## サ 行



## タ 行

## ナ 行

## ハ 行

## マ 行



## ヤ 行

## ラ 行



## ワ 行



## 欧 文



## 展覧会図録